Wolfgang Klein
Zweitspracherwerb
Eine Einführung

athenäums studienbuch
Linguistik

Wolfgang Klein

Zweitspracherwerb

Eine Einführung

Die Deutsche Bibliothek · CIP-Einheitsaufnahme

Wolfgang Klein:
Zweitspracherwerb/Wolfgang Klein
Frankfurt am Main: Hain, 1992
(Athenäums Studienbuch: Linguistik)
    ISBN: 3-445-03058-8

3. Auflage, unveränderter Nachdruck der 2. Auflage
Verlag Anton Hain, Frankfurt a.M., 1992

Printed in Germany
ISBN 3-445-03058-8

Inhalt

6

Vorwort

Ob man naturwüchsige Prozesse dadurch verbessern kann, daß man ihnen ihre Naturwüchsigkeit nimmt und sie statt dessen nach seinen Vorstellungen zu lenken versucht, ist nicht ausgemacht. Die Erfahrung zeigt, daß solche Eingriffe zum Bessern wie zum Schlechtern ausschlagen können, und dies hängt vor allem davon ab, was wir über diese Prozesse und ihre Gesetzmäßigkeiten wissen. Eine Sprache, sei es eine erste oder eine zweite, können wir von Natur aus lernen. Der Sprachunterricht ist ein Versuch, in einen naturwüchsigen Prozeß optimierend einzugreifen. Es ist klar, daß ein solcher Eingriff umso eher gelingen kann, je mehr wir über die Gesetzlichkeiten des zugrundeliegenden Prozesses wissen. Deshalb ist es wichtig, diese Gesetzlichkeiten zu erforschen. Das ist der Gegenstand der Spracherwerbsforschung.

Dieses Buch ist eine Einführung in einen der beiden großen Bereiche der Spracherwerbsforschung, nämlich jenen, der sich mit dem Erwerb einer Zweitsprache (oder einer Fremdsprache) beschäftigt. Der Erstspracherwerb, der manche Gemeinsamkeiten damit aufweist und im übrigen wesentlich besser erforscht ist, wird nur am Rande berührt. Die Zweitspracherwerbsforschung hat keine sehr lange Tradition. Während die Sprachlehrforschung, die ja forschungslogisch auf der Spracherwerbsforschung fußt, auf eine lange Geschichte zurückblickt und mit einigen tausend Veröffentlichungen, die sie jährlich zeitigt, die fruchtbarste sprachwissenschaftliche Disziplin überhaupt ist, gab es bis vor rund fünfzehn Jahren nur vereinzelte Untersuchungen darüber, nach welchen Prinzipien man eine Zweitsprache erwirbt, ganz zu schweigen von eigenständigen, geschlossenen Theorien. Das hat sich seither geändert: Die Zahl der empirischen Arbeiten ist kaum mehr zu überblicken, und es gibt auch schon eine Anzahl von Versuchen, die einzelnen Befunde in allgemeine Theorien umzusetzen. Dieses Buch war ursprünglich als Überblick über diese Forschung geplant. Bei den Vorarbeiten ist mir aber zweierlei immer klarer geworden:

— Es gibt zwar sehr viele empirische Untersuchungen, größere Projekte wie Einzelstudien, aber ihre Ergebnisse sind disparat, oft schwer zu vergleichen, und das Bild, das sie geben, ist alles andere als geschlossen.

— Ebenso gibt es eine Reihe von Theorien oder Theorieansätzen, aber sie sind entweder sehr global oder, wo sie konkret festlegen, etwas flott mit Verallgemeinerungen einzelner Befunde.

Deshalb lag mir mehr daran, eine Vorstellung von den Fragen zu vermitteln, die die Spracherwerbsforschung zu klären versucht, als möglichst vollständig und in schöner Ordnung die bruchstückhaften Antworten aufzulisten und zu kommentieren, die sie bis jetzt gegeben hat. Natürlich wird dabei ständig auf die bisherige Forschung eingegangen, aber ebensooft wird auf die Lücken und die offenen Probleme verwiesen. (Einen guten Überblick geben Knapp-Potthoff und Knapp 1982).

Das Buch hat zwei Teile. Im ersten wird sozusagen die Landschaft etwas vermessen. Es werden einige wichtige Begriffe eingeführt, Unterscheidungen erklärt, gängige Theorien kurz skizziert usw. Im zweiten Teil werden dann die Probleme des Spracherwerbs einigermaßen konsequent aus einer Perspektive entwickelt – nämlich aus der Perspektive des Lerners, der mit seinem gegebenen Lernvermögen die sprachliche Eingabe, die ihm zugänglich wird, verarbeitet und sich Schritt für Schritt die Fähigkeit aneignet, eine neue Sprache zu verstehen und selbst zu sprechen. Mir scheint, daß diese Perspektive zwei große Vorteile hat: Zum einen erlaubt sie es, zumindest in vielen Punkten an die psycholinguistische Forschung anzuknüpfen, bei der gleichfalls Verstehens- und Produktionsprozesse beim Sprecher im Mittelpunkt stehen. Zum anderen kann man sich so die Probleme des Spracherwerbs am leichtesten vergegenwärtigen: Wir alle waren Lerner und sind es vielleicht noch. – Ein Nachteil dieses Vorgehens ist, daß ein Großteil der Forschung diese Perspektive nicht einnimmt, sondern – etwas pauschal gesagt – eher struktur- als prozeßorientiert ist. Aber ebendies sehe ich auch als eine Schwäche der bisherigen Forschung an, die man überwinden muß.

Teil I und das Meiste aus Teil II sollten bei Grundkenntnissen der Sprachwissenschaft gut verständlich sein. Einige minder gebräuchliche Begriffe sind im Glossar erklärt. Etwas schwieriger sind lediglich die Abschnitte 6.2, 7.2, 8.3 und 8.4. Sie sind im Text mit einem Sternchen markiert und können notfalls bei der ersten Lektüre übergangen werden.

Der Plan zu diesem Buch geht auf Gespräche mit Jürgen Weissenborn zurück. Eine Reihe von Freunden und Kollegen waren mir mit Ratschlägen, kritischen Kommentaren und Hinweisen behilflich: Rainer Dietrich, W. J. M. Levelt, Clive Perdue und Christiane von Stutterheim. Den Inhalt des Manuskripts habe ich in Seminaren in Brighton, Heidelberg, Frankfurt und Salzburg vorgetragen; dabei habe ich sehr von der Diskussion mit den Teilnehmern profitiert. Horst Linder hat eine Reihe von Verbesserungsvorschlägen in der Darstellung gemacht. Das Manuskript wurde von Marlene Arns geschrieben. Ihnen allen bin ich sehr dankbar.

Teil I
Der Prozeß des
Spracherwerbs

Dieser Teil hat drei Kapitel. Das erste ist eine Art Panorama der Spracherwerbsforschung. Wir gehen darin auf verschiedene Typen des Spracherwerbs ein, stellen einige elementare Tatsachen fest, besprechen einige zentrale Fragen, die in den letzten Jahren zu klären versucht wurden, und führen einige der wichtigsten Theorien ein. In diesem Buch geht es eigentlich um den Zweitspracherwerb; aber sachliche Gründe einerseits und die Art, wie sich das Forschungsgebiet entwickelt hat, andererseits machen es notwendig, diese Form des Spracherwerbs in den breiteren Rahmen zu stellen.

Es ist sehr schwer, eine klare Vorstellung vom Stand der Forschung zu vermitteln, denn das Gebiet ist in vieler Hinsicht sehr uneinheitlich – in leitenden Fragen, Untersuchungsmethoden, Erklärungsversuchen, nicht zuletzt in der Terminologie. Im zweiten Kapitel wollen wir deshalb versuchen, dieses etwas bunte Bild in eine einheitliche Perspektive umzusetzen. In dieser psycholinguistischen Perspektive erscheint der Spracherwerb als ein Prozeß, der

— bestimmten Gesetzmäßigkeiten unterliegt

— in Verlauf, Tempo und erreichbarem Endzustand von verschiedenen Faktoren bestimmt wird und

— bis zu einem gewissen Grade durch planmäßige Eingriffe – Unterricht – beeinflußt werden kann.

Im Mittelpunkt steht bei dieser Betrachtungsweise der Lerner, der sich in einer gegebenen sozialen Situation gedrängt oder veranlaßt sieht, seine Lernfähigkeit auf das ihm zugängliche sprachliche Material anzuwenden. Vieles, was in diesem Kapitel noch sehr global behandelt wird, wird in den Kapiteln des zweiten Teils näher besprochen, allerdings, dem Stand der Forschung entsprechend, bei weitem nicht alles. In vielen Bereichen der Zweitspracherwerbsforschung sind unsere Kenntnisse derzeit sehr bescheiden. Es erscheint uns aber wichtig, mit einem geschlossenen Gesamtbild anzufangen, auch wenn wir nicht in der Lage sind, es dann in allen Einzelheiten auszuführen.

Im dritten Kapitel erörtern wir kurz, welche Möglichkeiten es nach dieser Vorstellung gibt, den Prozeß systematisch zu steuern; wir stecken also gleichsam die Grenzen und die möglichen Ansatzpunkte des Unterrichts ab. Damit ist noch wenig darüber gesagt, wie der Unterricht im konkreten Fall wirksamer gemacht werden kann. Es erscheint uns aber wichtig, den Zweitsprachunterricht von Anfang an in die rechte Perspektive zu rücken. Solange man keine Vorstellung davon hat, nach welchen Gesetzmäßigkeiten der Erwerbsprozeß abläuft und welche Faktoren ihn steuern, ist eine wissenschaftliche Fundierung des Zweitsprachunterrichts eine Illusion. Im dritten Kapitel soll gezeigt werden, weshalb dies so ist.

1. Einige Formen des Spracherwerbs, einige elementare Tatsachen, einige wichtige Fragen, einige bekannte Theorien

Jedes Kind lernt normalerweise im Verlauf einiger Jahre eine Sprache – seine *Erstsprache* oder, wie man früher gern sagte, seine Muttersprache. Es gibt Ausnahmen, die physiologische Gründe haben (z. B. Taubheit) oder aber soziale (z. B. „Wolfskinder")[1]. Normalerweise ist ein Kind im Grundschulalter in der Lage, sich fließend zu verständigen. Nach der Pubertät entwickelt sich die Sprachbeherrschung nur mehr wenig, obwohl der Lernprozeß in manchen Bereichen – z. B. im Wortschatz – nie endet. Dieser „Erstspracherwerb" ist daher in einem doppelten Sinn primär: Er ist der erste, und er ist in aller Regel der wichtigste.

Viele lernen aber nicht nur eine Sprache, sondern zwei (oder noch mehr), und zwar entweder gleichzeitig, so daß man von *den* Erstsprachen statt *der* Erstsprache sprechen muß, oder mit einer zeitlichen Verschiebung. Je nachdem, wie groß dieser zeitliche Abstand ist, kann der Erwerb der „Erstsprache" unterschiedlich weit gediehen sein; unter Umständen kann man ihn als praktisch abgeschlossen betrachten. Letzteres ist durchweg der Fall beim Zweitspracherwerb nach der Pubertät[2].

Eine erste naheliegende Unterscheidung ist demnach, ob bereits eine Sprache erworben wurde oder nicht. Im ersten Falle sprechen wir von *Zweitspracherwerb*, im zweiten von *Erstspracherwerb*. Offenbar ist der Unterschied gleitend – je nachdem, wie weit die Erstsprache (oder die Erstsprachen, falls es mehrere sind) bereits gelernt ist. Ein dritter, bisher noch nicht erwähnter Fall ist der *Wiedererwerb*, d. h. jener Fall, bei dem eine bereits vorhandene Sprache vergessen oder z. B. wegen einer Aphasie unzugänglich war und nun wiedererworben wird. Wir haben demnach drei Haupttypen des Spracherwerbs, die sich nicht ganz scharf voneinander abgrenzen lassen und in sich noch einmal differenziert werden: Erstspracherwerb, Zweitspracherwerb, Wiedererwerb. Eine erste, zentrale Frage der Spracherwerbsforschung ist, inwieweit diese drei Typen trotz der sie definierenden Unterschiede gemeinsamen Gesetzlichkeiten folgen[3]; wir kommen gleich darauf zurück.

1.1 Erstspracherwerb (ESE)[4]

ESE liegt vor, wenn der Lerner, gewöhnlich ein Kind, zuvor noch keine Sprache erworben hat. Je nachdem, ob er dann eine – dies ist sicher der häufigste Fall – oder aber zwei Sprachen erlernt, kann man zwischen monolingualem und bilingualem ESE unterscheiden.

Der monolinguale ESE ist bei weitem die besterforschte Form des Spracherwerbs (SE) überhaupt. Wir können hier keine Darstellung des ESE geben[5]. Es gibt aber viele Punkte, die für den Zweitspracherwerb und sein Verhältnis zum ESE von Bedeutung sind; auf einige davon gehen wir im folgenden ein.

1.1.1 Kognitive, soziale und sprachliche Entwicklung

Der ESE geht Hand in Hand mit der kognitiven und sozialen Entwicklung des Kindes: Es wird vom *infans* (vom „Sprachlosen") zum *zoon logon echon* und zum *zoon politikon* – es erwirbt Wort und Geist und wird zum sozialen Wesen. Dies führt zu einigen wesentlichen Unterschieden zwischen ESE und Zweitspracherwerb. Das wollen wir an einigen Beispielen verdeutlichen.

A) *Kognitive Entwicklung*

In Sprachen wie etwa dem Deutschen, Englischen, Französischen enthält nahezu jeder Satz mit dem finiten Verb automatisch eine Tempuskennzeichnung. Um das Tempus richtig markieren zu können, muß der Lerner unter anderem über das Konzept der Zeit, also beispielsweise Begriffe wie Gegenwart, Vergangenheit und viele andere verfügen. Diese Begriffe zu entwickeln ist ein komplizierter und langwieriger Prozeß[6]; viele Kinder verwechseln bis ins Grundschulalter etwa „gestern" und „morgen". Wenn sie also mit vier Jahren schon grammatisch völlig richtige Sätze verwenden, so ist immer noch unklar, ob sie z. B. mit einer Vergangenheitsform in der Tat das ausdrücken, was damit in der Erwachsenensprache gemeint ist – zumindest solange es nicht zu Mißverständnissen und Kommunikationskonflikten kommt. Dies führt uns zu zwei wichtigen Feststellungen. **Erstens: Der grammatisch richtige Bau von Äußerungen besagt noch lange nicht, daß die Sprache richtig erworben ist; für den Lerner können die Äußerungen noch etwas ganz anderes bedeuten. Zweitens: Die kognitiven Kategorien, die in den Sprachen auf unterschiedliche Weise ausgedrückt werden, müssen überhaupt erst** einmal ausgebildet sein; dies ist beim Zweitsprachlerner weithin der Fall, nicht jedoch beim Erstsprachlerner[7].

Betrachten wir dazu noch ein zweites, besonders instruktives Beispiel. Eine der wesentlichen Eigenschaften natürlicher Sprache ist die Kontextabhängigkeit. Sie äußert sich beispielsweise im Gebrauch *deiktischer Ausdrücke.* Während Ausdrücke wie „Napoleon", „in Brighton", „vor dem Zweiten Weltkrieg" eine (relativ)[8] feste Bedeutung haben, bezeichnen deiktische Ausdrücke wie „ich", „hier", „jetzt" jeweils etwas Verschiedenes – je nachdem, wer gerade spricht, wo gesprochen wird, wann gesprochen wird. Die konkrete Ausformung der Deixis ist in den einzelnen Sprachen etwas verschieden: So hat in der Ortsdeixis das Englische etwa ein zweistufiges System mit „here – there", das Deutsche ein kompliziertes dreistufiges System mit „hier – da – dort"; auch sind natürlich die lexikalischen Einheiten verschieden. Gleich ist jedoch das zugrundeliegende Prinzip der Abhängigkeit von Sprecher, Sprechzeit, Sprechort und einigen anderen Größen. (Dies wurde vor allem von Bühler 1934 herausgearbeitet; vgl. ferner Wunderlich 1971, Fillmore 1971 und zur Deixis in verschiedenen Sprachen Weissenborn und Klein 1982.)

Es ist für ein Kind nicht einfach, dieses Prinzip des deiktischen Wechsels zu lernen (vgl. Clark 1978, Wales 1979, Tanz 1980). Aber sobald es erst einmal gelernt wurde, ist es ein für allemal da: Beim Zweitspracherwerb muß demnach nicht mehr der zugrundeliegende Mechanismus der Kontextabhängigkeit gelernt werden, sondern – etwas vereinfacht gesagt – lediglich die jeweiligen Wörter für den „jeweiligen Sprecher", den „jeweiligen Sprechort" usw.

Es gibt, so können wir zusammenfassen, wesentliche Elemente der Sprachbeherrschung, die mit der kognitiven Entwicklung zusammenhängen und beim Erstspracherwerb entwickelt werden müssen und dann für den Erwerb weiterer Sprachen bereits zur Verfügung stehen. Dies besagt allerdings nicht, daß beim Zweitspracherwerb nicht gelegentlich auch bestimmte kognitive Konzepte entwickelt oder – was oft schwieriger ist – modifiziert werden müßten: Wer Deutsch als Erstsprache lernte, hat gewöhnlich eine Kategorie wie „Aspekt" nicht in derselben Weise entwickelt, wie jemand mit Russisch als Erstsprache; wenn er deshalb etwas auf Russisch lernt, muß er dieses Konzept erst passend ausbilden. Insgesamt wird aber beim Zweitspracherwerb die notwendige kognitive Voraussetzung in ungleich höherem Maße gegeben als beim ESE.

B) Soziale Entwicklung

Für ein Kind ist der Spracherwerb nur eine Komponente in seiner Entwicklung zu einem Mitglied der jeweiligen Gesellschaft. Mit der Sprache lernt es Gefühle, Vorstellungen, Wünsche in sozial normierter Weise auszudrücken; es lernt, daß man nicht immer reden darf, wenn man will, wie man will und zu wem man will; es lernt, wie man sich mit Worten Freunde macht und Feinde; es lernt, daß man nicht immer die Wahrheit sagen darf; über die Sprache werden ihm die kulturellen, moralischen, religiösen und sonstigen Vorstellungen einer Gesellschaft übermittelt. Der gesamte Spracherwerb des Kindes wird durch die Maxime vorangetrieben: „Werde – mit kleinen Unterschieden – so wie die anderen!" Oder etwas feiner gesagt: „Erwirb eine soziale Identität und innerhalb der sozialen eine individuelle Identität!" – Für die meisten Formen des Zweitspracherwerbs gilt dies nicht. Die soziale Identität des Zweitsprachlerners ist weithin (sicher nicht völlig) festgelegt. Umgekehrt ist der Wunsch, diese Identität nicht zu verlieren, unter Umständen ein erhebliches Hindernis für den Zweitspracherwerb. Der Umstand, daß Kinder anscheinend – ein Punkt, auf den wir noch zurückkommen – eine zweite Sprache oft viel leichter lernen als Erwachsene, wird oft auf biologische Faktoren zurückgeführt. Es ist aber durchaus denkbar, daß Kinder weniger Angst haben müssen, ihre soziale Identität zu verlieren. Ob dies zutrifft oder nicht – **wir können auf jeden Fall festhalten, daß der ESE eng mit der sozialen Entwicklung, damit der Ausbildung einer sozialen Identität verknüpft ist; für den Zweitspracherwerb gilt dies nicht in gleichem Maße.**

1.1.2 „Language acquisition device" (LAD)

Nach einer verbreiteten Ansicht ist der ESE gleichermaßen schnell wie leicht. Diese Auffassung gab den Anstoß zu dem sicher folgenreichsten Konzept innerhalb der Spracherwerbsforschung der letzten dreißig Jahre: Chomskys „language acquisition device" (Chomsky 1959, 1965, 1975). Jedes normale Kind, so Chomsky, bildet in erstaunlich kurzer Zeit aufgrund oft sehr unzureichender Daten eine perfekte Grammatik seiner Muttersprache aus. Dies läßt sich mit den (seinerzeit in den USA herrschenden) behavioristischen Lerntheorien, wie sie in Skinner (1957) auch für das sprachliche Verhalten postuliert wurden, nicht erklären[9]. Stattdessen muß man annehmen, daß der Mensch über einen Sprachmechanismus verfügt, der

(a) *artspezifisch* ist, d. h. durch den sich der Mensch unter anderem auch von anderen Primaten unterscheidet,

(b) spezifisch für *sprachliches* Lernen ist, d. h. durch den sich der Spracherwerb vom Erwerb anderer Verhaltensformen oder Wissenssysteme unterscheidet, und

(c) der die *Eigenschaften* der Grammatik bereits bis zu einem hohen Maße vorstrukturiert: Viele strukturelle Eigenschaften einer Grammatik werden nicht erlernt, sondern sie sind angeboren.

Daß der Mensch über einen LAD verfügt, steht außer Frage, denn dies heißt ja nur, daß er in der Lage ist, eine Sprache zu erwerben. Umstritten ist aber, wie dieser LAD näher zu kennzeichnen ist, ob also etwa (a) – (c) zutreffen. In unserem Zusammenhang ist vor allem (c) wichtig – die Vorstellung, daß bestimmte strukturelle Eigenschaften der Grammatik angeboren sind. Die Daten, aus denen das Kind „lernt", aktivieren nach dieser Auffassung lediglich die Komponenten der Grammatik, ebenso wie das dem Menschen spezifische System der visuellen Wahrnehmung sich nach einem festen biologischen Programm entfaltet, das allerdings zu seiner Aktivierung äußerer Reize bedarf: Ein Kind, das in einem dunklen Raum aufwächst, würde ebensowenig sehen lernen wie ein Kind, das nie jemanden sprechen hörte, eine Grammatik ausbilden könnte. Und ebensowenig, wie man sagen würde, das visuelle System des Menschen – im Gegensatz etwa zu dem der Ameise – entwickle sich durch induktives Lernen aus dem, was das Kind zufällig sieht, kann man – so Chomsky – behaupten, die Sprache des Kindes entwickle sich aus dem, was es an sprachlichem Verhalten aus seiner Umgebung mitbekommt. Deshalb ist eine Untersuchung der Mutter-Kind-Interaktion (vgl. etwa Snow und Ferguson 1977) nach Chomskys Auffassung für den Erstspracherwerb ungefähr ebenso aufschlußreich wie eine Untersuchung des Aussehens der Wiege, des Kinderzimmers und der Oma für die Entwicklung seiner visuellen Wahrnehmung.

Nun kann freilich nur angeboren sein, was allen Sprachen gemeinsam ist, denn nach allem, was wir wissen, kann jedes Neugeborene jede beliebige Sprache lernen: Auch dem Schlitzäugigen sind nicht die Besonderheiten des Chinesischen angeboren. Angeboren sind gewisse allgemeine Züge aller Grammatiken, die „universale Grammatik" (UG). Was für eine Einzelsprache spezifisch ist, also beispielsweise das Deutsche und das Chinesische unterscheidet, muß in der Tat induktiv aus den Daten, die dem Kind im Verlauf seines ESE zugänglich sind, abgeleitet werden.

Dazu gehört

— der gesamte Wortschatz
— die gesamte Morphologie
— die gesamte Syntax, soweit sie in den üblichen deskriptiven Grammatiken behandelt wird[10],
— der größte Teil der Phonologie

kurzum, fast alles. Kandidaten für die UG sind nach Chomsky selbst einige allgemeine Prinzipien, auf die wir hier nicht näher eingehen (vgl. etwa Chomsky 1981 für eine Darstellung des neuesten Standes der Theorie und speziell zum Problem des ESE Hornstein und Lightfoot 1981 sowie Baker und McCarthy 1982). Für die Erstspracherwerbsforschung ist es deshalb ziemlich unerheblich, ob die Chomskysche Auffassung zutrifft oder nicht.

Es ist interessant, sich ihre Konsequenzen für den Zweitspracherwerb zu überlegen. Chomsky selbst ist im übrigen nicht auf dieses Problem eingegangen, wie es denn überhaupt wenig Literatur dazu gibt (vgl. etwa Schmidt 1980, Adjemian 1976). Unterstellen wir einmal die Richtigkeit der beiden folgenden Annahmen:

(a) Der Spracherwerb des Kindes ist relativ leicht, schnell und durch die vorhandenen und dem Kind zugänglichen Sprachdaten unterbestimmt („hopelessly underdetermined", wie Chomsky oft sagt), der des Erwachsenen hingegen mühselig und unvollkommen.
(b) Dieser Unterschied erklärt sich durch das segensreiche Wirken der UG.

Dann stellt sich die Frage, wieso die UG beim Erwachsenen nicht mehr wirkt. Man kann wohl annehmen, daß aus irgendwelchen biologischen Gründen das Lernvermögen nachläßt (vgl. dazu den folgenden Abschnitt 1.1.3). Aber eine solche Entwicklung kann natürlich nicht die UG „außer Betrieb" setzen, denn sie ist immer und in allen Sprachen wirksam; der Lerner braucht sie nicht einmal mehr zu „aktivieren", wenn er eine Zweitsprache lernt. Es ist auch denkbar daß gerade die UG beim Erstspracherwerb gewisse strukturelle Züge „festgeschrieben" hat (es werden, in Chomskys Redeweise, gewisse „offene Parameter fixiert"), die zunächst wieder aufgeweicht werden müssen und sich so als Lernerschwerung auswirken. Dann aber müßte es einem Kind ebenso wie einem Erwachsenen viel schwerer fallen, eine Zweitsprache zu lernen als eine Erstsprache (alles immer unter der Annahme (b) von oben). Dies ist nicht hinlänglich untersucht, aber alles, was wir wissen, deutet auf das Gegenteil hin: Kinder können locker hintereinander zwei Sprachen lernen, die zweite oft sogar noch schneller. Also kann die Ursache dafür, daß der Erstspracherwerb des Kindes leicht und mühelos ist, wenn man dies einmal als gegeben unterstellt – nicht am Vorhandensein der UG liegen, sondern es muß andere Gründe haben.[11] (Vgl. zur UG im Zweitspracherwerb auch Schmidt 1980).

1.1.3 Die „kritische Spanne" (critical period) für den ESE

Seine Erstsprache(n) lernt man normalerweise als Kind. Man kann sich nun überlegen, ob von einem bestimmten Alter an überhaupt noch ein ESE möglich ist. Eine Vorfrage dazu ist, von wann bis wann der ESE üblicherweise dauert. Darauf gibt es keine eindeutige Antwort, weil es darauf ankommt, was man zur Sprache und zur völligen Sprachbeherrschung zählt. Sieht man das vorsprachliche Lallen eines Säuglings, die Kundgabe seiner Wünsche und den Ausdruck seines Befindens durch bestimmte Formen des Schreien bereits als Teil der Sprachentwicklung, dann beginnt der SE mit der Geburt (vgl. dazu Kainz 1959, Teil II, Kap. 4; Fletcher und Garman 1979, Teil I; Weir 1962). Hält man die aktive Beherrschung des Konjunktivs II oder der Dativ-Akkusativ-Unterscheidung für einen wesentlichen Teil der Beherrschung des Deutschen, dann ist der ESE für viele mit dem Tode unvollendet.

Im allgemeinen kann man davon ausgehen, daß sich nach der Pubertät nur noch wenig ändert (vgl. Anm. 3). Zwar beherrscht schon ein Kind im Grundschulalter seine Sprache im allgemeinen recht gut, aber viele Strukturen werden erst später gelernt (Chomsky 1969; Karmiloff-Smith 1979; Lindner 1980), und die sprachlichen Aufgaben, die es zu lösen hat, sind relativ eingeschänkt. Dies zeigt, daß der ESE keinesfalls besonders schnell und leicht ist. Geht man davon aus, daß ein Kind am Tag etwa fünf Stunden Sprache hört, selbst zu sprechen versucht und so lernt – wer Kinder hat, weiß, daß dies niedrig kalkuliert ist – dann wendet es in den ersten fünf Jahren etwa 9100 Stunden für seinen Spracherwerb auf (vgl. Burke 1974). Nach dieser Zeit beherrscht das Kind aber viele Strukturen (z. B. im Englischen die berühmte „easy"-Konstruktion wie in „John is easy to please") noch nicht. Viele Sprachschulen bieten sogenannte „total immersion"-Programme an, d. h. für vier oder sechs Wochen wird 12 Stunden täglich eine Zweitsprache eingebleut; ein solches Programm führt im allgemeinen zu einer sehr guten, wenn auch vom Umfang des Wortschatzes und im Reichtum der Syntax eingeschränkten Sprachbeherrschung;[12] der Lerner benötigt dazu (bei sechs Wochen) rund 500 Stunden. Dies zeigt, daß die Vorstellung vom schnellen und mühelosen ESE im Vergleich zum langen und mühevollen Zweitspracherwerb ein Märchen ist. Setzt man das Ende des ESE mit der Pubertät an, so ist das Verhältnis natürlich noch weitaus ungünstiger.

Die – wie wir gesehen haben – trügerische Vorstellung vom schnellen und mühelosen Spracherwerb der Kinder führte den Neuropsychologen Penfield (Penfield und Roberts 1959) zu der Auffassung, dies hinge mit der hirnphysiologischen Entwicklung im Kindesalter zusammen. Dieser Gedanke wurde von Lenneberg (1967) aufgegriffen und zu seiner vieldiskutierten Theorie einer „kritischen Spanne" (critical period) ausgearbeitet: Nur in einer bestimmten Zeitspanne, die etwa vom zweiten Lebensjahr bis in die Pubertät reicht, verfügt das Gehirn über eine gewisse Plastizität, die ihm eine besondere Form des Spracherwerbs, eben den ESE des Kindes gestattet. Danach liegt die „Verschaltung" der einzelnen Hirnfunktionen, insbesondere die Festlegung der meisten sprachlichen Funktionen in der linken Hemisphäre des Hirns fest. Das heißt nicht, daß nach dieser Zeit nicht noch eine Sprache gelernt werden könnte – aber physiologisch gesehen eben auf andere, weniger leichte Weise. Aufgrund dieses biologischen Unterschiedes müssen ESE und Zweitspracherwerb (nach der Pubertät) als unterschiedliche Prozesse angesehen werden.
    Es ist klar, daß eine solche Theorie große Bedeutung für den Zweitspracherwerb, insbesondere aber für den Zweitsprachunterricht hat, denn wenn sie zutrifft, müßte man nach der Pubertät ganz andere Methoden als zuvor anwenden. Es ist aber sehr zweifelhaft, ob sie zutrifft. Zum einen sind die rein biologischen Befunde alles andere als gesichert (eine Diskussion findet sich in Lamendella 1977 und vor allem in Ekstrand 1979). Zum andern entspricht es nicht nur der allgemeinen Beobachtung, sondern auch zumindest manchen Untersuchungen, daß der ZSE nach der Pubertät schwieriger ist und weniger weit führt. Bloß besagt dies noch nicht, daß es so sein muß, und erst recht nicht, daß es dafür nur oder vorrangig biologische Ursachen gibt. Es kann ebensogut sein, daß die Bereitschaft, eine bereits erworbene soziale Identität aufzugeben, beim Erwachsenen geringer ist. Selbst für den Bereich der Phonologie – unter Einschluß der Intonation –, mit der erwachsene Zweitsprachlerner oft besondere Schwierigkeiten zu haben scheinen, haben die Untersuchungen von Neufeld (1979) gezeigt, daß entsprechend gut motivierte Erwachsene die Aussprache für sie gänzlich exotischer Sprachen so perfekt lernen *können*, daß sie von muttersprachlichen Sprechern nicht mehr am „Akzent" erkannt werden. Dies beweist, daß ein perfekter Zweitspracherwerb nach der Pubertät biologisch durchaus möglich ist. Aller-

dings besagt es nichts über die Leichtigkeit oder darüber, ob die Art des Lernens eine andere ist.

Die drei Punkte – kognitive, soziale und sprachliche Entwicklung, LAD sowie „kritische Spanne" – betreffen sowohl den monolingualen wie den bilingualen ESE in gleicher Weise. Im folgenden gehen wir noch auf einige Besonderheiten des bilingualen ESE ein. Dieser Fall ist nicht sehr häufig, weil der Erwerb einer der beiden Sprachen gewöhnlich zeitlich etwas versetzt ist, und damit sind wir bereits beim Übergang vom bilingualen ESE zum Zweitspracherwerb. Es gibt aber zum ersteren doch eine Reihe gut dokumentierter Fallstudien, darunter die klassischen Arbeiten von Ronjat (1913) und Leopold (1939–1949). Einen sorgfältigen Überblick über den Forschungsstand gibt McLaughlin (1978a; Kap. 4). Wir beschränken uns hier auf drei Punkte:[13] zusammengesetzter und koordinierter Bilinguismus (Abschnitt 1,1,4), Dominanz und Spezifik (1.1.5) sowie Retardierung der Entwicklung (1.1.6).

1.1.4 Zusammengesetzter und koordinierter Bilingualismus

Beim bilingualen ESE werden zwei Systeme gleichzeitig erworben, z. B. Deutsch und Französisch. Diese Systeme unterscheiden sich in vielen Aspekten, aber doch nicht in allen. So drücken sie in vielen Fällen die gleichen Kategorien wie Zeit, Modalität, Person usw. aus, sie haben einander entsprechende Wörter, oft vergleichbare syntaktische Regeln usw. Es liegt daher nicht fern anzunehmen, daß der Lerner *ein* System mit bestimmten variablen Komponenten hat, auf die er nach Bedarf unschaltet. Dies ist vor allem für den Bereich des Lexikons plausibel. Der Lerner lernt gleichsam, daß es für einen Begriff „Stuhl" zwei phonologische Realisierungsformen gibt, etwa [ʃtuːl] und [ʃɛzə], und je nachdem, mit wem er redet, wählt er die eine oder andere.

Ein Zweisprachiger, der eine Sprache im ESE gelernt hat und eine weitere als Zweitsprache, muß zunächst einmal ein System für sich ausgebildet haben (unter Umständen nicht vollständig, je nachdem, wann der ZSE einsetzt, aber doch in Teilen). Später entwickelt er dann ein weiteres System hinzu, und beim Wechsel von einer Sprache zur anderen schaltet er dann nicht innerhalb eines Systems um, sondern von einem System zum anderen. Dabei kann es sein, daß eine dieser Sprachen dominant ist, d. h. daß ein Teil der Sprachproduktion bzw. des Sprachverstehens immer in der einen Sprache erfolgt und dann erst die andere zugeschaltet wird. Im Extremfall kann die Zweitsprache einfach als eine Art „Einsetzen" phonologischer Formen in bereits vorhandene Zuordnungen von

Laut und Bedeutung gebracht werden; möglicherweise führt das traditionelle Vokabellernen eben dazu.

Der erste, der diese Unterschiede auf den Begriff zu bringen versuchte, war Weinreich (1953). Er unterscheidet je nach Aufbau des inneren Lexikons drei Formen des Bilingualismus:

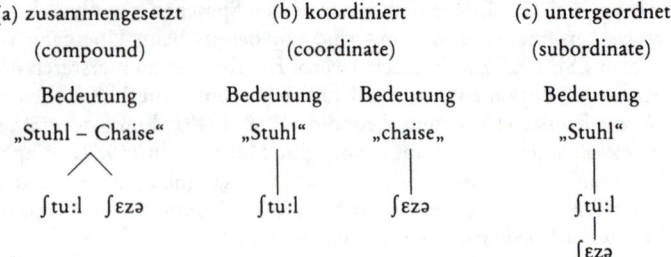

Die Unterscheidung hat in den folgenden zwanzig Jahren eine eminente Rolle gespielt, allerdings in einer Umformung durch Ervin und Osgood (1954). Sie unterscheiden nur noch „zusammengesetzt" und „koordiniert" und zählten den dritten Typ zum zusammengesetzten Fall. Maßgeblich war die Art, wie die Sprachen erlernt wurden. Koordinierter Bilingualismus liegt vor, wenn die Sprachen in verschiedenen Kontexten erlernt wurden, z. B. im Elternhaus und dann im Ausland; alles andere führt zu „zusammengesetzem" Bilingualismus. Dabei kann es durchaus sein, daß ein Teil des Lexikons bei einem Zweisprachigen „zusammengesetzt", ein Teil „koordiniert" ist. Diese unterschiedlichen Erwerbsformen führen zu unterschiedlichen Formen der Bedeutungsrepräsentation. Ervin und Osgood beschrieben diese Bedeutungsrepräsentation im Rahmen eines modifizierten Reiz-Reaktions-Schemas. In der Folgezeit wurde die Unterscheidung der beiden Bilingualismus-Arten wiederholt umgedeutet (vgl. vor allem die Arbeiten von Lambert, z. B. Lambert 1969), und MacNamara (1970, S. 31) stellte fest: „Any clarity which the coordinate-compound distinction seemed to have was deceptive". Dies ändert nichts daran, daß sie auch heute oft noch als fest etabliertes Forschungsergebnis zitiert wird. Einer der Gründe für die Fragwürdigkeit, vielleicht aber auch für die Attraktivität der Unterscheidung ist, daß ganz verschiedene Elemente in sie eingehen:

(a) Die Art der Entstehung: Es wird beispielsweise angenommen, daß Erwerb im gleichen Kontext, wie dies z. B. beim bilingualen ESE gewöhnlich der Fall ist, zu zusammengesetztem Bilingualismus führt, andere Formen des Erwerbs zu koordiniertem (dieses Verhältnis wird freilich von den einzelnen Forschern bereits unterschiedlich angesetzt).

(b) Die linguistische Kennzeichnung: Wir haben oben von „einem System mit variablen Komponenten" gegenüber zwei relativ unabhängigen Systemen gesprochen. Dafür eine linguistische Präzisierung zu liefern, ist sehr schwer, selbst für den Bereich des Lexikons, auf den sich die meisten Untersuchungen beziehen. Die Vorstellung „eine Bedeutung – zwei phonetische Realisierungen" ist allein schon deshalb sehr problematisch, weil das Lexikon einer Einzelsprache in sich eine eigene Struktur aufweist; die Bedeutung eines Wortes ergibt sich aus seinem Verhältnis zu den anderen Wörtern dieser Einzelsprache.

(c) Die neurophysiologische Realisierung: Beim koordinierten Bilingualismus ist das Wissen über beide Sprachen möglicherweise anders gespeichert als beim zusammengesetzten. So könnte man annehmen, daß die Erstsprache – oder die Erstsprachen, falls es mehrere sind – in der linken Hirnhälfte untergebracht wird, Zweitsprache(n) dagegen in der rechten. Hypothesen dieser Art sind in jüngster Zeit wieder intensiver diskutiert worden (Paradis 1977, Albert und Obler 1978; Genesee u. a. 1978; Galloway und Krashen 1980; Friederici 1983, Abschnitt 4.5; in der Zeitschrift „Brain and Language" finden sich regelmäßig Beiträge dazu).

Es ist nicht völlig auszuschließen, daß die Unterscheidung in „zusammengesetzt" und „koordiniert" einen wichtigen Punkt trifft. Aber sie ist so konfus, daß sie inzwischen viel mehr Verwirrung als Nutzen gestiftet hat.

1.1.5 Dominanz und Spezifik

Beim bilingualen ESE werden der Idee nach beide Sprachen gleichermaßen gelernt; die Symmetrie ist aber selten vollständig; gewöhnlich werden die beiden Sprachen personenspezifisch oder aufgabenspezifisch benutzt. Mit der Entwicklung des Kindes führt dies gewöhnlich dazu, daß eine der Sprachen eine gewisse Dominanz gewinnt. Dieses Übergewicht kann sich auf alle Bereich der Kommunikation erstrecken, so daß die andere Sprache weithin verlorengeht, oder letztere wird für bestimmte Zwecke reserviert. Im bestdokumentierten Fall, der zweisprachigen Entwicklung von Leopolds Tochter Hildegard, wurde das Englische – die Sprache nicht nur der Mutter, sondern auch der weiteren sozialen Umgebung – allmählich gegenüber dem Deutschen, der Sprache des Vaters, dominant.

Beim Zweitspracherwerb sind Dominanz und Spezifik im allgemeinen noch wesentlich stärker ausgebildet. Englisch wird heute mehr als Zweitsprache denn als Erstsprache gesprochen (Smith 1976); es erfüllt also dann nur gewisse spezifische Funktionen, und die jeweilige Erstsprache ist dominant. So einleuchtend und wichtig diese beiden Konzepte sind, so schwer ist es, präzise anzugeben, welche Rolle Dominanz und Spezifik für den Erwerb selbst, insbesondere aber für die neurophysiologische Verarbeitung spielen. Ist es so, daß jeweils ein Satz in der dominanten Sprache teilweise gebildet, dann in die andere Sprache übersetzt und schließlich artikuliert wird? Darauf deutet der Umstand, daß sich oft in der Produktion Einflüsse der dominanten Sprache geltend machen. So neigen deutsche Sprecher im Englischen oft dazu zu sagen: „the child . . ., it . . .", auch wenn sie *wissen*, daß es *he* oder *she* heißen müßte und dies auf Befragen hin sofort korrigieren. Eine solche *Interferenz* ist schwer zu erklären, wenn man nicht annimmt, daß die Produktion des Satzes zum Teil die Bildung eines „deutschen Satzes" einschließt. Ebenso verwenden auch Sprecher, die seit vielen Jahren häufig, ja vorwiegend eine Zweitsprache sprechen, oft unbewußt Verstehensstrategien, die ihrer Erstsprache, nicht aber der Zweitsprache entsprechen (vgl. dazu Bates u. a. 1982). Auf der anderen Seite dürften demnach Interferenzen umso seltener auftreten, je spezifischer die beiden Sprachen auf bestimmte Kommunikationssituationen verteilt werden.

1.1.6 Retardierung der Entwicklung

Ein Kind, das gleichzeitig zwei Sprachen lernt, hat in gewissem Sinn die doppelte Aufgabe. Auch wenn – im Sinne eines „koordinierten Bilingualismus" – nicht zwei vollständige Systeme ausgebildet würden, müssen zumindest jene Teile zusätzlich gelernt werden, die verschieden sind. Weiterhin ist das Kind vor die Aufgabe gestellt, beide Formen des „Inputs" zu trennen, d. h. es darf z. B. nicht englische Komponenten in sein deutsches System (oder Teilsystem) einbauen und umgekehrt. Dies ließe erwarten, daß es zum einen zu erheblichen Mischungen kommt und zum anderen der ESE bei zwei Sprachen erheblich länger dauert. Beides ist nicht der Fall. Es kommt zwar zu Mischungen, vor allem in der Anfangsphase, aber sie spielen eine sehr geringe Rolle. Ob der bilinguale ESE länger dauert, ist schwer zu beurteilen, da es einerseits erhebliche individuelle Variationen schon beim monolingualen ESE gibt und anderernteils ohnehin nicht ganz klar ist, wie lange er dauert; auf keinen Fall ist der bilinguale ESE jedoch auffällig länger.

Soweit dies überhaupt bislang erforscht ist, wurden auch keine klaren sonstigen Retardierungen, etwa in der kognitiven oder sozialen Entwicklung festgestellt, wenn ein Kind gleichzeitig zwei Sprachen lernt. Zwar gibt es entsprechende Berichte, aber ebenso viele, die das Gegenteil bezeugen. (Einen Überblick bietet McLaughlin 1978, Kap. 8; vgl. ferner Cummins 1976; Vihman und McLaughlin 1982, Porsché 1983, Kielhöfer und Jonekeit 1983.)

1.2 Übergangsformen zum Zweitspracherwerb

Wie schon erwähnt, gibt es keine glatte Scheidung zwischen ESE und ZSE, da letzterer jederzeit einsetzen kann, wenn ersterer noch läuft. Ob man in einem konkreten Fall schon von ZSE oder noch von bilingualem ESE reden soll, ist daher ziemlich willkürlich. Wir werden hier einem gängigen Sprachgebrauch folgen und dann schon von „Zweitspracherwerb" sprechen, wenn er im Alter von drei bis vier Jahren beginnt, also zu einem Zeitpunkt, zu dem der ESE auf keinen Fall abgeschlossen ist. Falls eine nähere Unterscheidung nötig ist, sprechen wir von „ZSE des Kindes" bzw. „ZSE des Erwachsenen". Im übrigen gehen wir also nicht auf die möglichen Besonderheiten der Übergangsformen ein, da völlig unklar ist, welchen Einfluß die *partielle* Beherrschung einer Sprache auf den Erwerb einer zweiten spielt.

Bevor wir uns nun dem ZSE zuwenden, seien die verschiedenen Termini noch einmal zusammengestellt:

Alter etwa	Erwerb von Sprache A	Erwerb von Sprache B	Name
1–3 J.	+	−	monolingualer ESE
	+	+	bilingualer ESE
3–4 J. bis Pubertät	+	+	ZSE des Kindes
nach Pubertät	−	+	ZSE des Erwachsenen

1.3 Zweitspracherwerb

Eine Zweitsprache kann man unter sehr unterschiedlichen Bedingungen erwerben, und je nachdem, in welchem Alter, auf welche Weise, mit welchen Zielen und bis zu welchem Grad der Sprachbeherrschung gelernt wird, kann man verschiedene Formen der ZSE unterscheiden. Eine besonders große Bedeutung wird gewöhnlich dem Umstand beigemessen, ob die Sprache mit oder ohne Unterricht gelernt wird. Wie wir noch sehen werden, ist unsicher, ob dieser Unterscheidung in der Tat verschiedene Formen des ZSE entsprechen; aber sie ist zweifellos von großer pratischer Bedeutung, und deshalb werden wir im folgenden zunächst einmal zwischen *ungesteuertem* und (durch Unterricht) *gesteuertem Spracherwerb* trennen.

1.3.1 Ungesteuerter ZSE

Damit ist der Erwerb einer Zweitsprache in der alltäglichen Kommunikation gemeint, der sich naturwüchsig vollzieht und ohne systematische intentionale Versuche, diesen Prozeß zu steuern. Ein prototypisches Beispiel ist der Spracherwerb eines türkischen Arbeiters, der in die Bundesrepublik kommt, ohne ein Wort Deutsch zu können, und der sich hier durch seine – oft geringen – Kontakte mit der sozialen Umwelt gewisse Deutschkenntnisse aneignet. Ein zweites, vielleicht noch „reineres" Beispiel ist der Fall eines Missionars oder eines Ethnologen, der zu einem unerforschten Stamm kommt und dessen Sprache durch seine (möglicherweise etwas pathologischen) Sozialkontakte lernt, vielleicht sogar studiert, ohne jedoch systematisch darin unterrichtet zu werden.

Schon diese beiden Beispiele zeigen, daß der ungesteuerte ZSE nicht einheitlich ist. Wer eine Sprache lernt, um die Bibel zu übersetzen, wird anders und wahrscheinlich mehr lernen als jemand, der mit ungesicherten Bleibemöglichkeiten und mehr Kontakten zu Landsleuten als zu den Einheimischen in ein fremdes Land kommt, um dort zu arbeiten – wie dies etwa bei ausländischen Arbeitern in der Bundesrepublik der Fall ist. Wir gehen hier nur kurz auf die beiden bestimmenden Eigenschaften des ungesteuerten ZSE ein: Er erfolgt (1) in der alltäglichen Kommunikation und (2) ohne systematische intentionale Versuche, den Prozeß des Spracherwerbs zu steuern.

(1) Alltägliche Kommunikation

Der Lerner ist im ungesteuerten ZSE gleichsam in einer paradoxen Lage: **Um kommunizieren zu können, muß er die Sprache lernen, und um die Sprache zu lernen, muß er kommunizieren können** (vgl. HDP 1979, S. 221). Dies ist natürlich kein wirkliches Paradox, denn die Kommunikation kann mit sehr unterschiedlichen Mitteln erfolgen und sehr unterschiedlich tief und umfassend sein. Für manche Zwecke genügen

Gesten oder wenige Ausdrücke, wenn sie geschickt eingesetzt werden. Der Lerner muß versuchen, mit dem Blatt, das er gerade auf der Hand hat, möglichst gut zu spielen, aber anders als der Kartenspieler hat er die Möglichkeit, sein Blatt beständig zu verbessern. Etwas weniger bildlich geredet: Im ungesteuerten ZSE hat der Lerner zu jedem Zeitpunkt ein bestimmtes Ausdrucksrepertoire zur Verfügung, das am Anfang fast völlig aus nonverbalen Mitteln besteht, und er sieht sich fortwährend zwei Aufgaben konfrontiert:

— Er muß dieses Repertoire optimal nutzen, und zwar in der Produktion wie im Verstehen (Kommunikationsaufgabe).
— Er muß es immer besser an die Zielsprache anpassen, d. h. an die Art, wie seine soziale Umgebung sprachlich handelt (Lernaufgabe).

Diese beiden Aufgaben hängen offenbar eng miteinander zusammen, aber sie dürfen nicht miteinander verwechselt werden. **Die Kommunikationsaufgabe ist ein stabilisierender Faktor: Die Ausbildung einer festen Lernervarietät und ihre optimale Nutzung erleichtert die Kommunikation; der Lerner kann sozusagen im Haus der Sprache den Mantel ausziehen und sich einrichten. Die Lernaufgabe, also die Notwendigkeit, das Vorhandene zu verlassen, es zu verbessern und zu reorganisieren, ist ein dynamischer Faktor: Er treibt den Erwerbsprozeß voran.** Das läßt sich an einer bekannten Erscheinung des ungesteuerten ZSE, den sogenannten *Vermeidungsstrategien* (avoidance strategies, vgl. Kleinmann 1978) illustrieren: Ein Lerner, der bestimmte Wörter oder Konstruktionen nicht weiß oder sich über ihren Gebrauch nicht sicher ist, umgeht sie und behilft sich mit Umschreibungen, durch Themenwechsel oder gar, indem er Situationen, in denen sie notwendig werden könnten, zu vermeiden sucht. Dies ist aber keine „Erwerbsstrategie", sondern eine „Gebrauchsstrategie", die in den Bereich der ersten Aufgabe fällt; für den Erwerb ist sie oft eher hemmend, weil sie den Druck, den Erwerbsprozeß voranzutreiben, verringert. (Sie ist wie Aspirin bei Zahnschmerzen: Es hilft nicht, ist aber eine Erleichterung und verringert den Druck, zum Zahnarzt zu gehen.)

Ein zweiter wesentlicher Aspekt, der mit dem Lernen in Alltagssituationen zu tun hat, ist die geringe Fokussierung auf die Sprache selbst: Dem Lerner liegt zunächst daran, zu verstehen und sich verständlich zu machen, und dazu ist ihm jedes Mittel recht. Das hat zwei Konsequenzen. Er ist erstens am kommunikativen Erfolg, nicht an formaler Richtigkeit seiner Sprache interessiert, und deshalb gewichtet er die Ausdrucksmittel, die er zu lernen hat, ganz anders als dies beispielsweise im Fremdsprachenunterricht geschieht. Und zweitens ist die „metalinguistische"

Komponente wenig ausgebildet, d. h. er reflektiert weniger über die Sprache, ihre Formen und Regeln, als dies der Fall ist, wenn Formen und Regeln *gelehrt* werden. Es ist offen, inwieweit diese metasprachliche Komponente in der Tat den Spracherwerbsprozeß beeinflußt. Eine der gegenwärtig meistdiskutierten Erwerbstheorien, Krashens „Monitor theory" (Krashen 1981), leitet sich davon ab; wir kommen in Abschnitt 1.5.3 darauf zurück; vgl. auch Abschnitt 8.1.4.

(2) *Keine systematischen intentionalen Steuerungsversuche*

Jeder Spracherwerb ist von irgendwelchen Faktoren „gesteuert", beispielsweise von Umfang und Art des Sprachmaterials, zu dem der Lerner Zugang hat. Die Unterscheidung zwischen „gesteuert" und „ungesteuert", wie wir sie hier machen, beruht darauf, daß bei ersterem *systematisch* und *intentional* versucht wird, einen bestimmten Weg zu gehen, eben durch bestimmte Unterrichtsmethoden. Sicher wird auch im ungesteuerten ZSE gelegentlich „gelehrt", etwa wenn man einen Fehler des Lerners explizit korrigiert, wenn ihm die Bezeichungen für bestimmte Gegenstände gesagt werden oder wenn ihm eine bestimmte Konstruktion erläutert wird. Dies allein spricht nicht gegen die grundsätzliche Unterscheidung in „gesteuert" und „ungesteuert".

Man kann sich dennoch überlegen, ob nicht eine andere Terminologie vorzuziehen wäre. In der Tat gibt es zumindest für den ungesteuerten ZSE eine Anzahl anderer Namen, z. B. „natürlicher Zweitspracherwerb", „Zweitspracherwerb im sozialen Kontext" u. a. Diese Bezeichnungen geben aber nicht minder zu Einwänden Anlaß, etwa „Was ist das Gegenteil von ‚natürlich'?" oder „Ist die Schule kein sozialer Kontext?". Deshalb bleiben wir bei „gesteuert – ungesteuert" (vgl. dazu auch Felix 1982, S. 9, sowie Hahn 1982). Im übrigen ist es auch ganz egal.

Der ungesteuerte ZSE hat in der Forschung bis vor wenigen Jahren nur eine geringe Rolle gespielt; auch gelten die meisten Untersuchungen dem gesteuerten, und unter denen zum ungesteuerten befassen sich die wenigsten mit dem ZSE von Erwachsenen, also jener Form, bei der die Erstsprache vollentwickelt ist. Das hat seinen Grund einmal darin, daß die Datenbeschaffung und damit überhaupt empirische Untersuchungen beim gesteuerten ZSE viel einfacher sind; Schüler und Teilnehmer von Sprachkursen sind eher zugänglich als türkische Arbeiter oder Emigranten. Zum anderen liegt diese Schwergewichtssetzung aber an der verständlichen Erwartung, aus der ZSE-Forschung etwas für den Sprachunterricht ableiten zu können. Da liegt es nahe, sich auf den (unterrichtlich) gesteuerten ZSE zu beschränken. Ich halte dies für einen fatalen Fehlschluß. **Wenn man sinnvoll und fundiert in den Erwerbsprozeß eingreifen will, muß man die grundlegenden Gesetzlichkeiten kennen, die ihn bestimmen; die aber kann man am wenigsten ermitteln, wenn diese Gesetzlichkeiten durch eine bestimmte Lehrmethode (positiv oder negativ) beeinflußt werden.**[14] **Die Art und Weise, in welcher der Mensch Sprache verarbeitet, damit auch, wie er Erst- und Zweitsprachen lernt, hat sich über Hunderttausende, vielleicht Millionen von Jahren entwickelt, und zwar, soweit wir wissen, bis vor kurzem (d. h. bis vor ein paar Jahrtausenden) ohne systematischen Unterricht. Er hat also seine Fähigkeit, eine Zweitsprache zu lernen, im ungesteuerten ZSE ausgebildet, und es ist verwegen anzunehmen, diese Fähigkeit sei frei manipulierbar.** Allenfalls kann man annehmen, daß sie gegenüber unterschiedlichen Unterrichtsmethoden unterschiedlich resistent ist. In jedem Fall weist dies dem ungesteuerten ZSE eine gewisse Priorität für die Forschung zu; erforscht werden müssen freilich beide (vgl. dazu HDP 1976, Kap. 1).

1.3.2 Gesteuerter ZSE

Mit dem letzten Punkt ist bereits einiges über den gesteuerten ZSE und sein Verhältnis zum ungesteuerten gesagt. Er muß als abgeleiteter Fall betrachtet werden, als ein Versuch, einen natürlichen Prozeß zu domestizieren. Er ist aber für die Praxis besonders wichtig; für viele erfährt die ZSE-Forschung überhaupt erst ihre Rechtfertigung aus ihrer Bedeutung für den Unterricht.

Auch im gesteuerten ZSE sind weder Terminologie noch Sache einheitlich. Beginnen wir mit ersterer. Hier spielen zwei Begriffspaare eine wichtige Rolle, nämlich „Fremdsprache – Zweitsprache" und „lernen – erwerben". Diese Ausdrücke werden nicht einheitlich verwendet. Jedoch gibt es neuerdings einige Versuche, sie stärker festzulegen (vgl. z. B. Richards 1978, Einleitung; Bausch und Kasper 1979). Mit „Fremdsprache" ist demnach eine Sprache gemeint, die außerhalb ihres normalen Verwendungsbereichs – gewöhnlich im Unterricht – gelernt und dann nicht neben der Erstsprache zur alltäglichen Kommunikation verwendet wird. Eine klassische Fremdsprache in diesem Sinne ist Latein, aber auch z. B. Englisch und Französisch für den gewöhnlichen Gymnasiasten. Eine „Zweitsprache" hingegen ist eine Sprache, die nach oder neben der Erstsprache als zweites Mittel der Kommunikation dient und gewöhnlich in einer sozialen Umgebung erworben wird, in der man sie tatsächlich spricht. In diesem Sinn ist Französisch für viele Deutschschweizer, Englisch für viele Hindi-Sprecher, Russisch für viele Georgier eine Zweit-

sprache. Es ist klar, daß es dabei gleitende Übergänge gibt. In der von
uns hier gewählten Terminologie umfaßt „Zweitsprache" beide Fälle. Im
Endergebnis läuft die Unterscheidung „Fremdsprache – Zweitsprache"
oft auf „gesteuert erworbene – ungesteuert erworbene Zweitsprache" (in
unserem Sinne) hinaus. Wir werden bei unserer Terminologie bleiben,
weil sie auf einem einfachen Kriterium beruht; aber wir werden gelegentlich von „Fremdsprachenunterricht" in diesem eingeschränkten Sinn reden.

Ganz parallel wird oft ein Unterschied zwischen „lernen" und „erwerben" gemacht; ersteres bezieht sich auf den gesteuerten, letzteres auf den
ungesteuerten Fall. So geht Krashen in seiner schon erwähnten „Monitor– Theorie" von zwei grundlegend verschiedenen Prozessen aus, die er
„second language learning" und „second language acquisition" nennt
(Krashen 1981; vgl. weiter unten Abschnitt 1.5.3). Wir machen eine solche Unterscheidung nicht mit, weil völlig offen ist, ob es sich wirklich
um grundlegend verschiedene Prozesse handelt, und weil es unpraktisch
ist, keinen Oberbegriff zu haben. Deshalb reden wir grundsätzlich von
„Erwerb" und „Erwerbsprozeß" und benutzen „Lernen" und „Lernprozeß" als stilistische Variante. Wichtig ist, daß sich beide auf die Perspektive dessen beziehen, der die Sprache zu erwerben hat, nicht auf die Perspektive derer, die ihm dabei helfen – die Lehrer oder die soziale Umwelt.

Es gibt eine Fülle von Methoden, den ZSE-Prozeß systematisch zu
beeinflussen. Wir können hier keinen Überblick über Unterrichtsmethoden geben (vgl. etwa Butzkamm 1973, Corder 1973, Heindrichs u. a.
1980, Quest u. a. 1981, Szulc 1976, Stevick 1979), sondern gehen lediglich
auf zwei Punkte ein, in denen sich diese Methoden unterscheiden: (1)
durch die Art, in der dem Lerner das Material aus der Zielsprache dargeboten wird, und (2) durch die Möglichkeiten, sein zu einem gegebenen
Zeitpunkt vorhandenes Repertoire anzuwenden.

(1) Darbietung des Materials

Im ungesteuerten ZSE wird dem Lerner die Sprache, die er zu lernen hat,
in Form alltäglicher Kommunikation zugänglich – als Schallwellen, die in
einem bestimmten situativen Kontext hervorgebracht werden. Daraus
muß er neue Regeln über den Gebrauch dieser Sprache induzieren. Im
gesteuerten ZSE wird dieses Material mehr oder minder aufbereitet. Im
Extremfall wird dem Lerner primär eine Beschreibung des Materials,
nicht dieses selbst angeboten. Dies ist der Fall beim klassischen Grammat-
ikunterricht, wie er seit Donats Zeiten bis zumindest Ende des 19. Jahr-

hunderts den Fremdsprachenunterricht bestimmt hat. Am anderen Pol steht der „kommunikative Unterricht" mit wenig Grammatik und viel Rollenspiel, in dem tatsächliche Kommunikationssituationen planvoll nachgebildet werden (siehe z. B. Piepho 1974). In seiner extremsten – und vielleicht erfolgreichsten – Form ist dies ein gesteuerter ZSE, der so gesteuert ist, daß er einem besonders günstigen ungesteuerten nahekommt. Zwischen diesen Polen – der dominant metasprachlichen Aufbereitung und dem optimierenden Nachspielen des ungesteuerten ZSE – gibt es zahllose Zwischenstufen wie etwa den heute weithin herrschenden einsprachigen nur noch schwach grammatikorientierten Fremdsprachenunterricht an den meisten Gymnasien (vgl. Butzkamm 1973).

Nicht nur die Art, sondern auch die Reihenfolge, in der bestimmte Eigenschaften der Zielsprache angeboten werden, ist anders als beim ungesteuerten ZSE. Die wichtigsten Kriterien, die Auswahl und Reihenfolge bestimmen, sind Annahmen über die Lernschwierigkeit und über die Wichtigkeit der betreffenden Strukturen. Dies führt zum Teil zu extremen Abweichungen von den „natürlichen" Reihenfolgen, die man im ungesteuerten ZSE antrifft. So spielt beispielsweise die Flexionsmorphologie im ungesteuerten ZSE eine nachgeordnete Rolle, während ihr im Fremdsprachenunterricht (starke und schwache Verben!) oft ein eigentümlich hohes Gewicht beigemessen wird.

Dies besagt nicht, daß man in Auswahl und Darbietungsform unbedingt den ungesteuerten ZSE möglichst genau nachahmen soll, denn die Lernbedingungen sind oft sehr ungünstig. Es heißt aber, daß es sinnlos ist, Material in einer Art und Reihenfolge anzubieten, die das Sprachlernvermögen schlecht verarbeiten kann. Dazu muß man freilich wissen, wie dieses Sprachlernvermögen von Natur aus funktioniert.

(2) Nutzung des jeweiligen Repertoires in Verstehen und Produktion

Im ungesteuerten ZSE ist der Lerner ständig genötigt, mit dem, was er gerade hat, zu operieren, weil er kommunizieren muß (vgl. Abschnitt 1.3.1 (1). Im gesteuerten ZSE besteht ein solcher Zwang nicht. Er wird durch Übungen ersetzt – Diktate, Aufsätze, „pattern drill" usw. (Man läßt den Fahrschüler im Fahrunterricht nicht fahren, sondern immer wieder die Kupplung treten und den Schalthebel hin- und herbewegen.) Auch hier können die Methoden dem ungesteuerten ZSE unterschiedlich nahestehen. Selbst im ähnlichsten Fall, etwa einem geschickt inszenierten Rollenspiel, kommt es nicht darauf an, sich einander verständlich zu machen, mit welchen Mitteln auch immer, sondern darauf, sich gemäß einer gesetzten und mehr oder minder gut internalisierten Norm zu verhalten (vgl. dazu Trévise 1979).

Damit haben wir kurz das Verhältnis umrissen, in dem gesteuerter und ungesteuerter ZSE zueinander stehen, und einige wichtige Unterschiede genannt. Daß es solche Unterschiede gibt, steht außer Frage. Aber das heißt nicht, daß in beiden Fällen dieselben Gesetzlichkeiten des menschlichen Spracherwerbs wirksam wären; nur findet das Sprachlernvermögen in beiden Fällen etwas unterschiedliche Ansatzflächen und Entfaltungsräume (vgl. dazu d'Anglejean 1978, Felix 1982, Teil II).

1.4 Wiedererwerb

Eine bereits (ganz oder teilweise) erworbene Sprache, gleich ob Erst- oder Zweitsprache, kann auch wieder verschwinden. Das heißt nicht, daß sie in den Gehirnzellen, in denen sie gespeichert ist, gelöscht würde. Der Sprecher ist lediglich nicht mehr in der Lage, sie zu verarbeiten, d. h. Äußerungen in der betreffenden Sprache zu bilden und zu verstehen. Dabei gibt es alle möglichen Zwischenstufen – vom Vergessen einiger Wörter oder Konstruktionen bis zum Totalverlust. Ein solcher Verlust – gleich welchen Grades – kann zwei Ursachen haben:

(a) mangelnde Praxis, etwa wenn, wie bei vielen Auswanderern, eine im Kindesalter gelernte Sprache nicht mehr gesprochen wird (vgl. Lambert und Freed 1982, Sharwood-Smith 1983);

(b) Sprachpathologien, Aphasien aufgrund von Hirnverletzungen, Durchblutungsstörungen usw. oder periphere Störungen wie Kehlkopfkrebs oder Ertaubung.

In vielen solchen Fällen kann die verschwundene, oder besser: unzugängliche, aber im Prinzip vorhandene Sprache wieder zugänglich werden. Der Einfachheit halber sprechen wir hier von „Wiedererwerb", obwohl nach dem Gesagten klar sein sollte, daß zum ESE oder ZSE ein entscheidender Unterschied besteht.

Bislang ist nur der Wiedererwerb nach Aphasie etwas näher untersucht worden (für einige Andeutungen zum Wiedererwerb einer nicht mehr praktizierten Sprache vgl. Wode 1981, S. 47–53). Die Ergebnisse sind jedoch sehr variabel, unter anderem deshalb, weil auch die Ausfallerscheinungen sehr variabel sind (siehe dazu Leischner 1979). Insgesamt scheint beim gegenwärtigen Stand der Forschung die „Rückkehr" der Sprache nach einer Aphasie mit sonstigen Formen des SE kaum vergleichbar. Vergleichbar ist möglicherweise die andere genannte Form des Wiedererwerbs, bei der mangelnde Praxis zum „Verlust" einer Sprache führte. Nach allgemeiner Ansicht lernt man dann diese Sprache viel schneller, als dies sonst der Fall wäre. Das stimmt vielleicht, aber es ist unseres Wissens nie überprüft worden. Zum anderen ist sehr unklar, inswieweit diese Form des Wiedererwerbs ein Freilegen von Verschüttetem, ein Neulernen oder eine Verbindung von beidem ist. Jede dieser Möglichkeiten ließe ganz unterschiedliche Prozesse des „Erwerbs" erwarten; aber darüber kann man im Augenblick nur spekulieren.

Wir schließen diesen Abschnitt mit ein paar Bemerkungen über das Verhältnis Erstsprache – Zweitsprache beim Wiedererwerb. Zweisprachige Aphasiker können beim Wiedererwerb oft *nur* die Erstsprache oder *zunächst nur* die Erstsprache wieder anwenden, selbst wenn sie vor der Aphasie vorwiegend oder gar überhaupt nur eine Zweitsprache verwandt hatten. Der französische Aphasieforscher Ribot formulierte 1882 diese Reihenfolge als Regel für den Wiedererwerb bei Zweisprachigen. Leider gibt es mindestens so oft den Fall, daß die vor der Aphasie dominante Sprache, gleich ob Erst- oder Zweitsprache, zuerst wieder zugänglich ist (règle de Pitres, nach einem andern französischen Aphasieforscher). Eine Übersicht über sämtliche bekannten Fälle in der Aphasieforschung geben Albert und Obler (1978, S. 109–139); eine gute Diskussion der Problematik findet sich in Paradis (1977).

In zumindest einem Fall ist es allem Anschein nach gelungen, eine völlig vergessene Erstsprache unter Hypnose wieder zugänglich zu machen (Fromm 1970). Es handelt sich um einen 26jährigen Amerikaner japanischer Herkunft, der als kleines Kind zunächst Japanisch, dann aber Englisch gelernt hatte und nach eigenem Bekunden keinerlei Japanisch verstand. Unter Hypnose produzierte er eine Reihe von Sätzen, die, auf Tonband aufgenommen, von Japanern als etwas stockendes, kindliches Japanisch analysiert wurden. Versuche, das Experiment zu wiederholen, waren bisher nicht allzu erfolgreich. (Vgl. dazu und zu anderen Hypnosefällen Campbell und Schumann 1981.)

1.5 Einige Theorien des Zweitspracherwerbs

Nach dem Gesagten dürfte zumindest eines klar sein: Der Zweitspracherwerb ist ein ziemlich verwickeltes Phänomen, das von vielen Faktoren bestimmt wird und dessen systematische Beschreibung, ganz zu schweigen von seiner Erklärung, außerordentlich schwierig ist. Es hat aber nicht an Versuchen gefehlt, ihn über einfache Leisten zu hauen. Im folgenden stellen wir einige Theorien oder Theorieansätze zusammen, die in der

ZSE-Forschung eine wichtige Rolle gespielt haben oder noch spielen, und kommentieren sie kurz. Einige davon sind bereits in den vorausgehenden Abschnitten erwähnt worden.

1.5.1 Die Identitätshypothese[15]

Diese Hypothese besagt in ihrer radikalsten Form, daß es für den SE keine Rolle spielt, ob bereits eine Sprache gelernt wurde oder nicht: ESE und ZSE folgen den gleichen Gesetzlichkeiten.

In dieser radikalen Form wird die Hypothese von niemandem vertreten. Sehr viele Autoren sind jedoch der Auffassung, daß ESE und ZSE „in wesentlichen Zügen" identisch sind (vgl. etwa Jakobovits 1970, Burt and Dulay 1980, Wode 1974, 1981, und insbesondere Ervin-Tripp 1974). Damit verliert die Hypothese an Aussagekraft und gewinnt an Plausibilität: Es kommt nur noch darauf an zu sagen, was man für „wesentliche Züge" und was für minder wichtige Komponenten des Prozesses hält. Wir beschränken uns auf fünf Bemerkungen.

1. Wie oben in Abschnitt 1.1.2 ausgeführt wurde, unterscheiden sich ESE und ZSE unter anderem dadurch, daß ersterer einen Teil der gesamten kognitiven und sozialen Entwicklung darstellt, während bei letzterem diese Entwicklung zwar nicht völlig, aber doch weithin abgeschlossen ist. Ein Kind muß deshalb z. B. das Prinzip der Deixis (nach Auffassung aller Linguisten ein fundamentaler Zug natürlicher Sprachen) wie auch die passenden Wörter der jeweiligen Einzelsprachen lernen. Ein ZSE-Lerner braucht nur letzteres. Die Identitätshypothese (in ihrer schwachen Form) läßt sich nur aufrechterhalten, wenn man Unterschiede in der kognitiven und sozialen Entwicklung sowie alles, was daraus für die Sprache folgt, für marginal hält.

2. Im Endergebnis gibt es zwischen ESE und ZSE häufig krasse Unterschiede. Die Aussprache der Erstsprache lernt man normalerweise perfekt – perfekt natürlich nicht im Sinne irgendwelcher Normierungen nach Duden oder Siebs, sondern so, wie sie in der jeweiligen Lernumgebung gesprochen wird. Hingegen ist es ungewöhnlich, wenn ein Erwachsener eine Zweitsprache akzentfrei zu sprechen lernt.[16] Dies allein besagt noch nicht, daß der Zweitsprachlerner dazu grundsätzlich nicht fähig ist, etwa aus biologischen Gründen. Aber es ist nicht nur wichtig zu wissen, was möglich ist, sondern auch, was üblicherweise der Fall ist.

3. Die Ansicht, ZSE und ESE verliefen im wesentlichen gleich, stützt sich vor allem auf den Nachweis ähnlicher Sequenzen in der Entwick-

lung einzelner Strukturen, z. B. der Fragesatzbildung, der Negation oder bestimmter Morphemgruppen (Burt and Dulay 1980, Wode 1981). Es gibt aber zum einen auch bei solchen Entwicklungsfolgen jeweils eine beträchtliche Variation, bei ESE und ZSE, bei umstrittenen Ähnlichkeiten. Zum andern würde auch der Nachweis, daß es völlig parallele Entwicklungen gibt, nichts mehr besagen, als daß ESE und ZSE eben *auch* gemeinsame Züge haben. Dies würde aber ohnehin niemand in Abrede stellen.

4. Wir haben in 1.1.3 wiederholt darauf hingewiesen, daß sowohl gesteuerter wie ungesteuerter ZSE in sich sehr verschiedenartig sein können – selbstverständlich bei vielen Gemeinsamkeiten. Es ist deshalb witzlos, *den* ESE mit *dem* ZSE vergleichen zu wollen. Es ist etwas anderes, ob wir die Art, wie wir von unserer Mutter (oder wem sonst) Deutsch gelernt haben, mit (a) der Art vergleichen, wie wir im Gymnasium Latein gelernt haben, oder (b) der Art, wie z. B. ein türkischer Arbeiter Deutsch lernt. Damit soll selbstverständlich nicht geleugnet werden, daß in all diesen Erwerbsformen Gemeinsamkeiten enthalten sind, die aus dem menschlichen Sprachvermögen überhaupt folgen.

5. Das Fazit ist daher, daß es zwischen ESE und ZSE Gemeinsamkeiten und Verschiedenheiten gibt und daß es vernünftig ist, diese sowie ihre Ursachen zu ermitteln statt einseitige Thesen zu postulieren. Nun ist aber sicher eine Wissenschaft fehlgeleitet, wenn sie nicht zu einheitlichen und möglichst allgemeinen Theorien zu kommen sucht. Es ist daher *methodisch* sinnvoll, von der Annahme auszugehen, daß es möglich sein wird, eine einheitliche Theorie für beide Bereiche aufzustellen. Dies ist freilich etwas anderes als Identität oder Identität in den wesentlichen Zügen zu behaupten.

1.5.2 Die Kontrastivhypothese

Nach der Identitätshypothese spielt der Umstand, ob bereits eine Sprache gelernt wurde, für den Erwerb einer weiteren keine oder nur eine unwesentliche Rolle. Nach der Kontrastivhypothese wird der Erwerb der Zweitsprache umgekehrt von der Struktur der bereits vorhandenen bestimmt. Strukturen der ZS, die mit den entsprechenden der ES übereinstimmen, werden schnell und leicht gelernt: Es kommt zu einem „positiven Transfer" (vgl. Tesch 1983). Bereiche, in denen die beiden Sprachen stark kontrastieren, führen zu Lernschwierigkeiten und Fehlern: Es kommt zu „negativem Transfer" oder zu „Interferenzen" von der ES in die ZS.

Auch von dieser Theorie gibt es unterschiedlich starke Fassungen. Ursprünglich hoffte man – siehe etwa Lado (1957), jahrelang für viele die Bibel des Fremdsprachunterrichts – aus dem Vergleich zweier Sprachen Lernschwierigkeiten, sogar Erwerbsreihenfolgen systematisch ableiten zu können. Dies wäre natürlich für die Unterrichtsplanung höchst wünschenswert, und eine Reihe von Projekten zur „kontrastiven Grammatik" waren unter anderem von dieser Hoffnung getragen (vgl. etwa die von Ch. A. Ferguson herausgegebene „Contrastive Structure Series", Chicago 1962 ff; für – z. T. schon sehr kritische – Überblicke vgl. Nickel 1972a; Raabe 1974, 1976).

Die Kontrastivhypothese leidet sowohl in ihrer starken Version wie in den nicht-trivialen Abschwächungen unter einem klaren Manko: Sie ist falsch. Es gibt Lernschwierigkeiten und Fehler, wo große strukturelle Unterschiede vorliegen; aber solche Strukturen werden oft auch sehr leicht gelernt. Und umgekehrt gibt es Lernschwierigkeiten und Fehler oft gerade dort, wo die Strukturen sehr ähnlich sind. Halten läßt sich die Kontrastivhypothese nur, wenn man sie zu der Feststellung abschwächt, daß es positive und negative Einwirkungen aus der Erstsprache gibt; dies ist aber ziemlich trivial. (Eine ausführliche Diskussion der empirischen Befunde und der methodischen Probleme findet sich in Bausch und Raabe 1975, Bausch und Kasper 1979.)

1.5.3 Die „Monitor-Theorie" von Krashen

Die beiden bisher diskutierten Theorien betreffen das Verhältnis von Erst- zu Zweitspracherwerb. Eine der meistdiskutierten globalen Theorien der letzten Jahre gilt vorrangig dem Verhältnis zwischen „ungesteuertem" und „gesteuertem" SE: Krashens „Monitor Theory". Sie läßt sich in drei Grundannahmen zusammenfassen:

(1) Erwachsene haben zwei verschiedene Wege, sich die Beherrschung einer Zweitsprache anzueignen, nämlich *unbewußten Spracherwerb* und *bewußtes Sprachlernen;* dabei ist ersteres weitaus wichtiger. Der „Spracherwerb" erfordert sinnvolle, zielgerichtete Kommunikation in der zu lernenden Sprache. Bei dieser Interaktion kommt es den Lernern nicht auf die Form ihrer Äußerungen an, sondern darauf, ob sie verstehen und verstanden werden. Die Regeln, die dabei angewandt werden, bleiben unbewußt. Oft führt dieser „Spracherwerb" zu festen invarianten Entwicklungssequenzen. „Sprachlernen" ist hingegen die Internalisierung explizit formulierter Regeln; dabei spielt die bewußte Selbstkontrolle eine wichtige Rolle. Es gibt keine

festen Entwicklungssequenzen, es sei denn, sie werden durch eine bestimmte Lernprogression vorgegeben.

(2) Die zentrale These ist nun, daß „Lernen" immer nur durch einen „Monitor" möglich ist. Das ist eine Kontrollinstanz, die versucht, das erworbene Wissen in bestimmter Weise zu lenken, d. h. bei der konkreten Sprachverarbeitung zu beeinflussen und auch, es zu ändern. Der „Überwacher" sitzt sozusagen auf dem erworbenen Wissen wie der Reiter auf dem Pferd.

(3) Der „Monitor" kann in einer gegebenen Sprechsituation überhaupt nur wirksam werden, wenn (a) *genügend Zeit* zur Sprachverarbeitung ist, (b) der Sprecher auf die *Richtigkeit der Form* abhebt und (c) ihm die *korrekte Regel bekannt* ist.

Nach dieser Theorie sind ungesteuerter und gesteuerter ZSE in der Tat sehr unterschiedlich. In beiden ist aber der „Erwerb" das Wichtigste, d. h. die unbewußten, nach mehr oder minder festen Gesetzmäßigkeiten verlaufenden Prozesse, die sich im Erlerner vollziehen. Durch „Lernen", damit auch durch Lehren im Unterricht, können diese Prozesse aber bis zu einem gewissen Grade bewußt überwacht und beeinflußt werden.

In Abschnitt 1.3.2 haben wir das Besondere am „gesteuerten" ZSE etwas global als einen Versuch charakterisiert, die naturwüchsigen Prozesse des ungesteuerten ZSE zu domestizieren. Krashens „Monitor Theory" entspricht dieser Vorstellung mit der Präzisierung, daß die Steuerungsinstanz nicht oder nur vermittelt von außen kommt: Die Steuerung erfolgt durch den „Monitor", d. h. des Lerners Fähigkeit, seine eigene Sprachproduktion und sein Verstehen bewußt zu überwachen.

Krashens Theorie ist keine Theorie des Spracherwerbs im allgemeinen: Sie macht keine Aussagen darüber, nach welchen Gesetzmäßigkeiten er konkret abläuft oder welche Faktoren ihn kausal determinieren. Sie ist lediglich eine Annahme darüber, wie er möglicherweise bewußt beeinflußt werden kann. Ob diese Annahme zutrifft, ist offen. Es ist aber klar, daß sie wichtige Implikationen für den Unterricht hat, wenn sie zutrifft. (Alle wichtigen Aspekte der Theorie sind in der Sammlung Krashen 1981 dargestellt; Kap. 8 befaßt sich speziell mit den Konsequenzen für den Unterricht. Eine fundierte Kritik gibt McLaughlin 1978b.)

1.5.4 Theorien der Lernervarietäten

In jeder Form des Spracherwerbs muß der Lerner mit den Mitteln operieren, die er zu einem gegebenen Zeitpunkt hat – entweder zur wirklichen Kommunikation wie im ungesteuerten ZSE oder zumindest in

Form von Übungen oder fingierter alltäglicher Kommunikation wie im
gesteuerten. Diese Mittel, so unvollkommen sie gemessen an der Zielsprache sein mögen, bilden *sein* jeweiliges Ausdruckssystem, seine *Lernervarietät*. Seit etwa fünfzehn Jahren ist eine Reihe von Theorien entwickelt worden, in deren Mittelpunkt dieses Konzept steht – allerdings
unter verschiedenen Namen und in verschiedenen Ausprägungen. Bestimmend für diese Theorien ist die Annahme einer zweifachen Systematik:

(a) Jede Lernervarietät, so elementar sie sein mag, besitzt neben vielen
    instabilen Komponenten eine innere Systematik. Die Funktion eines
    Wortes oder eine Konstruktion in der Lernervarietät läßt sich deshalb
    nicht allein daraus ableiten, welche Funktion ein entsprechendes
    Wort oder eine entsprechende Konstruktion in der Zielsprache hat.
(b) Der gesamte Spracherwerb läßt sich als eine Reihe von Übergängen
    von einer Lernervarietät zur nächsten auffassen, und diese Übergänge
    zeigen eine gewisse Systematik.

Nicht alle Theorien in diesem Umkreis machen beide Annahmen in so
expliziter Weise, und die Art, wie sie sie weiter konkretisieren, ist verschieden. Wir können hier nicht im Detail auf die einzelnen Varianten
eingehen, sondern erwähnen nur einige Vertreter mit ihrer jeweiligen
Terminologie. Der erste, der explizit vorschlug, den Erwerbsprozeß und
seine Zwischenstadien als Folge von Systemübergängen aufzufassen, war
Corder (1967; vgl. auch Corder 1973). In der Folge haben zahlreiche
Autoren ähnliche Gedanken entwickelt. Am einflußreichsten war zweifellos Selinker (1972) mit seinem Begriff der „interlanguage", deren Form
von einer bestimmten Art des Transfers und bestimmten Erwerbsstrate-
gien abhängt (siehe Tarone, Frauenfelder und Selinker 1976).

Das bislang umfassendste empirische Projekt, das auf dem Konzept
der Lernervarietäten und dem systematischen Übergang zwischen ihnen
beruht, ist das Heidelberger Forschungsprojekt „Pidgin-Deutsch" (vgl.
HDP 1975, 1977; Klein und Dittmar 1979). Die Lernervarietäten werden
dort durch mehr oder minder vollständige formale Grammatiken beschrieben, der Übergang zwischen ihnen wird durch „probabilistische
Gewichtungen" ausgedrückt.

Die verschiedenen Lernervarietäten-Theorien sind weniger durch gemeinsame empirische Annahmen über den genauen Verlauf des SE und
die ihn bestimmenden Faktoren definiert als durch eine bestimmte Art
und Weise, an die Dinge heranzugehen. Sie lassen sich deshalb auch
kaum global beruteilen. Insgesamt setzt sich diese Perspektive aber in der
Forschung immer stärker durch.

1.5.5 Die Pidginisierungstheorie

Pidgins sind Zweitsprachen, die sich bilden, wenn Sprecher einer politisch, sozial oder kulturell unterlegenen Sprache sich zu bestimmten Zwecken (z. B. für den Handel) Kenntnisse einer dominanten Sprache aneignen[17] Sie lassen sich in zwei Weisen näher kennzeichnen:

(a) Durch die Art, wie sie entstehen und verwendet werden: Sie dienen ganz bestimmten, eingeschränkten kommunikativen Zwecken, sie überbrücken (und stabilisieren unter Umständen) oft eine extreme soziale Distanz, z. B. zwischen Kolonialherren und Eingeborenen.

(b) Durch ihre Struktur: Sie weisen Züge der beiden beteiligten Sprachen auf, aber auch Eigenschaften, die in keiner davon vorkommen. Typische strukturelle Merkmale sind etwa beschränkter Wortschatz, das Fehlen von Genusunterscheidungen, die Markierung von Tempus, Aspekt und Modus durch adverbiale Partikel statt durch Verbflexion, das Vorherrschen neben- statt unterordnender Satzverbindungen.

Wir können hier nicht näher auf Pidgins und ihre Eigenschaften eingehen (vgl. die Literaturangaben in Anm. 17). Aber schon das bisher Gesagte deutet darauf, daß Pidgins und ihre Entstehung viele Ähnlichkeiten mit Lernervarietäten und ihrer Ausbildung im ungesteuerten ZSE haben. Überlegungen dieser Art sind in den letzten fünfzehn Jahren von vielen Autoren angestellt worden (Clyne 1968, HDP 1975, Meisel 1975 (kritisch), Ferguson 1977). Am entschiedensten hat Schumann (1978) den Gedanken vertreten, daß Pidginisierung und ungesteuerter Zweitspracherwerb im Prinzip derselbe Prozeß sind. Seine Argumentation stützt sich vor allem auf die Untersuchung eines spanischsprachigen Arbeiters, der als Erwachsener ungesteuert Englisch erlernt und dessen Spracherwerb nach wenigen Monaten „fossiliert"; d. h. seine Lernervarietät versteinert auf einem sehr elementaren Niveau. Strukturell weist seine Varietät viele Eigenschaften von Pidgins auf. Den Umstand, daß sie sich nicht weiter entwickelt, führt Schumann auf soziale und psychologische Gegebenheiten zurück, wie sie oft bei der Entstehung eines Pidgins bestehen: Der Lerner ist durch die Begegnung mit einer dominanten Kultur und Sprache verunsichert; er muß sich bis zu einem gewissen Grad anpassen, um sich überhaupt verständigen zu können; aber er vermeidet alles, was seine soziale, kulturelle und sprachliche Identität bedrohen könnte.

Wir beschränken uns hier auf einige kurze Kommentare zu dieser hier nur grob umrissenen Theorie (eine ausführliche Erörterung findet sich in Andersen 1980 und den anschließenden Diskussionen von Schumann, Bickerton und Gilbert):

(a) Die empirische Absicherung der Theorie ist im Augenblick noch sehr unsicher, denn Pidgins sind bislang noch wenig sorgfältig untersucht, weniger noch als der ungesteuerte Spracherwerb.

(b) Nicht alle Formen des Spracherwerbs landen in pidginähnlichen Formen oder gehen durch solche Zwischenstadien. Dies wurde auch von Schumann nicht behauptet. Die Pidginisierungstheorie kann also allenfalls eine *Teiltheorie* des ZSE sein – eine Teiltheorie, die z. B. mit der Monitor-Theorie durchaus vereinbar wäre.

(c) Sowohl in den Entstehungsbedingungen wie in der Struktur zeigen Pidgins und frühe Lernervarietäten viele gemeinsame Züge. Von der Forschungslogik her scheint es aber sinnvoller, die Bildung von Pidgins (und eventuell ihre weitere Entwicklung zu Kreolsprachen) als Sonderfall des ungesteuerten ZSE zu betrachten. Unter bestimmten Bedingungen führt der Spracherwerb zu Lernervarietäten, die von ganzen Gruppen über längere Zeit gesprochen werden und nur noch in engen Grenzen variabel sind. Anders gesagt: Aus der Untersuchung von Pidgin kann man weniger über den ZSE lernen als umgekehrt.

Damit schließen wir unseren kurzen Blick auf die meistdiskutierten Theorien der ZSE-Forschung und kommen zu einem kurzen Fazit des Kapitels.

1.5.6 Schlußbemerkungen

In diesem Kapitel haben wir versucht, eine Art Panorama der verschiedenen Probleme, Hypothesen und Untersuchungsbereiche der Zweitspracherwerbsforschung zu geben. Möglicherweise hat der Leser nun nicht den Eindruck, auf dem Berg zu stehen und auf die Wälder zu seinen Füßen zu schauen, sondern das Gefühl, sich in diesen Wäldern verloren zu haben. Aber das Gebiet ist uneinheitlich und durch viele heterogene Forschungsansätze geprägt. Im nächsten Kapitel wollen wir versuchen, einige Schneisen in dieses Gelände zu schlagen.

2. Sechs Grundgrößen des Spracherwerbs

In diesem Kapitel wollen wir versuchen, das sehr heterogene Bild des Spracherwerbs etwas klarer zu gestalten und die verschiedenen Faktoren, die ihn kennzeichnen, auf einige wenige Grundgrößen zu reduzieren, deren unterschiedliche Ausprägung und Zusammenspiel dann die einzelnen Formen des Spracherwerbs ergibt. Wir führen diese Grundgrößen an einem Beispiel von ungesteuertem ZSE global ein und erläutern sie dann im einzelnen.

2.1 Ein globales Bild

Angenommen, Sie stürzen mit dem Flugzeug über einem abgelegenen Gebirgstal in Neu Guinea ab, überleben und erreichen nach einigen Strapazen einen Stamm, nennen wir sie die Eipo, der außer zu einigen Nachbarstämmen keinen Kontakt zum Rest der Welt hat. Nehmen wir weiter an, die Eipo sind ein friedlicher Stamm und nehmen Sie nicht unfreundlich auf. Es besteht jedoch nicht die geringste Aussicht, das Gebirgstal in absehbarer Zeit wieder zu verlassen: Sie müssen sich darauf einrichten, viele Jahre dort zu leben. In dieser Lage wäre es wahrscheinlich angeraten, die Sprache der Eipo, das Eipomek, zu lernen wie auch einige weitere Fertigkeiten und Verhaltensweisen, die zum sozialen Leben der Eipo gehören.

Welche Komponenten gehen in den dann einsetzenden Spracherwerbsprozeß ein? Zunächst gibt es für den Lerner (also für Sie) eine gewisse Veranlassung, die Sprache zu lernen, einen *Antrieb*, wie wir sagen wollen. Darüber, was diesen Antrieb ausmacht, braucht sich der Lerner nicht unbedingt Rechenschaft abzulegen. Die Kräfte, die ihn auf den Weg zum Spracherwerb bringen, können wirken, ohne ihm bewußt zu werden. Auf jeden Fall muß es etwas geben, was ihn in diese Richtung treibt.

Daß es einen solchen Antrieb gibt, genügt natürlich nicht; es ist eine notwendige, aber keine hinreichende Ursache. Der Lerner muß über die Fähigkeit verfügen, (noch) eine Sprache zu erwerben: seine Sprachlernfähigkeit oder – etwas allgemeiner – sein *Sprachvermögen*. Unter Sprachvermögen verstehen wir die Fähigkeit, Sprache zu verarbeiten, d. h. sprachliche Äußerungen zu bilden, zu verstehen und dies, wo nötig, zu lernen. Zum Sprachvermögen zählt es beispielsweise, Laute unterscheiden, aber auch recht hervorbringen zu können, Schallfolgen in kleinere Einheiten zerlegen und diese mit gewissen Gegebenheiten der Umwelt verknüpfen zu können, z. B. die Schallfolge „nup" mit dem Gegenstand „Haus". Es zählt weiter dazu, sich solche Verbindungen merken zu können, einzelne dieser Wörter zu größeren Einheiten zusammenzustellen usw. usw.

Antrieb und Sprachvermögen reichen aber noch nicht: Wenn die Eipo den Lerner einsperrten oder nie in seiner Anwesenheit sprächen, wenn er also keinen *Zugang* zur Sprache hätte, könnte er sie gleichfalls nicht lernen. Eine dritte notwendige Komponente ist also der *Zugang*.

Damit haben wir drei notwendige Komponenten eines jeden Spracherwerbs beisammen: Antrieb, Sprachvermögen und Zugang. Jede dieser Komponenten kann sehr unterschiedlich ausfallen. Der Antrieb kann ganz anderer Art sein als im Beispiel (als Sie Englisch gelernt haben, waren ganz andere Schubkräfte am Werk). Das Sprachvermögen kann sich im Laufe des Lebens erheblich ändern – positiv, z. B. weil man mehr weiß als früher, oder negativ, z. B. weil das Gedächtnis oder das Gehör nachlassen. Der Zugang braucht nicht über die tatsächliche Kommunikation oder den Versuch dazu erfolgen wie im Beispiel, sondern er kann sehr indirekt und eingeschränkt sein wie z. B. im Lateinunterricht. Aber in irgendeiner Form muß jede dieser Komponenten vertreten sein.

Angenommen, in unserem Beispiel seien alle drei Komponenten gegeben, d. h. Sie sind nolens volens willig, sich sozial und damit sprachlich zu integrieren, Ihr Sprachvermögen hat durch den Absturz und die natürliche Ernährung nicht nennenswert gelitten, und die Eipo lassen sich auf die Interaktion freundlich ein. Dann beginnt der Spracherwerbsprozeß. Dieser Prozeß hat eine gewisse *Struktur*, d. h. Sie werden die einzelnen Züge des Eipomek in einer gewissen Reihenfolge lernen. Sie hängt vielleicht von der Häufigkeit der einzelnen Formen ab oder – was keineswegs dasselbe ist – von ihrer kommunikativen Wichtigkeit, vielleicht aber auch von der Leichtigkeit, mit der diese Formen perzeptuell oder kognitiv verarbeitet werden können. In jedem Fall gibt es eine bestimmte *Verlaufsstruktur*. Unabhängig von der Verlaufsstruktur kann der Prozeß langsamer oder schneller vonstatten gehen – je nachdem, wie intensiv der Antrieb, wie gut der Zugang oder auch wie entwickelt Ihr Sprachvermögen ist (falls es hier Unterschiede zwischen den Menschen geben sollte): der Prozeß hat ein bestimmtes *Tempo*. Dieses Tempo braucht nicht konstant zu sein. Vielleicht ist es am Anfang hoch, aber nach einer Weile werden kaum noch Fortschritte gemacht, weil Sie sozial einigermaßen zurandekommen. Dann werden Sie Vize-Häuptling und müssen in dieser Funktion mehr reden, und so beschleunigt sich die Entwicklung wieder. In jedem Fall kommt aber der Punkt, an dem die Entwicklung praktisch aufhört: Ein bestimmter *Endzustand* ist erreicht. Die Sprachbeherrschung in diesem Endzustand kann der eines Eipo praktisch gleichkommen; sie kann aber auch noch weit davon entfernt sein, oder sie kann (wegen Ihrer höheren Intelligenz) die eines normalen Eipo weit übertreffen. Schließlich ist es auch möglich, daß sie in einzelnen Bereichen, z. B. dem Wortschatz, über die eines durchschnittlichen Eipo hinausgeht und zugleich in anderen, z. B. der Aussprache, erheblich dahinter zurückbleibt. Dies hängt von Änderungen des Antriebs, aber auch vom Sprachvermögen ab. In jedem Fall wird ein solcher Zustand relativer Stabilität erreicht, der Spracherwerbsprozeß hat praktisch aufgehört.

Wir haben also drei Komponenten, die den Prozeß des Spracherwerbs bestimmen: Antrieb, Sprachvermögen und Zugang. Weiter haben wir drei Kategorien, nach denen man diesen Prozeß selbst kennzeichnen kann: Struktur des Verlaufs, Tempo des Verlaufs und Endzustand. Wir haben auch in einigen Punkten angedeutet, wie die erstgenannten die letztgenannten steuern. Im folgenden wollen wir nun dieses sehr globale Bild etwas näher ausführen und die sechs Grundgrößen einzeln besprechen.

2.2 Antrieb

Unter Antrieb verstehen wir die Gesamtheit aller Faktoren, die den Lerner dazu führen, seine Sprachlernfähigkeit auf eine bestimmte Sprache anzuwenden. Es gibt sehr viele unterschiedliche Faktoren, verstärkende wie abschwächende, deren Zusammenwirken den Antrieb im einzelnen Fall ausmacht, und es ist schwierig, eine gewisse Ordnung hineinzubringen. (So erklärt sich auch die obige eher allgemeine Begriffsbestimmung.) Auf der anderen Seite ist es aber sehr wichtig, die einzelnen Komponenten auseinanderzuhalten, und zwar aus zwei Gründen: Erstens wirken sie sich nicht einheitlich auf alle Aspekte des Spracherwerbs aus; eine realistische Theorie des Spracherwerbs kann daher nicht den Antrieb insgesamt zum Verlauf in Beziehung setzen, sondern bestimmte Teilkomponenten zu bestimmten Einzelaspekten des Verlaufs; wir kommen gleich darauf zurück. Zweitens sind die einzelnen Komponenten unterschiedlich gut zu beeinflussen; dies ist für den Unterricht wichtig.

Im folgenden ordnen wir die einzelnen Faktoren zu vier großen Gruppen. Diese Einteilung ist nicht ohne Willkür, aber sie gibt eine erste Orientierung.

(1) Soziale Integration

Beim Erstspracherwerb ist dies wahrscheinlich der dominierende Faktor. Ein Kind folgt – natürlich unbewußt – der Maxime: „Erwirb eine soziale Identität und innerhalb dieser eine individuelle Identität!" (Vgl. Abschnitt 1.2, (2)) Je weiter sich die Form des Spracherwerbs vom Erstspracherwerb des Kindes entfernt, umso geringer ist im allgemeinen die Bedeutung dieses Faktors. Für ein Kind, das zeitversetzt eine Zweitsprache lernt, spielt er mutmaßlich eine größere Rolle als für einen Erwachsenen, der ungesteuert – etwa als Emigrant – eine Zweitsprache lernt. Doch dies hängt natürlich wiederum davon ab, wie stark er die Notwendigkeit empfindet, sich sozial zu integrieren. Für unseren Eipomek-Lerner ist sie wahrscheinlich höher als für einen türkischen Arbeiter, der nach Berlin kommt, dort eine relativ große türkische Gruppe vorfindet und ohnehin vielleicht nach einigen Jahren zurückkehren will. Die geringste Rolle spielt der Faktor „soziale Integration" wahrscheinlich im akademischen Fremdsprachenunterricht, bis zum Extremfall der „toten" Sprachen wie Griechisch oder Latein, bei denen eine soziale Integration nicht mehr möglich ist.

Der Faktor „soziale Integration" kann sich unter Umständen auch negativ auswirken. Ein Emigrant beispielsweise, der sich in eine bestimmte Sprachgemeinschaft integriert fühlt und eine bestimmte soziale Identität ausgebildet hat, mag bewußt oder unbewußt einen Verlust dieser Identität fürchten, wenn er sich in eine neue Sprachgemeinschaft sozial integriert – obwohl er ohne eine solche Integration erhebliche Nachteile hat. Dies ist möglicherweise eine der Ursachen für die frühzeitige „Fossilierung" (Selinker 1972) im Zweitspracherwerb vieler erwachsener Emigranten (vgl. zu diesem Problem Schumann 1978a, 1978b).

(2) Kommunikative Bedürfnisse

Dieser Faktor ist nicht mit dem vorhergehenden zu verwechseln, obwohl beide oft Hand in Hand gehen. Zur sozialen Integration zählt es sicher, zumindest einige seiner kommunikativen Bedürfnisse verwirklichen zu können. Es ist aber eines, sich in eine Gemeinschaft zu integrieren, und ein anderes zu verstehen, was jemand in einer bestimmten Sprache gesagt oder geschrieben hat bzw. sich selbst darin verständlich zu machen. Man kann Englisch lernen, um eine Geschäftskorrespondenz führen zu können, aber auch, weil man sich in Australien eine neue Existenz aufbauen will.

Wir haben die beiden Faktoren deshalb getrennt, weil sie sich auf den SE sehr unterschiedlich auswirken können. Das kann man an fünf Bereichen kurz illustrieren – Phonologie, Morphologie, Syntax, Lexikon, spezielle Diskursfähigkeiten. Um sich bloß verständlich zu machen, spielt es keine Rolle, ob die Aussprache gut ist oder ob man einen starken Akzent hat – man ist aber damit sofort als *Fremder* kenntlich. Ebenso sind korrekte Flexionsmorphologie – ein Lieblingskind des Fremdsprachenunterrichts – und korrekte Syntax vergleichsweise unwichtig: Eine Äußerung wie „Is bittä Brot" macht die Botschaft ebenso klar wie „Ich hätte gern ein Brot", aber sie markiert den Sprecher auffällig als jemanden, der nicht zur Gruppe gehört. Der Wortschatz, den man lernt, wenn man in erster Linie bestimmte kommunikative Bedürfnisse verwirklichen will, wird sich ziemlich eng an jenen inhaltlichen Bereichen orientieren, in denen diese kommunikativen Bedürfnisse liegen. Das gilt für den ungesteuerten ZSE (italienischer Kellner in Deutschland) ebenso wir für den gesteuerten („Handelsenglisch", Wortschatz der hohen Literatur im akademischen Fremdsprachenunterricht); dieser ist einseitiger als jener, der zur sozialen Integration erfordert wird. Schließlich ist die alltägliche Interaktion einer sozialen Gemeinschaft sehr stark durch ritualisierte Gesprächsformen bestimmt, durch stehende Wendungen, Routineformeln, durch eine empfindliche Balance zwischen Ernst und Unernst, direkten und indirekten Sprechakten usw. Das Ausmaß, in dem jemand diese Formen beherrscht und anwendet, ist ausschlaggebend für den Grad seiner Integration in diese Gemeinschaft; wenn man sich lediglich verständigen will, sind sie großenteils überflüssig.

Wir haben bisher sehr undifferenziert von „kommunikativen Bedürfnissen" gesprochen. Es versteht sich, daß diese Bedürfnisse sehr unterschiedlich sein können; dementsprechend unterschiedlich wirken sie sich auch auf den Spracherwerb aus.

Die Unterscheidung, die wir hier zwischen „sozialer Integration" und „kommunikativen Bedürfnissen" aus verschiedenen, aber eng zusammenwirkenden Komponenten des Antriebs machen, entspricht im großen und ganzen der Unterscheidung in „integrative" und „instrumentelle Motivation" von Gardner und Lambert (1972). Wir möchten aber den in der Fremsprachendidaktik sehr belasteten Ausdruck „Motivation" vermeiden, vor allem deshalb, weil er zu leicht im Sinne der behavioristischen Motiviationstheorie verstanden wird. Es ist jedoch klar, daß vieles von dem, was wir hier als „Antrieb" bezeichnen, auch „Motivation" genannt werden könnte. Aber „Antrieb" durch „Motivation" explizieren zu wollen, hieße – abgesehen von den fehlgehenden Assoziationen – die Armut mit der pauvreté erklären. Das heißt selbstverständlich nicht, daß man nicht aus der *Motivationsforschung* eine Menge auch über den Antrieb lernen könnte. Eine enzyklopädische Darstellung gibt Heckhausen (1981).

(3) Einstellungen

Ein Lerner kann zur lernenden Sprache und zu jenen, die sie sprechen, sehr unterschiedliche Einstellungen haben. Es wird allgemein angenommen, daß sich dies stark auf den Spracherwerb, jedenfalls den ZSE, auswirkt (Kinder haben wahrscheinlich keine ausgeprägte Einstellung zu ihrer Erstsprache, und ob ihre Wertschätzung von Vater und Mutter ihren Spracherwerb beeinflußt, ist ganz offen). Es scheint plausibel, daß man eine Sprache, die man für ein Gegurgel hält und deren Sprecher man nicht ausstehen kann, unter sonst gleichen Umständen weniger gut lernt als eine, zu der man eine positive Einstellung hat – es sei denn, es handelt sich um Spracherwerb im Rahmen einer Agentenausbildung.

Solche subjektive Einstellungen können sich nun aber auch auf eine weniger direkte Weise geltend machen. Ein erstes Beispiel ist die oben erwähnte, vielleicht ganz unbewußte Scheu, seine soziale Identität zu gefährden (im übrigen zugleich ein Beispiel für die Verflechtung der einzelnen Faktoren: Diese subjektive Einstellung ist eine negative Komponente innerhalb der „sozialen Integration"). Ein weiteres Beispiel ist das – bewußte oder aber unbewußte – Gefühl, es nicht nötig zu haben, die betreffende Sprache zu lernen. Für einen Deutschen sollte es wesentlich leichter sein, Holländisch zu lernen als z. B. Italienisch, weil er ohnehin bereits relativ viel verstehen oder zumindest erraten kann. In Wirklichkeit kann sich eben dieser Umstand erschwerend auswirken: Er unterschätzt die tatsächliche Aufgabe und wendet unbewußt weniger Aufmerksamkeit und Anstrengung daran. Ein drittes Beispiel ist die unterschiedliche „Ego-Permeabilität" (Guiora 1972), d. h. die unterschiedliche Bereitschaft, sich in seiner Unvollkommenheit zu exponieren und durch ungeschicktes, hilfloses, vielleicht gar lächerliches sprachliches Verhalten zu blamieren. Selbst Kinder, die eine Zweitsprache lernen, unterscheiden sich in dieser Hinsicht bereits erheblich (Wong-Fillmore 1976): Manche springen sofort ins kalte Wasser und reden unbekümmert darauf los, andere sind sehr vorsichtig und äußern sich erst, wenn sie sich einigermaßen sicher glauben. Dies ist wahrscheinlich eine Einstellung nicht speziell zum sprachlichen, sondern zum sozialen Verhalten überhaupt.

In der eben erwähnten Untersuchung von Wong-Fillmore (1976) tragen diese Unterschiede entscheidend dazu bei, daß in der Tat Struktur und Tempo des Erwerbs bei den fünf untersuchten Kindern verschieden sind. (Vgl. zu Einstellungen Oller 1981, Solmecke und Boosch 1983).

(4) Erziehung

Man kann Sprachen lernen wie man Mengenlehre oder Biologie lernt: weil es Teil des Erziehungskonzepts einer bestimmten Gesellschaft ist. Es macht hierzulande den Gebildeten aus, unter anderem Latein, Englisch und Französisch zu können. Für den schulischen Fremdsprachunterricht ist dies der wichtigste, wenn auch nicht der einzige Faktor. Er ist zugleich auch der schwächste und nur selten von sich aus angetan, den Spracherwerbsprozeß in Gang zu setzen. Wirksam wird er im allgemeinen nur, wenn er fest mit anderen Faktoren verknüpft ist, die in der Tat einen Antrieb für den Lerner bilden: Sozialerfolg, gemessen in Noten und am Bestehen von Examina, Vermeidung von Bestrafungen oder Faktoren wie die unter (1) – (3) genannten. Wenn man von „Motivation" im Unterricht spricht, meint man gewöhnlich ebendiesen Versuch, den Grund fürs Sprachenlernen mit solchen Faktoren zu verknüpfen und ihm dadurch eine gewisse Antriebskraft zu geben, die er sonst im allgemeinen nicht hätte. Außerhalb des gesteuerten Spracherwerbs im schulischen oder akademischen Unterricht spielt dieser Faktor kaum eine Rolle.

2.3 Sprachvermögen

Der Mensch hat von Natur aus die Fähigkeit, Sprache zu verarbeiten – d. h. als Sprecher und als Hörer zu gebrauchen; er hat, mit Saussure (1916), die „faculté du langage". Er muß sich dazu eines bestimmten sozial normierten Systems, einer Einzelsprache („langue") bedienen. Zu diesem Sprachvermögen zählt es demnach auch, seine Sprachverarbeitung auf ein solches soziales System abzustellen – d. h. eine bestimmte Sprache zu lernen. Etwas anders gesagt: Der „Sprachverarbeiter"[1], d. h. jene Teile des menschlichen Hirns, seiner Motorik und seiner Wahrnehmungsorgane, die für die Verarbeitung von Sprache zuständig sind, hat nicht nur die Fähigkeit zur Sprachproduktion und zum Sprachverstehen, sondern auch die übergreifende Fähigkeit, eben Sprachproduktion und Sprachverstehen an das jeweils zu verarbeitende Material anzupassen: Es ist wichtig zu sehen, daß das Sprachlernen nicht eine völlig separate Fähigkeit ist, sondern einfach die Eigenschaft des Sprachverarbeiters, sich bis zu einem gewisen Maße reorganisieren zu können, wenn sich die Notwendigkeit dazu ergibt, d. h. wenn ein entsprechender Antrieb besteht. Man kann deshalb den Spracherwerb und seine Gesetzlichkeiten nicht verstehen, solange man nicht weiß, wie der Sprachverarbeiter funktioniert. Wir werden in Kapitel 4–8 ausführlich auf Probleme der Sprachverarbeitung eingehen und skizzieren hier nur ein paar Grundlinien. Wie der Sprachverarbeiter funktioniert, hängt von zweierlei ab: (1) von biologischen Determinanten, (2) von dem Wissen, über das er zu einem gewissen Zeitpunkt bereits verfügt.

(1) Biologische Determinanten des Sprachverarbeiters

Zu den biologischen Komponenten zählen zum ersten einige periphere Organe, d. h. der Artikulationsapparat vom Kehlkopf bis zu den Lippen und die Ohren mit allem, was dazugehört. Zum zweiten zählen einige Teile des Zentralnervensystems dazu – Wahrnehmung, Gedächtnis, höhere kognitive Funktionen. Beide Komponenten, aber auch die Art, wie sie zusammenwirken, sind dem Menschen angeboren. Im Laufe des Lebens ändern sie sich innerhalb bestimmter Grenzen. Beispielsweise nimmt die Empfindlichkeit des Ohrs für hohe Schallfrequenzen mit zunehmendem Alter ab. Die höheren kognitiven Funktionen (grob gesagt: das Denken) nehmen erst einmal zu und bleiben lange erhalten (wie wir, die im Alter etwas Fortgeschrittenen, uns schmeicheln) usw.

Diese biologischen Determinanten setzen gleichsam den Rahmen, innerhalb dessen sich die Sprachverarbeitung vollziehen kann. Wie eng dieser Rahmen ist, d. h. wieviel die biologische Komponente schon festlegt, ist umstritten – nicht für die peripheren Teile, wohl aber für die zentralen. Wie schon in Abschnitt 1.1, Teil (2), gesagt wurde, nimmt eine einflußreiche Richtung der Sprachwissenschaft, die generative Grammatik, an, daß ein großer Teil der Sprache angeboren ist und im Verlauf des Spracherwerbsprozesses lediglich aktiviert wird. Andere Forscher gehen davon aus, daß die angeborene Komponente nur einen geringen Anteil der schließlichen Sprachbeherrschung ausmacht. *Daß* eine solche Komponente gegeben ist, d. h. daß es einen biologischen Rahmen der Sprachverarbeitung gibt, steht außer Frage.

(2) Das verfügbare Wissen[2]

Sprachproduktion wie Sprachverstehen stützen sich beständig auf Wissen unterschiedlicher Art – auf sprachliches wie auf nichtsprachliches. Ersteres ist offensichtlich. Um in einer bestimmten Situation eine Äußerung „Ich komme morgen um elf rüber" verstehen zu können, muß man

— die Phoneme des Deutschen kennen
— die Morphologie des Deutschen kennen
— die Bedeutung der einzelnen Wörter kennen
— die syntaktischen Regeln des Deutschen kennen

und vieles andere. Dies ist selbstverständlich, aber es ist für das Verständnis des Spracherwerbs unerläßlich, sich vor Augen zu halten, daß (a) dieses Wissen möglicherweise sehr unterschiedlich verarbeitet wird und (b) die Verarbeitung in einem bestimmten Bereich, z. B. der Phonologie, oft von der Verarbeitung in einem anderen Bereich abhängt.

Nun genügt das sprachliche Wissen freilich nicht. Um eine Äußerung wie die obige so weit zu verstehen, daß man beispielsweise kommunikativ sinnvoll darauf reagieren kann (etwa mit „Gut, bin den ganzen Abend da") muß man beispielsweise wissen

— *wer* gerade spricht: Die Kenntnis des Wortes *ich* sagt uns das nicht.
— *welchen Tag* man gerade hat: Worauf sich „morgen" bezieht, setzt voraus, daß man dies weiß. Im Beispiel ist dieses Wissen trivialerweise vorhanden. Der Fall ist aber nicht mehr so trivial, wenn man einen solchen Satz auf einer Postkarte läse – es sei denn, das notwendige außersprachliche Wissen wird durch eine explizite Datumsangabe mitgeliefert.
— wo „rüber" ist: in dem Land, der Stadt, der Wohnung des Angesprochenen oder wo auch immer. Wenn es sich bei der Äußerung um einen Telefonanruf aus den USA handelt, wird man es anders verstehen, als wenn es der Nachbar am Gartenzaun sagt.

All diese Informationen stecken nicht in der Äußerung selbst; wir müssen sie der Situation, vorausgehenden Äußerungen oder auch unserem allgemeinen Weltwissen entnehmen. Der Beitrag dieses „Kontextwissens" ist so stark, daß ein Gutteil der sprachlichen Kommunikation auch funktioniert, wenn das eigentliche sprachliche Wissen nicht verfügbar ist (zur Produktion) oder zwar vorhanden, aber nicht anwendbar ist. Eine Äußerung wie „Ich Brot" im Lebensmittelladen würde wahrscheinlich von jedem deutschen Sprecher richtig gedeutet. Jeder normale Mensch würde sie im Sinne von „Ich hätte gern ein Brot", nicht aber im Sinne von „Ich bin ein Brot" verstehen, obwohl dies der Äußerung selbst nicht zu entnehmen ist: Es ist aber unserem Situationswissen und unserem allgemeinen Weltwissen zusammen mit der Äußerung zu entnehmen.

In der Kommunikation verbinden sich also stets kontextuelle Informationen und geäußerte Information. Letztere beruht auf dem jeweils verfügbaren sprachlichen Wissen, also der Kenntnis der Grammatik, des Wortschatzes usw., erstere auf dem sonstigen Wissen. Beim ungesteuerten Spracherwerb verschiebt sich nun ständig die Balance zwischen diesen beiden Arten der Information: In den frühen „Lernervarietäten" muß der Lerner stark auf das Kontextwissen bauen und seine – noch sehr rudimentären – Äußerungen entsprechend anzulegen versuchen. In den späteren Varietäten ist sein sprachliches Wissen weiter gediehen; deshalb kann er seine Äußerungen so bilden, daß sie weniger vom nichtsprachlichen Wissen abhängen. Dies gilt nicht nur für die Produktion, sondern auch für das Verstehen. Ein Lerner „versteht" oft Äußerungen in der Zielsprache richtig, obwohl er einen Teil der darin vorkommenden Wörter oder syntaktischen Regeln nicht kennt, sich aber auf sein nichtsprachliches Wissen stützen kann. Der Unterschied zwischen beiden Fällen liegt darin, daß bei der Produktion das nichtsprachliche Wissen des Muttersprachlers die Hauptlast trägt, beim Verstehen hingegen das des Lerners.

Dieser Umstand wirft ein ungewohntes Licht auf eine der bekanntesten Erscheinungen des ZSE: der augenscheinlichen Asymmetrie zwischen „aktiver" und „passiver" Sprachbeherrschung, d. h. der Fähigkeit zu produzieren und der Fähigkeit zu verstehen. Nehmen wir an, ein Lerner verfügt zu einem gegebenen Zeitpunkt nur über 60 % des sprachlichen Wissens, das zu einer bestimmten Äußerung der Zielsprache erforderlich wäre[3]. Wenn ein anderer diese Äußerung korrekt produziert und der Lerner sie *hört*, versteht er sie aufgrund seiner *Sprachkenntnisse* nur zu 60 %, aber er versteht sie in Wirklichkeit oft vollständig, weil er sich auf sein nichtsprachliches Wissen stützen kann. Wenn er sie selber *bilden* soll, ist sie nur zu 60 % „richtig" (obwohl natürlich ein muttersprachlicher Sprecher diese stark abweichende Äußerung aufgrund *seines* nichtsprachlichen Wissens richtig verstehen kann). In Wirklichkeit liegt also überhaupt kein Unterschied in den *Sprachkenntnissen* vor. Der Unterschied liegt im Auge des Betrachters, der das allein aufgrund der Sprachkenntnisse zustandegekommene unvollkommene Produkt des Lerners mit dem Verstehen des Lerners vergleicht, das sich auf beide Wissensquellen stützen kann.

Eine zweite wichtige Konsequenz des Umstands, daß in der Sprachverarbeitung immer sprachliches und nichtsprachliches Wissen zusammenspielen, ist eher methodischer Art. Wenn man, wie dies in einem großen Teil der Spracherwerbsforschung geschehen ist, nur die Entwicklung bestimmter Formen – Morphologie, Wortschatz, syntaktische Regeln – betrachtet, dann muß das Funktionieren bzw. Nichtfunktionieren von Lernervarietäten und damit die gesamte Dynamik der Entwicklung oft sehr rätselhaft erscheinen. Damit soll nicht gesagt werden, daß der Erwerbsprozeß nur dort voranschreitet, wo das Zusammenspiel von sprachlichem und nichtsprachlichem Wissen zu unzulänglichen Ergebnissen und zu Kommunikationsschwierigkeiten führt; aber diese Stellen zählen sicherlich zu den „Keimen" der Entwicklung.

Die beiden Bestandteile des Sprachverarbeiters, biologische Determi-

nanten und jeweils verfügbares Wissen, kann man mit einer Metapher aus
der Datenverarbeitung als „hardware" und als „software" bezeichnen:
Ersteres sind die festverdrahteten mechanischen und elektronischen Bau-
teile, letzteres die Programme und Betriebssysteme. Wie alle solchen
Analogien hat auch diese erhellende und eher fehlleitende Züge. Zu letzteren zählt beispielsweise, daß der menschliche Sprachverarbeiter in hohem Maße „selbstorganisierend" ist: Er entwickelt und verändert sozusagen ständig seine eigene Software, ja sogar seine Hardware (die Artikula-
tionsorgane bestehen z. T. aus Muskeln, die man trainieren kann). Die
Analogie stimmt hingegen für die unterschiedliche Veränderbarkeit. Die
Hardware ist eine relativ stabile, wenn auch keineswegs unveränderliche
Komponente; die Software, also beim Sprachverarbeiter das jeweils verfügbare Wissen, verändert sich fortlaufend: Neues Wissen kommt hinzu,
altes wird vergessen.

Wir können, von dieser Überlegung ausgehend, noch einmal kurz den
Unterschied zwischen Erstspracherwerb und Zweitspracherwerb betrachten. Er liegt auf zwei Ebenen:

(a) Der Zweitsprachlerner ist älter, d. h. die biologischen Determinanten
haben sich möglicherweise auch in jenen Bereichen verändert, die die
Sprachverarbeitung betreffen. Im peripheren Bereich trifft dies auf jeden Fall zu (Hörvermögen). Es ist aber offen, ob sich diese peripheren Veränderungen wie auch mögliche Veränderungen im Zentralnervensystem nennenswert auf die Sprachverarbeitung auswirken.
(b) Das Wissen ändert sich. Dies gilt zum einen für das nichtsprachliche
Wissen. Zum andern *kennt* der Lerner beim ZSE bereits eine Sprache, und es liegt für ihn nahe, sich – bewußt oder unbewußt – auch
auf dieses Wissen zu stützen. Auf diese Weise kann also die Erstsprache auf die Zweitsprache durchschlagen; es kommt zu Erscheinungen
wie Transfer, Interferenz usw. (vgl. 1.1.5 (2)).

Damit schließen wir unsere Erörterungen der Sprachverarbeitung ab; auf
viele Aspekte werden wir in Kapitel 4–8 ausführlicher eingehen.

2.4 Zugang

Der Sprachverarbeiter kann nicht arbeiten, wenn er keinen Zugang zum
zu verarbeitenden Material hat. Das, was wir hier pauschal als „Zugang"
bezeichnen, hat zwei wesentliche Komponenten, die eng zusammengehören, aber doch unterschieden werden müssen: (1) die „Eingabe" (Input)
und (2) die Möglichkeit zu kommunizieren. Wir wollen beide Kompo-

nenten wieder am Beispiel des Eipomek-Lerners erläutern und dabei jeweils auf Alternativen zu sprechen kommen.

(1) Die Eingabe

Das Eipomek wird unserem Lerner (Ihnen, verehrter Leser!) in Form von Schallfolgen zugänglich – noch genauer gesagt: in Form winziger Luftdruckschwankungen, die auf sein Trommelfell wirken. Wir formulieren dies so extrem, um deutlich zu machen, vor welche Aufgabe sich der Sprachverarbeiter gestellt sieht: Er muß mit seinen biologischen Begrenzungen und seinem bisherigen Wissen versuchen, aus diesen Luftdruckschwankungen eine Grammatik, ein Vokabular, kurz: alles, was diese Sprache von andern Sprachen unterscheidet, herauszudestillieren.

Dies wäre unmöglich, wenn er *nur* die Schallwellen zur Verfügung hätte. Wenn man jemanden jahraus, jahrein mit Chinesisch aus dem Radio beschallen würde, dann würde er zum Schluß immer noch kein Chinesisch können (obwohl er z. B. Teile der Phonologie so erwerben könnte). Hinzu kommt, was man als „Parallelinformation" bezeichnen kann: Der Lerner sieht, wer wann wo zu wem spricht, daß der Sprecher dabei gewisse Gesten macht, daß der Hörer in bestimmter Weise reagiert. Auf die Dauer ist er dann in der Lage, bestimmte Segmente des Schallstromes mit bestimmten Teilen der Parallelinformation in Bezug zu setzen. Er stellt fest, daß die Leute oft „ngaguga" sagen, wenn sie sich am Morgen das erstemal sehen, und er deutet dies als „Guten Morgen" (obwohl es vielleicht „alte Schlafmütze" bedeutet). Er sieht sie auf einen Vogel deuten und hört sie dabei „haua" sagen und deutet dies so, wie wir alle es deuten würden, usw. usw.

Schallstrom und Parallelinformation bilden gemeinsam die Eingabe – jedenfalls im ungesteuerten Spracherwerb. Im gesteuerten Spracherwerb sind beide Komponenten stark verändert, aber im Prinzip auch vorhanden. Der Schallstrom wird stark vorsegmentiert. Dem Lerner werden – entweder zusätzlich zu den ganzen Äußerungen oder sogar ohne diese – einzelne Wörter vorgegeben; der Schallstrom wird auch oft ganz durch die geschriebene Form ersetzt; die Aufgabe, Syntax und Morphologie aus dem Material zu induzieren, wird dem Sprachverarbeiter gleichfalls abgenommen – sie werden ihm in Form expliziter grammatischer Regeln wieder zugeführt. Ebenso wird die Parallelinformation aufbereitet; die Bedeutung einer Schallfolge wird nicht aus ihrer Verknüpfung mit einer bestimmten Komponente der Situation abgeleitet, sondern in Form einer Vokabelliste vermittelt; sie stützt sich also auf ein bereits verfügbares Wissen aus der Erstsprache. Eine solche Aufbereitung kann die Aufgabe des Sprachverarbeiters zweifellos sehr erleichtern; sie kann sie aber auch schwieriger machen, wenn sie gegen die ihm innewohnenden Verarbeitungsprinzipien verstößt. Der Löwe gedeiht im Zoo, wenn man ihn gut versorgt, besser als in der Wildnis; er kann aber auch am Futter eingehen.

Normalerweise ist die Eingabe im ungesteuerten Spracherwerb einfach alltägliche Kommunikation. Aber auch dort kann es zu bestimmten Anpassungen kommen. Man bezeichnet sie beim Erstspracherwerb oft als „motherese" (Snow und Ferguson 1977), beim Zweitspracherwerb als „foreigner talk" oder „Ausländerregister" (Ferguson 1977, Ferguson-de Bose 1977, Clyne 1982). Der Muttersprachler verändert seine eigene Sprachproduktion so, daß sie – seiner Meinung nach – für den Lerner besser zu verstehen ist. Er sagt vielleicht: „Du gehen Bürgermeister, Büro, Polizei, verstehen?" statt „Sie müssen aufs Einwohnermeldeamt". Solche Anpassungen betreffen z. B.

— die Phonologie: Es wird langsam, mit Pausen und eventuell überartikuliert gesprochen.
— die Morphologie: Vielfach werden Verbformen nur im Infinitiv gebraucht.
— die Syntax: Die Wortstellung wird verändert; bestimmte Elemente – z. B. die Kopula, der Artikel – werden häufig weggelassen, Nebensätze vermieden.
— den Wortschatz: Bestimmte Wörter werden vermieden, oder es werden gleich einige Paraphrasen nachgeschoben.
— das ganze Kommunikationsverhalten: Bestimmte Themen werden vermieden; das ritualisierte Sprachverhalten, das die Alltagskommunikation so stark bestimmt, wird zum Teil durch wiederholte Fragen zu Standardthemen ersetzt; die Verständniskontrolle ist expliziter (es wird häufig gefragt „verstehst du?") usw.

(Speziell mit dem Ausländerregister der Deutschen befassen sich HDP 1975, S. 42/61; Roche 1982; zum letztgenannten Aspekt vgl. vor allem Long 1982.)

Diese Veränderungen beruhen auf – bewußten oder unbewußten – Hypothesen des Muttersprachlers darüber, wie er seine Sprache dem Verständnisvermögen des Lerners anpassen kann. Diese Hypothesen können in zweierlei Hinsicht fehlgehen. Es kann sein, daß sie dem Gegenüber das Verstehen nicht erleichtern, sondern ganz im Gegenteil erschweren, besonders dann, wenn er schon relativ fortgeschritten ist. Und zum zweiten kann es soziale Distanz und Herablassung signalisieren: Es ist sehr kränkend, wenn man eine Sprache einigermaßen zu sprechen glaubt und dann in einem „petit nègre" (wie ein anderer Ausdruck lautet) angeredet wird (vgl. dazu Bodeman und Ostow 1975).

(2) Die Möglichkeit zu kommunizieren

Wie wir schon wiederholt festgestellt haben, ist der ungesteuerte Spracherwerb Lernen in und durch Kommunikation: Der Lerner setzt beständig das jeweils verfügbare Wissen – seine Lernervarietät – ein, um Äußerungen anderer zu verstehen und selbst Äußerungen zu bilden. Je mehr er dann Veranlassung und Gelegenheit hat, umso schneller schreitet der Erwerbsprozeß *mutmaßlich* voran. Wir sagen der Vorsicht halber mutmaßlich, weil der gesunde Menschenverstand und manche praktische Erfahrung diese Annahme nahelegen; sie ist aber nie systematisch untersucht worden. Wenn sie zutrifft – und niemand zweifelt ernsthaft daran – dann hat dies zumindest zwei Gründe. Zum ersten wird dem Lerner so natürlich mehr Eingabe zugänglich: Er hört bestimmte Konstruktionen häufiger, und er hört eine reichere Fülle verschiedener Konstruktionen. Zum zweiten hat er so die Möglichkeit, seine eigene Produktion an der Produktion seiner Lernerumgebung zu überprüfen; er kann so feststellen, ob seine Hypothesen über die Struktur der zu lernenden Sprache zutreffen. Dieses „Monitoring"[4], d. h. das Überwachen der eigenen Produktion und der anderer, spielt für die gesamte Sprachverarbeitung, speziell aber für den Spracherwerb, eine wichtige Rolle. Der Erwerbsprozeß kommt spätestens dann zum Erliegen, wenn der Lerner nicht mehr in der Lage ist, Unterschiede zwischen seiner Produktion und der seiner Lernumgebung zu erkennen. Dies erklärt beispielsweise, weshalb gerade jene Strukturen, in denen Erstsprache und Zweitsprache sehr ähnlich sind, auf die Dauer größere Lernhindernisse darstellen können als sehr verschiedene Strukturen. Es scheint, daß sich die Lerner im Ausmaß dieses „Monitoring" erheblich unterscheiden. Das braucht nicht unbedingt an ihrer Fähigkeit dazu zu liegen, es kann auch mit der Einstellung – z. B. der Bereitschaft, genau hinzuhören – zu tun haben. Kinder hören gewöhnlich ungemein genau hin, und dies erklärt zum Teil den Umstand, daß sie zwar nicht unbedingt schneller lernen[5], aber seltener als Erwachsene frühzeitig „fossilisieren".

Im gesteuerten ZSE ist die Möglichkeit zu kommunizieren gewöhnlich sehr eingeschränkt. Sie wird weitgehend durch bestimmte Formen der Sprachproduktion und des Sprachverstehens ersetzt, die von der alltäglichen Kommunikation, für die sich die menschliche Sprachverarbeitung zunächst einmal ausgebildet hat, unterschiedlich weit entfernt sind. Die nächststehende Form sind etwa Rollenspiele im „kommunikativen Unterricht" (Piepho 1974), die am weitesten entfernten sind „pattern drill" oder auch stückweises Übersetzen wie im Lateinunterricht, bei dem die produktiven Fähigkeiten nur selten zur Anwendung kommen.

In den vorausgehenden drei Abschnitten haben wir versucht, die drei großen Faktorenkomplexe, die den Spracherwerbsprozeß bestimmen, zu erläutern und ihre Bedeutung aufzuzeigen. In den drei folgenden gehen wir nun etwas kürzer auf die drei Größen ein, nach denen man den Prozeß selbst kennzeichnen kann: Struktur des Verlaufs, Tempo des Verlaufs, Endzustand.

2.5 Struktur des Verlaufs

Die beiden leitenden Fragen bei der Bestimmung der Verlaufsstruktur sind: (1) Wie sind die einzelnen Fertigkeiten und Kenntnisse, die erworben werden müssen, synchronisiert? (2) Wie variabel ist der Verlauf bei verschiedenen Lernern und Lernergruppen? Wir gehen nacheinander darauf ein, obwohl beide, wie sich zeigen wird, eng miteinander zusammenhängen.

(1) Synchronisierung

Zur Beherrschung einer Sprache gehören Kenntnisse sehr unterschiedlicher Art, selbst wenn man die nichtsprachlichen Kenntnisse einmal außer acht läßt. Wenn man Deutsch können will, muß man beispielsweise folgendes wissen:

(a) Das Deutsche macht (im Gegensatz etwa zum Spanischen) einen Unterschied zwischen langen und kurzen Vokalen: *Mitte – Miete*, *Wann – Wahn* usw. Es neutralisiert (im Gegensatz etwa zum Englischen) den Unterschied zwischen stimmhaften und stimmlosen Verschlußlauten im Auslaut: *Rad – Rat*, *Werg – Werk* usw. Es hat einen festen Wortakzent, der sich bei der Flexion nicht ändert (wie es manchmal im Russischen der Fall ist). Es hat bestimmte Intonationskonturen usw. Dies und vieles andere bezeichnet man gewöhnlich als *phonologisches Wissen*.

(b) Das Deutsche hat eine starke und eine schwache Adjektivflexion mit jeweils bestimmten Formen, neutralisiert diese Flexion aber bei prädikativem Gebrauch. Es markiert die finiten Verben nach Temporalität mit Endungen, Umlaut oder Hilfsverben. Es hat Genus-, Numerus- und Kasusflexion, die aber großenteils nicht durch die Nomina oder Adjektive selbst, sondern den Artikel ausgedrückt werden, usw. usw. All dies zählt zum *morphologischen Wissen*.

(c) Es stellt das attributive Adjektiv vor das Bezugsnomen und nicht dahinter, den (gleichfalls attributiven) Relativsatz hingegen dahinter und nicht davor. Es postiert das finite Verb im Nebensatz gewöhnlich ans Ende, in der Entscheidungsfrage an den Anfang und im (deklarativen) Hauptsatz an die zweite Stelle. Es kennt eine „Klammerbildung" bei zusammengesetzten Verbformen. Es stellt die Satznegation im Nebensatz vor das gesamte Verb, im Hauptsatz meist, aber nicht immer, direkt hinter das finite Verb, in der Entscheidungsfrage meist hinter das finite Verb und ein weiteres Satzglied usw. usw. Kenntnisse dieser Art pflegt man zum *syntaktischen Wissen* zu zählen.

(d) Das Deutsche hat bestimmte Verknüpfungen von Schallwellen und elementaren Bedeutungseinheiten, d. h. es hat einen Wortschatz, bestehend aus „Funktionswörtern" („in, und, vor, nicht") und „Inhaltswörtern" („Tisch, Freiheit, schlafen, reizend") sowie zusammengesetzten Wendungen. All dies bildet das *lexikalische Wissen*.

Die vier Bereiche, die wir hier genannt haben, decken keineswegs das gesamte Gebiet ab; aber sie genügen, um das Problem klar zu machen. Der Lerner muß sich Kenntnisse in all diesen Bereichen aneignen. Er kann sie aber nicht unabhängig voneinander lernen, denn sie hängen eng miteinander zusammen. Die Art, wie Sprachwissenschaftler dieses Gesamtwissen in einzelne Bereiche einteilen, ist ja das Ergebnis einer (hoffentlich sinnvollen und richtigen) analytischen Zergliederung für deskriptive Zwecke, z. B. um Grammatiken schreiben zu können. In der Sprachverarbeitung wirken aber alle zusammen. Das Problem ist dabei, wie der Lerner dieses gesamte Wissen aufbricht oder, etwas anders gesagt, wie er den Erwerb der einzelnen Wissensbestandteile – phonologisches, morphologisches, syntaktisches, lexikalisches und sonstiges Wissen – synchronisiert. Um beispielsweise bestimmte Morpheme richtig zu erwerben, müssen bestimmte Komponenten der Phonologie beherrscht werden; solange das Verb nicht flektiert wird, hängen die unterschiedlichen Stellungen für das finite Verb in der Luft; solange das finite Verb nicht bestimmte Stellungen innehat, kann die Stellung der Negation nicht relativ zum finiten Verb erfolgen (im Sinne der Zielsprache), usw. usw. Jedes Stadium des Erwerbsprozesses zeigt daher eine subtile Balance dieser verschiedenen Formen von sprachlichem Wissen. Anders gesagt: Jede Lernervarietät bildet ein kleines System in sich, das von einem Zusammenspiel an phonologischem, morphologischem, syntaktischem und lexikalischem Wissen geprägt ist. Beim Übergang von einer Lernervarietät zur nächsten verschiebt sich diese Balance, bis schließlich der Endzustand – im Idealfall die Zielsprache – erreicht ist.

Dies ist der Grund dafür, weshalb es so schwierig ist, die *Struktur des Verlaufs* zu bestimmen. Sie ist nur an der Oberfläche dadurch gekennzeichnet, daß bestimmte Formen hinzugelernt werden und sich so unter Umständen eine gewisse Erwerbsfolge abzeichnet. Was sich verändert, sind ganze Systeme – Lernervarietäten, die durch eine doppelte Balance gekennzeichnet sind: Intern spielen die verschiedenen Formen sprachlichen Wissens miteinander zusammen, und extern befinden sich sprachliches und nichtsprachliches Wissen in einem beständigen Gleichgewicht. In beiden Bereichen ist das Gleichgewicht relativ instabil, und die beständigen Verschiebungen dieses Gleichgewichts kennzeichnen den Verlauf des Spracherwerbs.

Es ist selbstverständlich möglich, in einer Langzeituntersuchung festzustellen, in welcher Reihenfolge bestimmte Formen auftauchen und so zu einer „Entwicklungssequenz" zu kommen, die, wenn man Glück hat, für verschiedene Lerner relativ ähnlich ist. In den sogenannten „morpheme order studies", einem der bekanntesten Untersuchungsparadigmen der ZSE-Forschung (Dulay und Burt 1974, Überblick in Burt und Dulay 1980), wurde ermittelt, in welcher Reihenfolge Lerner (Kinder wie Erwachsene) elf wichtige Morpheme des Englischen (z. B. Plural-„*s*", Genitiv-„*s*", -*ing*-Form, Kopula usw.) beherrschen. Die Reihenfolge stimmt oft überein[6], wenn auch mit einer Reihe von Abweichungen. Bloß besagt dies über den Spracherwerbsprozeß so wenig wie eine Blumenuhr über die Gesetze des Pflanzenwachstums.

(2) Variabilität

Es steht außer Frage, daß die Struktur des Verlaufs nicht für alle Lerner gleich ist. Je nachdem, welche Konstellation von kausalen Faktoren vorliegt – welches also die Schubfaktoren sind, in welchem biologische oder wissensmäßigen Zustand sich der Sprachverarbeiter befindet, zu welcher Eingabe er Zugang hat – kann er sehr unterschiedlich ausfallen. Wir haben in den vorausgehenden Abschnitten immer wieder Beispiele dafür gegeben. Es gibt also im Spracherwerb eine erhebliche Variabilität; aber dies besagt nicht, daß der Spracherwerb nicht festen Gesetzlichkeiten folgt. Der Umstand, daß es auf Erden überall sehr verschieden aussieht, oder daß sich sehr unterschiedliche Pflanzen und Tiere entwickelt haben, veranlaßt uns auch nicht dazu, an der Existenz von Naturgesetzen zu zweifeln. Damit soll nicht gesagt werden, daß der Spracherwerb Naturgesetzen folgt; aber wenn wir nicht annähmen, daß er regelhaft ist und regelhaft zu unterschiedlichen Formen und Ausprägungen führt, sollten wir lieber „cultiver notre jardin".

Dies zu betonen ist wichtig, um zwei Fehlmeinungen zu vermeiden: Erstens die Vorstellung, daß der Lerner beliebig durch Unterrichtsmethoden manipulierbar ist. Der Spracherwerb ist variabel und daher durch geschickte Steuerung einzelner Faktoren zu beeinflussen; aber dazu muß man die Gesetzlichkeiten betrachten, die ihn bestimmen. Zweitens die Vorstellung, daß der Spracherwerb im Grunde immer gleichförmig ist, mit kleineren oberflächlichen Variationen (vgl. hierzu auch Meisel u. a. 1981). Von hier aus erledigen sich auch Fragen, ob Erst- und Zweitspracherwerb gleich sind oder ob gesteuerter und ungesteuerter Spracherwerb gleich sind. Sie folgen denselben Gesetzlichkeiten; aber die konkrete Faktorenkonstellation, die sie bestimmen, kann sehr verschieden sein, und verschieden sind demnach Verlaufsstruktur, Tempo und Endzustand.

2.6 Das Tempo des Verlaufs

Die drei Faktorenkomplexe Antrieb, Sprachverarbeiter und Zugang bestimmen nicht nur die Struktur des Verlaufs, sondern auch sein Tempo. Wenn die kommunikativen Bedürfnisse sehr hoch sind, wird – so denkt man sich jedenfalls – der Erwerb unter sonst gleichen Umständen schneller vonstatten gehen, als wenn sie niedrig sind. Tröpfchenweise Eingabe und eingeschränkte Möglichkeiten zu kommunizieren werden ihn verlangsamen. Es ist nicht ganz einfach zu sagen, ob auch der Sprachverarbeiter unabhängig von den beiden andern Größen einen nennenswerten Einfluß auf das Tempo hat. Es liegt nahe, daß Gedächtnisprobleme den Spracherwerb ziemlich hemmen können. Auch ist die Annahme plausibel, daß jemand, der vierzig Sprachen kann, die einundvierzigste schneller lernt als jemand, der sich an seiner zweiten versucht. Dies sind aber vielleicht extreme Fälle.

Wichtig sind in erster Linie die beiden andern Größen. Antrieb und Zugang verändern sich im allgemeinen während des Erwerbs. Die kommunikativen Bedürfnisse lassen sich im Lauf der Zeit mit den vorhandenen Mitteln zusehends besser verwirklichen; damit verringert sich die Schubkraft dieses Faktors. Ein ausländischer Arbeiter in Berlin kann durch einen Umzug oder weil er eine Deutsche heiratet (kommt vor) in eine andere soziale Umgebung kommen. Damit erhält der Faktor „soziale Integration" vielleicht stärkere Schubkraft. Zugleich hat er dadurch besseren Zugang zur Sprache. Veränderungen dieser Art erhöhen und verringern das Tempo. Irgendwann ist auf jeden Fall der Antrieb aufgebraucht oder zwar noch vorhanden, aber nicht mehr stark genug, die Entwicklung voranzutreiben: Der Endzustand ist erreicht.

2.7 Endzustand

Im Idealfall entspricht dem Endzustand die „völlige" Beherrschung der Zielsprache. Dabei ist zu berücksichtigen, daß die Zielsprache selbst sich aus vielen Varietäten – Dialekten, Registern, Soziolekten usw. – zusammensetzt und daß kein Sprecher die Sprache ganz beherrscht; auch die muttersprachlichen Sprecher können sie unterschiedlich gut. Es kann durchaus sein, daß ein Zweitsprachlerner über die Beherrschung eines durchschnittlichen muttersprachlichen Sprechers hinausgelangt – zumindest in einigen Bereichen wie Reichtum des Wortschatzes und der Syntax (die wenigsten Engländer um die Jahrhundertwende beherrschten das Englische so gut wie Joseph Conrad). Normalerweise hält der Zweitspracherwerb, gleich ob gesteuert oder ungesteuert, in einem Stadium an, das weit davor liegt: Die Entwicklung „versteinert". Selinker (1972) hat dafür den Ausdruck „Fossilierung" eingeführt.[7] Im folgenden wollen wir zwei Kennzeichen dieses Festfrierens auf einem bestimmten Niveau besprechen, nämlich (1) die Selektivität der Fossilierung und (2) den Rückfall in eine frühere Lernervarietät („backsliding").

(1) Die Selektivität der Fossilierung

Die Fossilierung kann unterschiedliche Komponenten der Sprachbeherrschung zu verschiedenen Zeiten erreichen: Sie ist relativ. Eines der bekanntesten Beispiele dafür ist der Umstand, daß sich die Beherrschung der Phonologie im Zweitspracherwerb – die Aussprache – oft nach einer Weile nicht mehr weiter der Zielsprache angleicht, während die Entwicklung im syntaktischen oder lexikalischen Bereich noch lange weitergeht. Der eben erwähnte Joseph Conrad, der angeblich nie eine korrekte englische Aussprache erwarb, ist ein Beleg dafür. Dies kann ganz unterschiedliche Gründe haben; wir geben einige zur Wahl:

— Es kann sein, daß der Lerner eine weitere Verbesserung seiner Aussprache für seine kommunikativen Bedürfnisse einfach nicht benötigt.
— Es kann sein, daß ihm unbewußt daran liegt, sich von seiner sozialen

Umgebung abzusetzen, d. h. einen gewissen Ausdruck seiner bisherigen sozialen Identität zu wahren.

— Es kann sein, daß der Sprachverarbeiter aufgrund physiologischer Veränderungen im Zentralnervensystem von einem bestimmten Alter an nicht mehr in der Lage ist, die Phonologie einer bislang fremden Sprache zu erwerben (vgl. hierzu die „critical-period-Diskussion" in Abschnitt 1.1.3 sowie Scovel 1981, Seliger 1978).

— Es kann sein, daß der Lerner nicht aufmerksam genug zwischen seiner eigenen Produktion und der seiner sozialen Umwelt in diesem Bereich unterscheidet. Die Untersuchungen von Neufeld (1978) scheinen zu zeigen, daß auch erwachsene Lerner prinzipiell in der Lage sind, die Phonologie einer ihnen bis dahin völlig fremden Sprache so zu lernen, daß muttersprachliche Sprecher sie im Blindversuch gleichfalls als muttersprachliche Sprecher einschätzen.

Wahrscheinlich gibt es keine einfache „monokausale" Erklärung für die Selektivität der Fossilierung, so schön dies auch wäre.

(2) Rückfall

Nicht selten fallen Lerner, die ein recht fortgeschrittenes Stadium erreicht haben, plötzlich mitten im Gespräch – manchmal nur für ein, zwei Sätze – auf eine frühere Stufe zurück. Sie lassen beispielsweise für eine Weile alle Flexionsendungen, die sie im übrigen schon beherrschen, ganz weg. Man kann dieses Zurückgleiten oft an sich selbst beobachten: Wenn man für längere Zeit eine fremde Sprache spricht und dabei sehr angespannt ist, dann treten gelegentlich Phasen auf, in denen die Sprache zwar nicht verschwunden ist, aber die Unsicherheit und die Zahl der Fehler erheblich ansteigt. Dies zeigt, daß beim Spracherwerb ältere Lernervarietäten in einem gewissen Sinne immer noch vorhanden sind. Die fortgeschrittenen Varietäten ersetzen nicht die andern, sie legen sich wie Jahresringe um sie, mit der Endvarietät als letzter und umfassendster.

2.8 Zusammenfassung

In diesem Kapitel haben wir versucht, ein Gesamtbild vom Spracherwerb zu zeichnen. Dabei haben sich sechs Grundgrößen herausgeschält, die wir nacheinander kurz erläutert haben. Im zweiten Teil werden wir einen Teil dieser Grundgrößen etwas zu konkretisieren versuchen. Dabei konzentrieren wir uns auf das Zusammenspiel von Eingabe und Eigenschaften der menschlichen Sprachverarbeitung. Probleme der Motivation werden nur am Rande betrachtet. Dabei wird auch ein Aspekt deutlicher werden, den wir im Interesse der klareren Darstellung weitgehend im Hintergrund gelassen haben – nämlich die Interaktion der einzelnen Faktoren; erst daraus nämlich ergeben sich Struktur, Tempo und Endzustand des Erwerbsprozesses.

Zuvor werden wir noch kurz bilanzieren, was man aus den Überlegungen dieses Kapitels an allgemeinen Folgerungen für den Unterricht ableiten kann.

3. Eingriffsmöglichkeiten

Dies ist kein Buch über Fremdsprachunterricht, sondern über Zweit-spracherwerb. Es ist aber vielleicht ganz nützlich, sich zu überlegen, was sich aus dem im vorigen Kapitel skizzierten (und im folgenden zweiten Teil weiter ausgeführten) Bild für den Fremdsprachunterricht ergibt.

Das Bild vom Spracherwerb, das wir im vorausgehenden Kapitel entworfen haben, ist das eines komplizierten Prozesses, der sich aufgrund bestimmter Faktorenkonstellationen regelhaft entfaltet. Was sich dabei verändert, sind Teile des „Sprachverarbeiters", d. h. des Vermögens, Sprache zu produzieren und zu verstehen. Der Sprachverarbeiter setzt sich unter dem Druck bestimmter treibender Kräfte, die wir zusammen-fassend als Antrieb bezeichnet haben, mit für ihn neuem sprachlichen Material auseinander und paßt seine Fähigkeiten an dieses neue Material an; dabei setzt er all sein bisher verfügbares Wissen ein.

Es ist innerhalb gewisser Grenzen möglich, Verlaufsstruktur, Tempo und erreichbaren Endzustand dieses Prozesses gezielt und systematisch zu beeinflussen. Der Weg dazu muß offensichtlich sein, die bestimmen-den Faktoren und die Art, wie sie zusammenwirken, in geschickter Weise zu verändern. Dazu eignen sich die einzelnen Faktoren unterschiedlich gut. Manipulierbar ist in erster Linie der Zugang, und zwar in beiden oben genannten Bereichen „Eingabe" und „Möglichkeiten zu kommuni-zieren". Beeinflußbar, wenn auch schwieriger, ist der Antrieb. Am we-nigsten läßt sich der Sprachverarbeiter selbst steuern. Der biologische Rahmen, also Hörvermögen, Gedächtnis usw. sind zwar nicht völlig sta-bil, aber sie sind nur in sehr engen Grenzen intentional zu verändern. Der Sprachverarbeiter hat einen bestimmten Zugriff, gegen den man nicht ankann. Wir müssen versuchen, seine Gesetzlichkeiten zu verste-hen, d. h. wir müssen die Prinzipien der menschlichen Sprachverarbei-tung erfassen. Wir können diese Prinzipien der Sprachverarbeitung nicht von außen her ändern (oder jedenfalls nur in sehr geringem Maße). Wir können uns aber darauf einstellen, beispielsweise indem wir die Eingabe diesen Prinzipien entsprechend optimal aufbereiten.

Eine systematische Steuerung des Erwerbsprozesses setzt daher die Lösung der folgenden drei Aufgaben voraus:

(1) Es muß geklärt sein, nach welchen Gesetzmäßigkeiten der menschli-che Sprachverarbeiter im Erwerbsprozeß funktioniert. Dies ist am besten dann zu studieren, wenn er nicht unter dem Einfluß einer bestimmten Methode steht, sondern wenn er sich so entfalten kann,

wie er das seit Hunderttausenden von Jahren getan hat. Anders gesagt: Um die Prinzipien der menschlichen Sprachverarbeitung herauszufinden, muß man zunächst (aber nicht nur) den ungesteuerten Spracherwerb analysieren. Je mehr man über die Prinzipien der Sprachverarbeitung weiß, um so eher kann man versuchen, ihnen zuzuarbeiten, etwa indem man möglichst gute Bedingungen für den Zugang schafft, die Eingabe entsprechend aufbereitet usw.

(2) Die zweite Aufgabe ist demnach festzulegen, wie man dem Sprachverarbeiter in der Tat zuarbeiten kann und wie man den Druck auf ihn erhöhen kann. Jede Unterrichtsmethode hat genau diese beiden Eingriffsmöglichkeiten. Auch dabei sind ihr wiederum enge Grenzen gesetzt. Viele der stärksten treibenden Kräfte, etwa „soziale Integration", spielen im normalen Unterricht keine Rolle, und sie lassen sich auch nicht künstlich herbeiführen. Ebenso wenig lassen sich so ohne weiteres „kommunikative Bedürfnisse" erzeugen. Das heißt aber, daß die mutmaßlich stärksten Antriebsfaktoren im Unterricht überhaupt nicht zu beeinflussen sind. Wenn man in der Fremdsprachendidaktik von „Motivation" der Schüler spricht (vgl. etwa Solmecke 1983), so hat man gewöhnlich die Änderung vergleichsweise leichtgewichtiger Antriebsfaktoren im Sinn wie etwa Einstellung zu Sprache oder Kultur oder sehr spezifische kommunikative Bedürfnisse (z. B. dasjenige, den Text eines Chansons zu verstehen).

(3) Im allgemeinen ist man im Unterricht nicht daran interessiert, die Verlaufsstruktur zu beeinflussen, sondern man möchte einen bestimmten Endzustand erreichen, und dies möglichst schnell. Eine dritte Aufgabe ist es daher, den Endzustand genau festzulegen. Im schulischen oder akademischen Fremdsprachunterricht geschieht dies gewöhnlich dadurch, daß man eine bestimmte deskriptive Norm vorgibt und anhand von grammatischen Fehlern mißt, wieweit der Lerner von dieser deskriptiven Norm – z. B. dem Französischen, wie es im „Grevisse" steht – entfernt ist. Diese Art, die dritte Aufgabe anzugehen, ist sehr praktisch, weil einfach. Sie ist aber insofern nicht sehr sinnvoll, als die Fähigkeit, Sprache zu verstehen und zu produzieren, im allgemeinen nicht dasselbe ist wie das Einhalten einer bestimmten deskriptiven Norm – zumal das, was selbst in guten Grammatiken und Wörterbüchern steht, nur einen Teil des Wissens ausmacht, das in die Beherrschung einer Sprache eingeht (dies ist die natürliche Konsequenz dessen, was in Abschnitt 2.3 (2) über „verfügbares Wissen" gesagt wurde).

Keine dieser drei Aufgaben kann derzeit als befriedigend geklärt gelten. Die psycholinguistische Forschung hat uns einige Einsichten darüber beschert, wie die menschliche Sprachverarbeitung funktioniert. Man kann aber sicher nicht sagen, daß wir ihre Gesetzmäßigkeiten, soweit sie für den Spracherwerb ausschlaggebend sind, wirklich überblicken. Damit entfällt zugleich die Möglichkeit, Eingriffe dort, wo sie überhaupt realisierbar sind, zielsicher zu optimieren. Solange wir keine klare Vorstellung davon haben, in welcher Weise unser Geist (oder unser Hirn) mithilfe seines jeweils vorhandenen Wissens neues Wissen aufbaut und wie er dieses Wissen, das ihm an Material aus der Umwelt zugänglich wird, herausdestilliert, können wir nur aufgrund praktischer Erfahrung die Eingabe entsprechend aufbereiten, also eine bestimmte Lernprogression entwickeln und sie dem Lerner anbieten. Es kann aber sein, daß der Lerner mit einem Teil des Materials überhaupt noch nichts anfangen kann, weil die Gesetzmäßigkeiten des Sprachverarbeiters zunächst ein anderes Wissen verlangen.

Wenn diese Überlegungen zutreffen, dann lassen sie den möglichen Nutzen der Spracherwerbsforschung zugleich in einem düsteren und in einem hellen Licht erscheinen:

(a) In einem düsteren Licht, weil die oben genannten Aufgaben derzeit leider nur zu einem kleinen Teil gelöst sind; die Disziplin ist einfach nicht so weit. Zu behaupten, daß aufgrund der neuesten Erkenntnisse der Linguistik oder der Neurophysiologie der Unterricht so oder so angelegt werden müsse, ist bestenfalls blauäugig und schlimmstenfalls anmaßend.

(b) In einem hellen Licht insofern, als diese drei Aufgaben kompliziert, aber nicht utopisch sind. Sie lassen sich Schritt für Schritt lösen, und wie wir sehen werden, sind einige Schritte schon getan. Es ist wahrscheinlich leichter, diese Aufgaben zu lösen, als die institutionellen Voraussetzungen für einen wirksameren Fremdsprachenunterricht zu schaffen.

Ein Sprachlehrer oder jemand, der Sprachkurse entwickelt, wird natürlich mit Recht sagen, daß er darauf nicht warten kann. Da kann man ihm nicht widersprechen. Aber die fortschreitende Einsicht in die Gesetzlichkeiten des Spracherwerbs ist kein Alles-oder-nichts-Vorgang. Aufgrund dessen, was wir heute darüber wissen (oder zu wissen glauben), kann man sicher schon einige Fehler vermeiden. Einer davon ist es, die starke Eigendynamik der menschlichen Sprachverarbeitung und damit auch des Spracherwerbsprozesses nicht zu berücksichtigen.

TEIL II
Von der Eingabe zu den Lernervarietäten

In diesem Teil beschäftigen wir uns damit, wie der Lerner die ihm
zugängliche Eingabe verwertet, um daraus seine für eine gewisse Zeit gel-
tenden Lernervarietäten aufzubauen und sie allmählich an die Sprache
seiner sozialen Umgebung – die Zielvarietät – heranzuführen. Dieser
Vorgang ist in zweierlei Hinsicht systematisch:

1. Jede einzelne Lernervarietät, so elementar und unzulänglich sie auch
   sein mag, bildet ein Ausdruckssystem für sich, das bestimmte kommunikative Funktionen erfüllen kann. Wie gut es sie erfüllt, hängt
   nicht nur vom Reichtum an Formen und Konstruktionsmitteln ab,
   sondern auch davon, wie geschickt der Lerner damit umgeht.
2. Der Übergang von einer Lernervarietät zur nächsten zeigt systematische Züge: Es ist ein Umschlag von einem Ausdruckssystem in ein
   anderes, meist reicheres. Möglich ist ein solcher Umschlag nur, solange der Lerner in der Lage ist, Unterschiede zwischen der Zielvarietät
   und seiner jeweiligen Lernervarietät zu entdecken – ein Problem, das
   naturgemäß um so schwieriger wird, je ähnlicher die Lernervarietät
   der Zielvarietät bereits ist.

Für unsere Betrachtung zerlegen wir die Gesamtaufgabe, die der Lerner
dabei zu lösen hat, in vier Teilaufgaben. Diese Teilaufgaben werden in
Kapitel 4 umrissen und dann in den Kapiteln 5–8 ausführlich besprochen.

4. Vier Aufgaben für den Lerner

4.1 Das Analyseproblem

Die Eingabe wird dem Lerner gewöhnlich in Form vollständiger sinnvoller Äußerungen zugänglich, die in einen bestimmten Situationskontext eingebettet sind. Was er wahrnehmen und verarbeiten kann, ist

— eine komplexe Folge von Schallwellen, das eigentliche sprachliche Signal, und
— ein Komplex paralleler, vor allem visuell wahrnehmbarer Gegebenheiten (die „Parallelinformation").

Eine der Aufgaben, die er zu lösen hat, besteht darin, den Schallkomplex in kleinere Einheiten zu zerlegen und diese, wo möglich, mit der Parallelinformation zu verknüpfen. Diese Aufgabe bezeichnen wir als das *Analyseproblem*. Zur Lösung dieses Problems dient ihm natürlich nicht nur seine Wahrnehmungsfähigkeit, sondern auch das gesamte Wissen, das er zum gegebenen Zeitpunkt bereits über die zu lernende Sprache hat.

Wir können das Problem an einem Beispiel erläutern. Stellen Sie sich vor, Sie können kein Wort Deutsch und sitzen, vielleicht als Mitglied einer japanischen Reisegesellschaft, mit ein paar Deutschen im Hotel an einem Frühstückstisch. Einer der Einheimischen wendet sich an Sie und stößt einen Schallstrom hervor, den Sie als

(1) axkœnenzi:mi:rma:ldaszaltsraiçenbiteʃœ:n

identifizieren. Wir haben in dieser lautschriftlichen Transkription die Intonation – immerhin ja auch ein wesentlicher Teil des Schallstroms – weggelassen, dafür aber unterstellt, daß der Frager eine bühnenreife Aussprache hat und daß Sie in der Tat alle Laute korrekt identifizieren (was in Wirklichkeit höchst unwahrscheinlich ist; vgl. Lambert 1977; Rösel 1980). In gewöhnlicher Orthographie würde man (1) als „Ach, können Sie mir mal das Salz reichen, bitte schön?" wiedergeben.

Die gesamte Parallelinformation – vorhergehendes suchendes Umherblicken des Fragers, vielleicht begleitende Zeigegesten, der Umstand, daß Sie und er am Frühstückstisch sitzen, usw. – erlaubt Ihnen unter Umständen, die Äußerung als Ganzes richtig zu deuten: Der Frager will das Salz. In gewisser Weise könnte die Kommunikation gar nicht erfolgreicher sein, wenn Sie des Deutschen vollkommen kundig wären. Zum Lernen genügt es aber nicht, die Äußerung insgesamt kommunikativ sinnvoll zu interpretieren, sondern der gesamte Lautschwall muß in seine einzelnen Komponenten – gemäß den Regeln der Zielsprache – aufgebrochen werden. Etwas vereinfacht gesagt: man muß die ganze Folge von 36 Lauten so in kleinere Lautfolgen zerlegen, daß eine jede davon einem Wort entspricht, also beispielsweise in [ax – kœnən – zi: – mi:r –] usw., nicht aber in [axkœ – nənz – i:mi:r –] usw. Diese Aufgabe ist alles andere als trivial, denn im Gegensatz zu einer folkloristischen Vorstellung werden Wortgrenzen meist nur ausnahmsweise akustisch klar gekennzeichnet: Wer's nicht glaubt, möge sich am Abend einmal die Kurzwellenprogramme fremder Sprachen anhören.

Angenommen, es sei Ihnen tatsächlich gelungen, die ganze Schallfolge „korrekt" in kleinere Teile zu zerlegen, so daß Sie unter anderem die Lautfolgen [zalts] und [das] wahrgenommen haben. Gehen wir ferner davon aus, daß der Frager gerade, während er ungefähr [das zalts] äußert, eine andeutende Zeigegeste auf dieses weiße Zeug macht. Was kann Sie nun veranlassen, die Lautfolge [zalts] und nicht die Lautfolge [das] mit der Bedeutung „Salz" zu assoziieren? Dies hängt sehr davon ab, über welches Wissen Sie bereits verfügen. Angenommen, Ihre Muttersprache ist Englisch; dann ist es nicht unplausibel – obwohl keineswegs sicher – daß [zalts] dieselbe Bedeutung wie „salt" hat. Ist Ihre Muttersprache hingegen Japanisch, dann haben Sie praktisch keinerlei Hinweis und können zu diesem Zeitpunkt nur raten. Angenommen nun, Sie haben bereits elementare Kenntnisse des Deutschen, zu denen zwar nicht das Wort „Salz" gehört, wohl aber das Wissen, daß „das" sehr häufig vor Nomina auftaucht, auch in völlig salzfreien Zusammenhängen, dann liegt es wiederum nahe zu vermuten, daß die Schallfolge [zalts] Träger der Bedeutung „Salz" ist, nicht aber die Schallfolge [das].

Wir haben das Beispiel und die möglichen Überlegungen des Lerners sehr vereinfacht und viele Komplikationen außer acht gelassen. Es wird aber wohl deutlich, wie kompliziert das Analyseproblem ist, insbesondere auch, daß es keine reine Wahrnehmungsaufgabe ist. Vielmehr gehen viele meist unbewußte Hypothesen und Schlußfolgerungen auf der Basis des bisherigen Lernerwissens ein. Dies werden wir in Kapitel 5 etwas eingehender besprechen.

4.2 Das Syntheseproblem

Nehmen wir an, der Lerner hat das Analyseproblem zumindest soweit gelöst, daß er über fünfzig Wörter verfügt: einige Nomina, einige Verben, einige Partikel, vielleicht die Personalpronomina *ich* und *du*[1]. Wenn er nun selbst Äußerungen bilden will, die über Einwortsätze hinausgehen, muß er versuchen, diese Wörter miteinander zu verbinden. Dies bezeichnen wir als das Syntheseproblem, genauer: als das Syntheseproblem für Wörter. Die Aufgabe stellt sich aber in ähnlicher Weise auch für Laute: Alle Sprachen lassen nur bestimmte Lautkombinationen zu, die sich zudem auch nach Stellung (z. B. Anlaut, Auslaut usw.) unterscheiden können.

Das Syntheseproblem zu lösen, ist nicht nur für die Eigenproduktion des Lerners wichtig. Er muß die entsprechenden Regeln auch zumindest bis zu einem gewissen Grade durchschauen, wenn er kompliziertere Äußerungen in der Zielsprache verstehen will – insbesondere dann, wenn er über vergleichsweise wenig Parallelinformation verfügt, die seine Interpretation mittragen könnte. Beides – also grob gesagt Syntaxregeln für die Produktion in der Lernervarietät und Syntaxregeln zum Verstehen von zielsprachlichen Äußerungen – braucht aber nicht völlig übereinzustimmen: Es kann sein, daß der Lerner Äußerungen der Zielsprache auch ohne oder mit sehr wenig Parallelinformation richtig analysiert, ohne daß er selbst entsprechende Äußerungen bilden könnte.

4.3 Das Einbettungsproblem

Am Salzbeispiel (1) aus dem vorletzten Abschnitt ist deutlich geworden, daß die Parallelinformation in vielen Fällen völlig hinreicht, die Kommunikation zu sichern. Dies ist natürlich nicht der normale Fall, denn sonst bräuchte man gar keine Sprache. Aber in der Regel ist die Äußerung in einen Strom kontextueller Information eingebettet. Wenn immer ein Sprecher das Wort ergreift, muß er versuchen, seine Äußerung in diesen Informationsfluß einzupassen. Dies bezeichnen wir als das *Einbettungsproblem*. Jeder Sprecher hat es zu lösen. Es ist also nicht für den *Lerner* spezifisch; aber es stellt sich unterschiedlich, je nachdem, wie reich die Lernervarietät ist. Wenn die Lernervarietät sehr elementar ist, dann hängt der kommunikative Erfolg in hohem Maße von der Parallelinformation ab, nicht zuletzt von dem Geschick, mit dem der Lerner die wenigen ihm verfügbaren Mittel ins gesamte kontextuelle Wissen einbaut und dieses selbst ändert (beispielsweise durch Gesten). Reichere Lernervarietäten sind vom Kontextwissen minder abhängig; sie bleiben aber – wie die Zielvarietät selbst – immer darauf angelegt. Von der ärmsten Lernervarietät bis zu einer, die von der Zielvarietät kaum zu unterscheiden ist, besteht jeweils eine gewisse Balance zwischen sprachlicher und kontextueller Information; diese Balance verschiebt sich beständig zugunsten ersterer.

4.4 Das Vergleichsproblem

Angenommen, der Lerner hat bereits eine relativ fortgeschrittene Lerner-varietät ausgebildet. Um sie überhaupt noch weiterentwickeln zu können, muß er sie beständig mit der Sprache seiner sozialen Umgebung vergleichen. Dies gilt selbstverständlich auch für frühere Stadien seines Lernprozesses. Nur wird es zusehends schwieriger, dieses Vergleichs-problem zu lösen – einfach deshalb, weil die Unterschiede kleiner werden. Es kann daher leicht dazu kommen, daß zwar Unterschiede vorhan-den sind, der Lerner aber nicht mehr in der Lage ist, sie zu erkennen. Dies ist einer der entscheidenden Gründe dafür, daß der Spracherwerb oft stehenbleibt, obwohl es für den Lerner wünschenswert wäre, ihn fortzuentwickeln.

Die Existenz des Vergleichsproblems ist eine der Ursachen dafür, daß die „kontrastive Grammatik" (vgl. Abschnitt 1.5 (2)) oft zu falschen Vor-aussagen kommt. Strukturen, in denen sich zwei Sprachen augenfällig unterscheiden, stellen *in dieser Hinsicht* ein einfaches Problem dar: Der Lerner stellt leicht fest, daß es hier zwischen seiner Varietät und der Ziel-sprache erhebliche Unterschiede gibt. Das besagt selbstverständlich noch nicht, daß er sogleich über Mittel und Wege verfügt, um diese Unter-schiede zu überbrücken, aber immerhin: Die Aufgabe ist erkannt. Sehr ähnliche Strukturen sind für den Vergleich eine wesentlich härtere Nuß: Sie können möglicherweise[2] leicht gelernt werden, aber es ist für den Ler-ner zunächst überhaupt nicht augenfällig, daß hier ein Unterschied und somit eine Lernaufgabe liegt.

Der Lerner muß die vier Aufgaben, die wir hier der klareren Darstellung halber unterschieden haben, beständig im Zusammenspiel lösen. So kann er mit der Analyse oft nur schlecht weiterkommen, wenn er nicht weiß, wie bestimmte Einheiten in der Zielvarietät zusammengehören. Umge-kehrt kann er das Syntheseproblem nicht lösen, solange er nicht kleinere Einheiten hat, die er dann zu komplexen Äußerungen zusammenbauen und mit jenen der Zielvarietät vergleichen kann, und so fort. Wenn wir daher hier die Gesamtaufgabe in vier getrennte Teilprobleme zerlegt ha-ben, so ist das eine bestimmte Art, das „Analyseproblem der Spracher-werbsforschung" zu lösen, und es ist sehr plausibel, daß wir diese Aufga-be beim weiteren Voranschreiten als unangemessen erkennen. Vorerst lassen wir sie aber so gelten und wenden uns nun den Problemen im einzelnen zu.

5. Das Analyseproblem

Zur Lösung des Analyseproblems kann sich der Lerner zum einen auf das Wissen stützen, das er zum jeweiligen Zeitpunkt bereits hat, und zum anderen kann er an bestimmten strukturellen Eigenschaften der Eingabe ansetzen. Darauf gehen wir in den Abschnitten 5.1 und 5.2 ein. In den beiden anschließenden Abschnitten erörtern wir einige Befunde aus der Spracherwerbsforschung, die das Analyseproblem gut veranschaulichen.

5.1 Verfügbares Wissen

Man kann das Wissen, das dem Lerner zu einem gegebenen Zeitpunkt zu Gebote steht und das er für die Analyse der Eingabe verwenden kann, in vier Kästchen ordnen:

A) allgemeine Kenntnisse über die Beschaffenheit von Sprachen und sprachlicher Kommunikation;
B) spezielle Kenntnisse über die Struktur der Erstsprache (bzw. bereits beherrschter Sprachen)[1];
C) Kenntnisse, die er zu diesem Zeitpunkt bereits über die Zielvarietät hat oder zu haben glaubt;
D) nichtsprachliches Wissen der verschiedensten Art.

Wir haben in all diesen Fällen von „Kenntnissen" oder von „Wissen" gesprochen. Dies entspricht dem Sprachgebrauch, aber es soll damit nicht unbedingt gesagt sein, daß die „Kenntnisse" des Lerners immer sicher und zutreffend sind. Es soll also auch der Fall eingeschlossen sein, daß der Lerner zunächst Annahmen macht, deren er sich selbst nicht völlig sicher ist oder deren er sich zwar zum gegebenen Zeitpunkt sicher ist, die sich aber später als falsch oder ergänzungsbedürftig herausstellen. Mit „Wissen" ist also immer gemeint, „mehr oder minder gesichertes Wissen".

Wir wenden uns nun den obigen vier Wissensformen im einzelnen zu und erläutern, weshalb sie für die Lösung des Analyseproblems wichtig sind.

A) Allgemeines sprachliches Wissen

Alle Sprachwissenschaftler sind sich darüber einig, daß sämtliche natürliche Sprachen gewisse gemeinsame Züge (Universalien) aufzuweisen haben. Welcher Art diese Universalien sind und welche Rolle sie beim Spracherwerb spielen, ist allerdings umstritten (vgl. dazu Abschnitt 1.1.2 sowie allgemein zu Universalien Greenberg 1979). Für das Analyseproblem spielen allgemeine Annahmen wie die folgenden eine besondere Rolle:

— Alle Äußerungen lassen sich in Wörter, diese in Silben, diese in Phoneme zerlegen.
— Die Phoneme kann man in Konsonanten und Vokale einteilen.
— Silben haben gewöhnlich einen vokalischen Kern und einen konsonantischen Rand.
— Innerhalb einer Silbe tendieren vokalische und konsonantische Elemente dazu, abwechselnd aufzutreten; wenn deshalb mehrere Konsonanten hintereinander auftreten, so liegt wahrscheinlich eine Silbengrenze zwischen ihnen.[2]
— Eine deutliche Pause markiert gewöhnlich eine Wortgrenze (aber nicht jede Wortgrenze ist durch eine Pause markiert).
— Es gibt Wörter mit stärker grammatischer Bedeutung (Funktionswörter wie *in, und, die, ob*) und solche mit stärker lexikalischer Bedeutung (Inhaltswörter wie *Pfeife, einziehen, liebreizend, zugegen*).
— Funktionswörter sind kürzer (meist einsilbig), häufiger und intonatorisch unauffälliger als Inhaltswörter.
— In der Regel gilt: ein Wort – eine Bedeutung.[3]

Diese und ähnliche Kenntnisse erlauben es noch nicht, einen Lautstrom wie im Salzbeispiel aus 4.1 in der Tat so in Wörter zu zerlegen, wie es die Regeln des Deutschen verlangen würden; aber sie schränken, wie man sich leicht überlegen kann, die Zahl der möglichen sinnvollen Zerlegungen bereits erheblich ein, beispielsweise dadurch, daß sie eine (mehr oder minder sichere) Aufgliederung in Silben erlauben.

B) Spezielle Kenntnisse über die Erstsprache

Des Lerners Erstsprachkenntnisse können sich für das Analyseproblem (ebenso wie in anderen Bereichen) positiv wie negativ geltend machen. Ersteres kann man sich am besten vor Augen führen, wenn man sich vorstellt, daß im Salzbeispiel einmal ein Holländer, einmal ein Chinese Lerner ist. Der Holländer hat wahrscheinlich keine Schwierigkeiten, zumindest [zalts] und [kœnən] zu identifizieren, weil sie im Holländischen sehr ähnlich sind. Das liefert ihm über diese Wörter hinaus weitere Hinweise, beispielsweise daß nach diesen Folgen weitere Wörter anfangen.

Er weiß daher, daß die beiden Silben [raiçen], die er selbst vielleicht nicht
unmittelbar als Wort identifizieren kann, einem oder zwei Wörtern entsprechen. Da ein holländischer Satz strukturell ganz ähnlich aufgebaut ist
(„Kunt U me het zout geven, alstublieft?"), ist es plausibel – wenngleich
keineswegs sicher – daß die Folge [raiçen] dem holländischen Wort „geven" entspricht. All dies ist einem Chinesen nicht möglich. Solche Unterschiede in den erstsprachspezifischen Kenntnissen machen sich auch auf
abstraktere Weise geltend. Der Holländer rechnet damit, daß die Wörter
in etwas unterschiedlicher Gestalt auftreten, weil das Holländische ähnlich wie das Deutsche eine Flexion hat; für den Chinesen muß dies das
Analyseproblem beträchtlich erschweren.

Alles, was dem Holländer die Analyse erleichtert, kann sich auch als
Falle erweisen, d. h. er kann aufgrund vermeintlicher Entsprechungen zu
falschen Zerlegungen kommen. Dies ist aber nicht die einzige Art, wie
sich Erstsprachkenntnisse negativ auswirken können. Es kann sein, daß
der Lerner in der Eingabe nach irgendwelchen Eigenschaften sucht, die
ihm aus seiner Sprache selbstverständlich sind, in der Zielsprache aber gar
nicht existieren. Im Chinesischen sind viele Wörter nur durch den Ton
unterschieden. Der chinesische Lerner ist daher versucht, eine deutsche
Lautfolge unterschiedlich zu deuten, wenn sie zufällig Träger unterschiedlicher Stücke der Intonationskontur ist. Erscheinungen dieser Art
pflegt man gewöhnlich als „positiven" oder „negativen Transfer" zu bezeichnen (vgl. Abschnitt 1.5.2; Kellerman und Sharwood-Smith 1983).
Dabei denkt man aber gewöhnlich an Einflüsse auf die Sprachproduktion
des Lerners, beispielsweise an Satzkonstruktionen, die nach der Erstsprache modelliert sind u.ä. Hier hingegen handelt es sich um die Einflüsse
der Erstsprachkenntnisse auf die Zerlegung der Eingabe.

C) Bereits vorhandene Kenntnisse der Zielsprache

Was immer der Lerner bereits über die Zielsprache weiß, kann er gleichsam als Hebel ansetzen, um die zu analysierende Äußerung aufzubre-
chen. Wenn er zum Beispiel weiß, daß im Deutschen stimmhaftes „s" nur
im Anlaut vorkommt, während im Auslaut keine stimmhaften Reibelaute
und Verschlußlaute auftreten, kann er zumindest Silbengrenzen genauer
festlegen. Die Kenntnis einzelner Wörter gibt ihm *Bruchstellen*, von denen ausgehend er andere Wörter zu identifizieren versuchen kann. Häu-
figes Auftreten bestimmter Lautfolgen unabhängig vom Thema deutet
darauf, daß es sich dabei um Funktionswörter handelt. Wenn es ihm
gelungen ist, *der, die, das* als Artikel zu identifizieren, die dem Nomen
vorausgehen, kann er versuchen, die darauffolgenden Silben – wenn er sie
noch nicht kennt – als Nomen zu deuten, usw.

Wir werden in Abschnitt 5.3 an einem Beispiel etwas eingehender betrachten, wie einzelne bekannte Elemente sozusagen als Stützpunkte dienen, um die ganze Äußerung zu analysieren. Dabei kann es aber auch zu völligen Fehlanalysen kommen. Die Lautfolge [di:] ist eben nicht immer Artikel; sie kann beispielsweise auch die erste Silbe von „Diesel" sein oder die zweite von „verdienen", und wenn sich der Lerner auf das Prinzip „ein Wort – eine Bedeutung" verläßt und „die" als Artikel analysiert hat, läuft seine weitere Deutung schief. Wir kommen darauf in 5.3 zurück.

D) Nichtsprachliches Wissen

Wie wir schon in 2.4 (1) bemerkt haben, könnte man jemanden jahrelang mit perfektem Chinesisch beschallen: Er würde trotzdem kein Chinesisch lernen, wenn er nicht gleichzeitig eine Fülle paralleler durch die Wahrnehmung gegebener Information hätte. Im Salzbeispiel ist dies die ganze Szenerie des Frühstückstisches. Um diese Parallelinformation aber überhaupt deuten und sinnvoll zum Schallkomplex und seinen Komponenten in Bezug setzen zu können, muß der Lerner über eine Menge nichtsprachlichen Wissens verfügen – im Beispiel etwa über Tatsachen wie, daß das weiße Zeug in dem Fäßchen Salz ist, daß man es beim Frühstück aufs Ei zu streuen pflegt und was derlei Trivialitäten mehr sind. Er muß Zeigegesten deuten können. Er muß wissen, daß man als angeredet gilt, wenn man während der Äußerung angeblickt wird (nicht mehr ganz so trivial). Er muß wissen, daß es auch möglich ist, einen Fremden um eine Verrichtung zu bitten, daß dazu aber bestimmte Formen einzuhalten sind, insbesondere bestimmte Floskeln geäußert werden müssen (wenn er dies nicht weiß, sind „bitte schön" und „ach" eine harte Nuß für ihn). Das meiste Wissen dieser Art erscheint uns selbstverständlich, und es ist uns so wenig bewußt wie die Luft, die uns umgibt. Aber ohne dieses Wissen ist es unmöglich, das Analyseproblem zu lösen. Augenfällig wird dies meist nur, wenn der Lerner zu einer sehr andersartigen Kultur gehört und einen großen Teil des kulturellen und sozialen Wissens der zielsprachlichen Sprecher nicht teilt (vgl. dazu beispielsweise Perdue 1982, Kap. 4).

Diese verschiedenen Formen des Wissens wirken beständig zusammen, um den Schallstrom zu zerlegen und seine Komponenten mit der Parallelinformation in Bezug zu setzen. Im nächsten Abschnitt wenden wir uns nun der Frage zu, an welchen strukturellen Eigenschaften der Eingabe die Zerlegung ansetzen kann.

5.2 Strukturelle Eigenschaften der Eingabe

Zu diesen Eigenschaften zählen zunächst einmal phonologische Gegebenheiten wie Stimmhaftigkeit, Vorhandensein von Konsonantengruppen usw. Da wir darauf schon im vorigen Abschnitt eingegangen sind, wollen wir im folgenden annehmen, daß der ganze Schallkomplex bereits in einzelne Silben (möglicherweise mit gelegentlich nicht ganz eindeutigen Grenzen) zerlegt ist. Wir sprechen daher von Silbenfolgen, die nun verarbeitet werden müssen. Wir nehmen an, daß die folgenden strukturellen Eigenschaften der gesamten Äußerung die Verarbeitung zu steuern helfen:

A) die Häufigkeit einzelner Wörter;
B) die Stellung innerhalb der gesamten Äußerung;
C) die intonatorische Kennzeichnung;
D) die Richtigkeit und Plausibilität, mit der sich eine Entsprechung zur Parallelinformation herstellen läßt.

Die beiden mittleren Eigenschaften kann man dabei unter dem Stichwort „perzeptuelle Auffälligkeit" (perceptual saliency) zusammenfassen: Es gibt Teile innerhalb der gesamten Äußerung, die perzeptuell auffälliger sind als andere, und an diesen setzt die Verarbeitung an.

A) Häufigkeit

Es ist plausibel anzunehmen, daß Wörter, die besonders häufig vorkommen, *unter sonst gleichen Umständen* eher erkannt, wiedererkannt und damit gelernt werden als seltene. Dabei sind allerdings einige Probleme zu berücksichtigen:

(a) Zumindest bei Inhaltswörtern schwankt die Häufigkeit stark je nach Themenbereich. So finden sich bei ausländischen Arbeitern neben Wörtern wie „Arbeit", „Fabrik", „Frau" auch Wörter wie „Lohnsteuerjahresausgleich", die man normalerweise für weniger gängig hält als viele, die erst spät gelernt werden.

(b) Viele extrem häufige Wörter tauchen in den Lernervarietäten erst spät auf – beispielsweise die Artikel (*die* ist das häufigste deutsche Wort überhaupt). Dies läßt offen, ob diese Wörter erst spät erkannt werden oder ob das Analyseproblem für sie zwar frühzeitig gelöst wird, ohne daß sie bereits bei der Produktion berücksichtigt würden. Mit andern Worten: Aus dem Umstand, daß ein Wort erkannt ist, folgt nicht unbedingt, daß der Lerner auch das Syntheseproblem für dieses Wort lösen konnte oder wollte (er kann es einfach für unwichtig halten).

(c) Der Lerner kann zunächst nicht die Häufigkeit von Wörtern, sondern lediglich die Häufigkeit von – zunächst noch unverständlichen – Silben und Silbenfolgen abschätzen. Viele besonders häufige Silben sind aber überhaupt nicht selbständig zu deuten wie etwa die Flexionssilbe „-en". Man beachte, daß der Lerner ja zuerst lernen muß, daß „-en" kein selbständiges Wort ist.

(d) Im allgemeinen sind Funktionswörter häufiger als Inhaltswörter. Aber sie haben seltener ein direktes Gegenstück in der Parallelinformation. So ist in der Folge „das Salz" die erste Silbe die häufigere, aber sie ist nicht so gut zu etwas im Kontext Gegebenem in Bezug zu setzen wie „Salz" und bildet insofern ein größeres Analyseproblem.

All dies besagt nicht, daß die Häufigkeit keine Rolle spielt; aber sie ist wahrscheinlich weniger wichtig, als man zunächst anzunehmen geneigt ist.

B) Stellung in der gesamten Äußerung

Nicht alle Teile des gesamten Schallkomplexes sind der Verarbeitung von vornherein gleichermaßen zugänglich. Die Lautfolge muß ja zum einen auditiv wahrgenommen und zum andern zumindest kurzzeitig im Gedächtnis festgehalten werden. Es ist anzunehmen, daß für beides

— der Anfang der Äußerung
— das Ende der Äußerung
— die Stellen vor und nach deutlichen Pausen

die besten Angriffsflächen bieten. Die menschliche Wahrnehmung (nicht nur die auditive) ist vor allem für deutliche Veränderungen im Wahrnehmungsbereich besonders empfindlich. Daher sind Übergänge von stummen Perioden zum Schall und wiederum vom Schall zu stummen Perioden perzeptuell auffälliger als fortlaufende Schallfolgen (wobei solche Übergänge natürlich nicht das *einzige* Kriterium für perzeptuelle Auffälligkeit sind). Ebenso ist aus der Gedächtnispsychologie bekannt, daß Anfang und Ende von Serien besser behalten werden als gleichförmige Teile dazwischen (Positionseffekt, von-Restorff-Effekt, vgl. etwa Foppa 1965, Abschnitt 3.1), wenn dem nicht spezielle andere Faktoren entgegenstehen.

Die Rolle dieser „ausgezeichneten Stellen" verändert sich nun freilich, wenn dem Lerner nicht alle Teile der Schallfolge, die er zu analysieren hat, gleichermaßen unbekannt sind, sondern wenn er bereits gewisse Kenntnisse der Sprache und damit zusätzliche Ansatzpunkte für seine Analyse hat. Wir können das wiederum an unserem Salzbeispiel veran-

schaulichen, das wir hier geringfügig vereinfachen. Nehmen wir an, der
Frager äußert (2) (die kleinen Striche bezeichnen nicht Akzente, sondern
ungefähre Silbengrenzen):

(2) 'kœ'nən'zi:'mi:r'das'zalts'raɪ'çən'

Fall a: Nehmen wir an, der Lerner hat keine speziellen Kenntnisse des
Deutschen. Dann sind Anfang und Ende die primären Angriffspunkte:

(3) kœnənzi:mi:rdaszaltsraɪçən

Dies läßt erwarten, daß unter sonst gleichen Umständen das Wort *reichen* vor dem Wort *Salz* gelernt wird.

Fall b: Nehmen wir an, der Lerner kann aufgrund seiner bereits vorhandenen Sprachkenntnisse schon [daszalts] identifizieren. Dann entstehen für ihn zur weiteren Analyse die folgenden Angriffspunkte:

(4) kœnənzi:mir (das Salz)raɪçən

Dies läßt erwarten, daß unter sonst gleichen Umständen die Silbenfolge
raiçen als nächstes „fällt".

Fall c: Nehmen wir an, der Lerner kann aufgrund seiner bereits vorhandenen Sprachkenntnisse nur *reichen* identifizieren. Dann entfällt der
ursprüngliche Angriffspunkt und statt dessen tritt ein neues „Ende"
auf:

(5) kœnən zi:mi:rdaszalts (reichen)

Es ist zu beachten, daß in all diesen Fällen natürlich die bereits bekannten
Stücke auch verarbeitet werden müssen, aber eben auf jene Weise, in der
Äußerungen oder Teile davon von jemandem verarbeitet werden, der die
Sprache beherrscht. Für diese Teile stellt sich das Analyseproblem, wie
wir es hier definiert haben, nicht.

Unsere bisherigen Überlegungen lassen offen, welches *relative Gewicht* die verschiedenen möglichen Angriffspunkte haben – ob also beispielsweise im Fall a der Anfang oder das Ende stärker wiegt. Möglicherweise läßt sich diese Frage überhaupt nicht allgemein beantworten, weil
es stets noch andere Faktoren gibt, die perzeptuelle Auffälligkeit und,
damit verknüpft, besseres Behalten bestimmen. Eine Gruppe solcher
Faktoren sind die intonatorischen oder prosodischen Eigenschaften.

C) Prosodische Eigenschaften

Mit prosodischen Eigenschaften sind im wesentlichen Lautstärke, Tonhöhe und Dauer von Segmenten gemeint (vgl. dazu beispielsweise Lehi-

ste 1970; Wunderli u. a. 1978; Kohler 1977).[4] Sie bewirken unter anderem, daß bestimmte Silben (oder Silbenfolgen) in der gesamten Äußerung
stärker hervortreten als andere. Die wichtigste unter diesen Eigenschaften
ist die Tonhöhe. Lautstärke und Dauer spielen demgegenüber – zumindest fürs Deutsche – eine untergeordnete Rolle (vgl. dazu Isačenko-
Schädlich 1966; Heike 1969; allgemein zur Rolle der Prosodie für die
Spracherkennung Nooteboom et al. 1978). So fallen Wörter, die durch
eine merkliche Tonhöhenveränderung gekennzeichnet sind, gewöhnlich
stärker auf als solche mit gleichmäßigem Verlauf. Solche „Tonbrüche"
treten in der Regel eher bei Inhaltswörtern als bei Funktionswörtern auf.
Dies verleiht ersteren *normalerweise* eine höhere perzeptuelle Auffälligkeit. Eine typische Kontur für den Schlußteil des Salzbeispiels wäre etwa
(wir deuten den Tonhöhenverlauf durch eine Linie unter den betreffenden Silben ungefähr an):

(6) ... miːrdas zalts raiçən

Versetzen wir uns wieder in die Lage des Lerners, der überhaupt nichts
von der Sprache versteht, aber beobachtet, daß der Frager ungefähr bei
den beiden Silben [daszalts] eine Zeigegeste auf das Salzfäßchen macht.
Die Chance, daß der Lerner dann die Silbe [zalts] mit dem Salz assoziiert,
ist wegen der höheren perzeptuellen Auffälligkeit größer als jene, daß die
Silbe [das] mit dem Salz verknüpft ist. Sicher ist dies natürlich nicht, aber
es ist eine wichtige Stütze für den Lerner. Dieser Umstand erklärt zum
Teil, weshalb Inhaltswörter öfter eher gelernt werden als Funktionswörter, obwohl letztere viel häufiger sind. Zweifellos ist dies nicht der einzige Grund; Inhaltswörter sind für die Kommunikation auch wichtiger
(man kann sich dies vor Augen führen, wenn man in einem Text einmal
alle Inhaltswörter und einmal alle Funktionswörter wegläßt; im ersten
Fall versteht man so gut wie nichts mehr, im letzten Fall noch eine ganze
Menge, wenn auch nicht alles). Aber der Lerner weiß ja zunächst gar
nicht, was Funktionswort, was Inhaltswort ist: Er hat nur die Silben. Wir
kommen auf dieses Problem in Abschnitt 5.3 zurück.
In den einzelnen Sprachen werden die verschiedenen prosodischen Eigenschaften unterschiedlich genutzt. Tonsprachen wie das Chinesische,
in denen Tonhöhenunterschiede innerhalb eines Wortes verschiedene Bedeutungen anzeigen, haben nicht mehr dieselbe Freiheit, die Tonhöhe
zur Hervorhebung zu verwenden wie etwa das Deutsche oder das Englische. Deshalb können Sprecher des Englischen beim Deutscherwerb solche prosodischen Hinweise zunächst einmal leichter nutzen als Chinesen.
Das heißt natürlich nicht, daß nicht auch Englischsprachige hier fehlge-

leitet werden können, denn ihre Intonation ist zwar ähnlicher, aber nicht gleich; noch besagt es, daß ein Chinese überhaupt nicht in der Lage ist, hervorgehobene Elemente im Deutschen von nicht hervorgehobenen zu unterscheiden.

D) Entsprechung zur Parallelinformation

Die einzelnen Wörter einer Äußerung lassen sich unterschiedlich gut mit Gegebenheiten des Kontexts in Zusammenhang bringen. Am leichtesten geht dies für Konkreta wie z. B. „Salz" in unserem Beispiel. Sehr schwierig ist es für die im Deutschen so häufigen Partikel („Du spinnst *wohl*? Was willst du *denn?*"). Dazwischen gibt es eine Reihe von Abstufungen. Tendenziell gilt, daß Inhaltswörter hier leichter zu analysieren sind als Funktionswörter; aber dies ist eine Vergröberung. Ein Funktionswort wie „auf (das Dach)" läßt sich gut durch eine Geste begleiten, ein Konkretum wie „Milz" hingegen nicht.

Vielleicht sollten wir hier, um Mißverständnisse zu vermeiden, noch einmal darauf hinweisen, daß das Analyseproblem nicht allein mithilfe der Parallelinformation gelöst werden kann. Selbst bei Wörtern mit ganz konkreten Bedeutungen muß der Lerner eine Reihe von Schlüssen auf der Basis seines bisherigen Wissens ziehen. Nehmen wir etwa den ganz extremen Fall, daß der Frager im Salzbeispiel direkt auf das Salzfäßchen zeigt und lediglich [zalts] sagt. Dann könnte diese Silbe alles mögliche bedeuten, beispielsweise „Fäßchen", „Glas", „Salz", „schön", „bitte", „bedienen Sie sich" usw. Das Wissen, das wir aus der Situationswahrnehmung ziehen, ist nur eine Komponente in der Bedeutungszuweisung, die manchmal sehr wichtig ist, in vielen Fällen aber überhaupt keine Rolle spielt.

Damit haben wir die wichtigsten strukturellen Eigenschaften der Eingabe kurz besprochen. Bei der Lösung des Analyseproblems spielen diese Eigenschaften und das jeweils verfügbare Wissen des Lerners zusammen. Unsere Vorstellungen darüber, wie dies genau geschieht, sind noch nicht allzu klar. Im folgenden betrachten wir drei Beispiele für z. T. fehlgehende Analysen der Eingabe. Die beiden ersten stammen aus dem „Heidelberger Forschungsprojekt ‚Pidgin-Deutsch' (HDP)", das sich mit dem ungesteuerten Deutscherwerb spanischer und italienischer Arbeiter befaßte (vgl. HDP 1977; Klein und Dittmar 1979); das letzte wurde der Untersuchung von Wong-Fillmore (1976) über den Englischerwerb spanischer Kinder entnommen.

5.3 Beispiel 1: Nachsprechtest beim Erwerb von Personalpronomina

Es ist sehr schwierig zu ermitteln, wie ein Lerner tatsächlich eine ihm gegebene zielsprachliche Äußerung auffaßt, weil man ja keine Kontrolle darüber hat, was in seinem Kopf vorgeht. Die meisten Untersuchungen stützen sich deshalb verständlicherweise auf die Produktion des Lerners; aber die läßt natürlich nur sehr indirekte und unsichere Schlüsse auf sein Verstehen zu.

Eine Möglichkeit, zumindest einen gewissen Aufschluß darüber zu gewinnen, was ein Lerner von einer zielsprachlichen Äußerung wahrgenommen und kurzzeitig behalten hat, sind Nachsprechtests. Dem Lerner wird ein Satz – im folgenden Beispiel jeweils ein deutscher Satz – langsam vorgesprochen, und er soll diesen Satz einfach nachsprechen. Man nimmt dabei an, daß die Wiederholung selbst keine allzugroßen zusätzlichen Produktionsprobleme darstellt, zumindest solange die Sätze nicht allzu kompliziert sind.

In dem erwähnten Projekt wurde die Sprachproduktion von je 24 spanischen und italienischen Arbeitern verschiedener Erwerbsstufen analysiert und mithilfe einer sogenannten Varietätengrammatik ausführlich beschrieben (vgl. dazu Klein und Dittmar 1979, part I). Darüber hinaus wurden verschiedene Wortklassen, unter anderem Personalpronomina und Modalverben, einzeln untersucht. Die Daten dazu stammen aus einer ersten Gesprächsserie mit allen 48 Arbeitern, darüber hinaus aus einer zweiten Gesprächsserie mit 18 spanischen Arbeitern zwei Jahre nach dem Erstgespräch. In diesem Zweitgespräch wurden die Informanten unter anderem gebeten, neun deutsche Sätze, die jeweils Personalpronomina enthielten, nachzusprechen. (Für Einzelheiten vgl. Klein und Rieck 1982.) Wir sind hier nicht an der Analyse der Personalpronomina selbst interessiert, sondern an den Ergebnissen des Nachsprechtests. Für einen der neun Sätze wird das Ergebnis aus Abb. 1 auf S. 84 deutlich. (Die Sätze hatten einen lockeren inhaltlichen Zusammenhang, aus dem hervorging, daß sich *ihn* auf einen Paß bezog. Mit SP-35 usw. sind die Informanten bezeichnet. Sie sind hier grob von oben nach unten nach zunehmender Beherrschung des Deutschen geordnet. Die Kenntnisse von SP-35 sind extrem beschränkt. SP-11 ist dem Heidelberger Dialekt bereits sehr nahe.)

Stellen wir einige augenfällige Beobachtungen zusammen:[5]

1. Sämtliche Sprecher reproduzieren jeweils das erste und das letzte Wort. Dies entspricht der Vorstellung, daß Anfang und Ende bevor-

Informant	"vielleicht	hat	sie	ihn	zu Hause	bei ihren Eltern	vergessen."
					reproduzierte Form		
SP-35	vielleicht				zu Hause		vergesse
SP-22	vielleicht (1)			el pasaporte (4)	Hausen (2)		vergesse (3)*
SP-25	vielleicht				deine Hause		vergesse
SP-21	vielleicht				en Hause		vergesse
SP-04	vielleicht			Pass	en Hause		vergesse
SP-12	vielleicht			seine Pass	nach Hause	seinen Eltern	vergesse
SP-18	vielleicht				von die Hause	/. . . ? . . ./	vergesse
SP-30	vielleicht				en zu Hause	von ihren Eltern	vergessen
SP-36	vielleicht				en zu Hause	bei ihren Eltern	vergessen
SP-08	vielleicht	hat	sie		in ihre Haus	bei ihren Eltern	vergessen
SP-15	vielleicht	hat	sie		ihren Haus	bein seine Eltern	vergessen
SP-06	vielleicht	haben	sie		in ihre Haus		vergessen
SP-24	vielleicht	hat	sie		zu Hausen	bei ihre Eltern	vergessen
SP-19	vielleicht	hat	sie		zu Hausen	bei ihre Eltern	vergessen
SP-29	vielleicht	hat	sie		zu Hause	bei ihre Eltern	vergessen
SP-11	vielleicht	hat	sie		zu Hause	bei ihren Eltern	vergessen

* Zahlen in Klammern: tatsächliche Reihenfolge.

Abb. 1: Nachsprechtext

zugte Angriffspunkte sind. Es beweist dies natürlich nicht, denn es
kann für die korrekte Reproduktion auch andere Gründe geben, aber
immerhin – es stützt die Idee, daß es solche ausgezeichneten Stellen
gibt.

2. Fast alle Sprecher reproduzieren „zu Hause" – allerdings in einigen
Varianten; insbesondere macht die Präposition *zu* offenbar Probleme.
Dies kann mit Stellungsprinzipien nicht erklärt werden. Intonatorisch
ist „Haus" zwar nicht stark hervorgehoben, aber zumindest stärker als
die unmittelbar umgebenden Silben: Zwischen „vielleicht" und „Eltern" ist es das am stärksten hervorgehobene Wort; allerdings ist es
nicht stärker markiert als „Eltern". Dafür, daß es trotzdem öfter erfaßt ist, kann es zumindest zwei Gründe geben:

(a) es ist das erste lexikalische Wort nach einer ganzen Reihe
schwachbetonter Silben „hat sie ihn zu". Dies macht es vielleicht
perzeptuell doch auffälliger als „Eltern".

(b) „Haus" zählt zu den am frühesten erworbenen Einheiten im
Spracherwerb ausländischer Arbeiter, vor allem im Zusammenhang mit der Opposition Heimat – Fremde. Es kann daher sein,
daß alle dieses Wort kennen, während „Eltern" zwar auch kein
ungewöhnliches, aber ein doch weniger vertrautes Wort ist.

3. Kein einziger Sprecher, nicht einmal SP-11, der relativ fließend
Deutsch spricht, reproduziert das Pronomen *ihn*. Das steht in bemer-
kenswertem Gegensatz zu dem Umstand, daß das Pronomen *sie* bereits vom mittleren Niveau an regelmäßig reproduziert wird. Dies ist
um so erstaunlicher, als in der Muttersprache der Sprecher die dem
Subjektpronomen *sie* entsprechende Form normalerweise ausgelassen
wird, wenn sie nicht besonders betont ist, während die dem Objekt-
pronomen *ihn* entsprechende Form stehen *muß*. Für diesen Befund
kann es wiederum mindestens zwei Erklärungen geben:

(a) Es kann sein, daß *ihn* an der perzeptuell am wenigsten auffälligen
Stelle steht: Es ist intonatorisch überhaupt nicht hervorgehoben,
und es ist vor den möglichen Ansatzpunkten von beiden Seiten
her weit entfernt.

(b) Pronomina im Nominativ sind in der Zielsprache wesentlich häufiger als solche im Akkusativ, und sie werden ganz allgemein früher gelernt (vgl. Klein und Rieck 1982 für Einzelheiten dazu). Es
kann daher sein, daß die Sprecher vom mittleren Niveau ab unabhängig von dieser speziellen Äußerung *sie* bereits gelernt haben,
ihn aber nicht.

Das Beispiel illustriert, wie uns scheint, in plastischer Weise das Wirken verschiedener Faktoren für die Analyse; aber es ist natürlich nur eine Illustration, kein Beweis, und es zeigt zugleich, wie wenig wir über das Zusammenwirken der einzelnen Faktoren wissen.

5.4 Beispiel 2: Übersetzungstest beim Erwerb von Modalverben

Eine weitere Möglichkeit, Aufschlüsse über die Analyse von Eingabe-Äußerungen zu gewinnen, sind mündliche Übersetzungen in die Muttersprache. Dabei wird dem Lerner ein – in diesem Falle deutscher – Satz langsam vorgesprochen, und er soll ihn dann spontan in seine Muttersprache übersetzen. Dieses Verfahren hat den Vorteil, mögliche Störfaktoren aufgrund von Produktionsproblemen weithin auszuschließen – wir nehmen an, daß die Lerner zumindest bei einfachen, alltäglichen Sätzen keine Probleme mit ihrer Muttersprache haben – es hat aber den Nachteil, daß eben manches richtig *geraten* sein kann. Immerhin ist dies ja gleichfalls aufschlußreich für die Art und Weise, wie der Lerner die Eingabe verarbeitet.

Die folgenden Daten stammen aus derselben Gesprächsserie. Diesmal wurde dem Lerner zunächst eine kurze und einfache Geschichte vorgespielt, die aus 29 deutschen Sätzen mit einer Anzahl von Modalverben[6] bestand. Die Sätze wurden dann einzeln wiederholt und sollten von den Lernern spontan ins Spanische übersetzt werden. Wir geben hier nur die Übersetzung von drei Sätzen durch vier der Lerner:

(7) . . ., ich kann nicht schlafen.[7]
     SP-22   esta noche no he dormido
              (= heute nacht habe ich nicht geschlafen)
     SP-25   dormir
              (schlafen)
     SP-21   que hoy no he dormido nada
              (daß ich heute kein bißchen geschlafen habe)
     SP-11   no puedo dormir
              (ich kann nicht schlafen)
(8) . . ., können wir im Juli nicht wegfahren
     SP-22   que en Julio no he trabajado
              (daß ich im Juli nicht gearbeitet habe)
     SP-25   en Julio
              (im Juli)
     SP-21   que en Julio no me voy de permiso con el coche
              (daß ich im Juli nicht mit dem Wagen in Urlaub gehe)

SP-11   no podemos en Julio marcharnos
         (wir können im Juli nicht fahren).

(9) ..., sonst können wir nächstes Jahr nicht nach Spanien zurückgehen.

SP-22   en esto año va mi hijo a España y no volvera más
         (heuer geht mein Sohn nach Spanien und wird nicht mehr zurückkommen)

SP-25   me voy a España y no vuelvo mas
         (ich gehe nach Spanien und komme nicht mehr zurück)

SP-35[8] el niño se lo llevan a España a Madrid
         (mein Kind bringen sie nach Spanien nach Madrid)

SP-11   porque de no ver asi, no podemos el año que viene ir a España
         (denn andernfalls werden wir im kommenden Jahr nicht nach Spanien zurückkehren können).

(10)Ja, ja, man kann nicht so, wie man will.

SP-22   que no he vuelto a ver a mi hijo
         (daß ich nicht zurückgekommen bin, um meinen Sohn zu sehen (= zu besuchen))

SP-25   si, si, si
         (ja, ja, ja)

SP-21   que mi hijo no le veo
         (daß ich meinen Sohn nicht sehe)

SP-11   si, si, las cosas no salen como uno quiere
         (ja, ja, die Dinge laufen nicht so, wie einer möchte).

Die ersten drei Lerner sind auf einem elementaren Niveau (SP-21 ist dabei geringfügig besser). SP-11 ist sehr fortgeschritten, und wir haben seine durchweg perfekten Übersetzungen hier nur angeführt, um deutlich zu machen, daß ein fortgeschrittener Lerner die gestellte Aufgabe durchaus lösen kann.

In unserem Zusammenhang sind die drei ersten Lerner besonders interessant. Wir gehen auf zwei bemerkenswerte Punkte ein:

1. Die Übersetzungen von SP-22 und SP-25 sind sehr verschieden, obwohl die Lerner zumindest in ihrer Produktion ungefähr auf dem gleichen Niveau stehen. SP-25 hat dem Augenschein nach sehr wenig verstanden. Er gibt vielfach nur einige isolierte Wörter auf Spanisch, und er versucht meist gar nicht, sie in einen klaren Sinnzusammenhang zu bringen. Wie (9) zeigt, gilt dies nicht immer; aber es ist typisch. SP-22 gibt demgegenüber sehr ausführliche Übersetzungen. Bloß: sie sind weitgehend falsch. Eine genauere Durchsicht dieser und anderer, hier nicht angeführter Beispiele zeigt, daß er anscheinend im großen und ganzen dasselbe von der zu übersetzenden deutschen Äußerung erfaßt hat wie SP-25; aber er macht sofort eine Geschichte daraus, und manchmal hat er Glück, manchmal liegt er mit

seiner freien Deutung völlig daneben. Er verhält sich zu SP-25 wie Sherlock Holmes zu Dr. Watson, nur daß er die wenigen feststehenden Daten nicht immer so genialisch sicher auslegt. Dies zeigt, daß die Lerner eine durchaus unterschiedliche Risikobereitschaft zu Schlußfolgerungen haben.

2. Merkwürdigerweise tauchen bei mehreren Sprechern (SP-21, SP-22, SP-25, SP-35) die Wörter *hijo* (Sohn) bzw. *niño* (Kind) auf, die in den deutschen Sätzen keinerlei Entsprechung haben; von Kindern oder Söhnen ist überhaupt hier nicht die Rede[9]. Da sich diese Übersetzung bei einer ganzen Anzahl von Sprechern findet, kann es sich kaum um einen zufälligen Einfall handeln, sondern sie muß wohl ein Gegenstück in den Ausgangssätzen haben. Dies ist bei (9) offenkundig die Silbe *sonst*, die – soweit wir dies beurteilen können – erst von sehr fortgeschrittenen Sprechern in der üblichen Bedeutung beherrscht wird. Hingegen ist *Sohn* ein relativ vertrautes Wort.[10] Für deutsche Ohren klingen *Sohn* und *sonst* relativ verschieden, aber das Spanische unterscheidet nicht zwischen kurzen und langen Vokalen, und Konsonantenverbindungen im Auslaut werden in der Regel vereinfacht; in den frühen Lernervarietäten sind Formen wie [xar] „Harz", [ma:] „Macht" oder [nap] „Schnaps" sehr verbreitet. (Vgl. hierzu Tropf 1983). In Beispiel (10) wird offenbar ganz entsprechend „so" als „Sohn" gedeutet. Dies zeigt, wie eine Silbe fälschlich als ein bekanntes Wort identifiziert werden kann und dadurch zu einer falschen Interpretation führt. Es zeigt weiterhin, wie die Eingabe zunächst auch phonologisch nach dem Schema der Erstsprache zurechtgemacht wird. Würde die Schallfolge so wahrgenommen, wie sie in der Tat ist, so könnte es kaum zu dieser Fehlanalyse kommen.

Dies sind keine Einzelfälle. In dem folgenden Beispiel deutet SP-35 offenbar *aber* als *Abend* und kommt daher zu einer etwas kurios anmutenden Übersetzung, bei der er sich auch nicht ganz sicher zu sein scheint.

(11) Aber ich will das Geld nicht verlieren
     por la noche, por la noche, la noche la ha perdido
     (nachts (spätabends), nachts, nachts hat er sie verloren).

Beide Beobachtungen zeigen, daß wir bei unseren Annahmen darüber, was der Lerner tatsächlich „hört" und was er daraus macht, sehr vorsichtig sein müssen.

5.5 Beispiel 3: Formelhafte, unanalysierte Ausdrücke

In einer Studie zum Englischerwerb von Japanern beschreibt Hakuta (1974), daß seine Landsleute oft relativ komplexe syntaktische Ausdrücke lernen, die sie aber offenbar als Einheit, gleichsam als ein Wort auffassen. Typische Beispiele dafür sind formelhafte Wendungen wie *How are you?*, *Nice to see you*, *What a day!* und ähnliche.

In einer der bedeutendsten Untersuchungen zum ungesteuerten Zweitspracherwerb von Kindern – Erstsprache war Spanisch, Zielsprache Englisch – stellte Wong-Fillmore (1976) fest, daß solche „formulaic expressions" keineswegs Ausnahmefälle sind, sondern in den frühen Lernervarietäten einen großen Teil des Ausdrucksrepertoires ausmachen. Es scheint, daß ihre Anwendung wesentlich zum kommunikativen Erfolg und damit zur sozialen Integration der Lerner beiträgt. Dies wiederum ist eine wichtige Voraussetzung dafür, daß der Zugang zur Zielsprache gesichert ist und sich die Lernervarietät weiterentwickeln kann. In unserem Zusammenhang sind daran zwei Punkte besonders interessant:

(a) Die produktive Verwendung von zielsprachlichen Einheiten kann durchaus einsetzen, bevor die Analyse für ebendiese Einheiten abgeschlossen ist, d. h. es ist nicht so, als müßte das Analyseproblem immer vor dem Syntheseproblem gelöst sein. Vielmehr kann auf eine erste, vorläufige Analyse eine Synthese folgen, und in einem späteren Stadium wird die Analyse verfeinert. Dies ist bei Ausdrücken wie den angeführten besonders naheliegend, weil sie eine semantische Einheit bilden und sich von daher eine Zerlegung nicht anbietet; sie sind aber syntaktisch sehr wohl zusammengesetzt.

(b) Der Druck, bestimmte Teile zielsprachlicher Äußerungen zu zerlegen, kann sehr unterschiedlich sein. Formelhafte Ausdrücke sind (i) relativ kurz, (ii) relativ häufig, (iii) semantisch relativ abgeschlossen, und (iv) sie treten oft isoliert auf. Sie lassen sich daher gut als Einheit identifizieren und auch gebrauchen; aber der Druck, sie weiter zu zerlegen, ist gering.

Mit dem ersten dieser beiden Punkte sind wir bereits kurz auf das Syntheseproblem und die Art und Weise, wie es mit dem Analyseproblem zusammenspielt, eingegangen. Diesem Syntheseproblem wenden wir uns gleich im einzelnen zu. Zuvor muß aber darauf hingewiesen werden, daß unsere bisherigen Überlegungen zum Analyseproblem natürlich nicht alle Aspekte dieses Problems berühren. Es ist beispielsweise nicht gesagt, daß der Lerner alle Einheiten, die er zunächst einmal mit Erfolg analysiert hat, auch für den Aufbau seiner Varietät behält. Je nach dem kommunikativen Wert, den er einem Ausdruck beimißt, mag er ihn behalten oder wieder vergessen, wobei sein Urteil in dieser Hinsicht wiederum von vielen Faktoren abhängen mag. Weiterhin ist natürlich wichtig, daß dem Lerner seine Aufgabe oft dadurch erleichtert wird, daß der muttersprachliche Sprecher sich in der Form seiner Äußerungen, in der Sprechgeschwindigkeit, in seiner Wortwahl u. a. anzupassen versucht (vgl. dazu Abschnitt 2.4 (1) und die dort gegebenen Hinweise auf den „foreigner talk").

6. Das Syntheseproblem

In das Analyseproblem gehen, wie wir gesehen haben, zwei große Komponenten ein: nämlich das jeweils verfügbare, sich ständig entwickelnde Wissen des Lerners auf der einen Seite und die jeweilige Eingabe, die es zu zerlegen gilt, auf der andern Seite. Beim Syntheseproblem hat zwar die erste, nicht aber die zweite dieser beiden Komponenten ein Gegenstück. Eine vergleichbare Rolle hat allenfalls die Mitteilungsabsicht des Sprechers; aber darüber haben wir zum einen gewöhnlich keine Kontrolle, und zum andern ist völlig unklar, wie die Mitteilungsabsicht die Strukturierung komplexer Äußerungen steuern kann. Großes Gewicht kommt hingegen dem verfügbaren Wissen zu, insbesondere dem, was der Lerner aufgrund vorgängiger Analyse bereits über die Zielsprache weiß (oder zu wissen glaubt): Bevor er zur Synthese schreitet, muß er zumindest einige elementare – genauer: für ihn elementare – Einheiten haben, die er überhaupt zusammensetzen kann. Dies besagt nicht, daß die Analyse abgeschlossen oder auch nur weit fortgeschritten sein muß, wenn die Synthese beginnt. Der Lerner bildet bereits eigene Äußerungen, wenn sein Repertoire noch äußerst klein und, gemessen an der Zielsprache, sehr unzulänglich ist, und seine frühen Syntheseversuche sind unabdinglich, um ihm weiteren, intensiveren Zugang zur Zielsprache zu geben und damit die Voraussetzung zur vertieften Analyse zu schaffen. Schließlich ist die Synthese, vor allem, wo sie fehlschlägt, für ihn auch eine Kontrolle für seine Analyse und ein Anlaß, sie gegebenenfalls zu revidieren.

Das Syntheseproblem stellt sich nicht nur für den Bereich der Syntax – mit Wörtern als zusammenzufügenden Einheiten – sondern auch für die Phonologie. Daß ein Lerner die Phoneme einer Zielsprache erkannt hat, besagt noch nicht, daß er die „Phonotaktik" dieser Sprache beherrscht, d. h. die Art, wie diese Phoneme zu Silben und Wörtern kombiniert werden können. Wir werden uns im folgenden aber auf die Syntax konzentrieren. (Zur Phonetik vgl. Tropf 1983, Kap. 9.)

Wie schon beim Analyseproblem können wir das Wissen, über das der Lerner zu einem gegebenen Zeitpunkt verfügt, in vier Arten einteilen: (1) allgemeines Sprachwissen, (2) Kenntnisse aus der Erstsprache, (3) Kenntnisse über die Zweitsprache, (4) nichtsprachliches Wissen. Da wir in 5.1 diese Wissensformen jeweils bereits für sich behandelt haben, werden wir hier das Gewicht etwas stärker auf ihr Zusammenwirken legen. Dazu betrachten wir zunächst, wie sie in die Entwicklung der elementaren Syntax eingehen, bei der die Kenntnisse der Zweitsprachsyntax sich nur in Ansätzen geltend machen. Dann gehen wir darauf ein, wie die Gesetz-

lichkeiten der elementaren Lernervarietäten allmählich durch jene der
Zielvarietät überlagert werden.

6.1 Syntax elementarer Lernervarietäten[1]

Die Syntax voll ausgebildeter Sprachen bedient sich im allgemeinen der
folgenden vier Ausdrucksmittel:

— Abfolge der einzelnen Elemente (Wortstellung)
— Einteilung von Wörtern in Wortklassen
— Flexion und analoge Ausdrucksmittel (z. B. spezielle Partikel)
— Intonation.

Ohne diese Mittel kann man beispielsweise die Regeln, nach denen deutsche Sätze aufgebaut sind, nicht formulieren[2]. Daß prinzipiell diese vier
Ausdrucksmittel benutzbar sind, zählt zum verfügbaren Wissen des Lerners[3]. Dieses allgemeine Wissen gibt ihm natürlich noch nicht die konkreten Regeln, nach denen diese Ausdrucksmittel in der jeweiligen Zielsprache genutzt werden. Aber er kann sich dieses allgemeinen Wissens
bedienen, um die Entwicklung seiner elementaren Syntax voranzutreiben.

   In den frühen Erwerbsstadien – in den „elementaren Lernervarietäten"
– sind Flexion sowie Partikel mit einer ähnlichen Funktion (z. B. zur
Markierung von Kasus oder Numerus) gewöhnlich nicht vorhanden. Etwas anders ausgedrückt: Die Analyse der Eingabe liefert zunächst „Wörter" mit lexikalischem oder funktionalem Gehalt, und zwar in unverän-
derlicher Form[4], gleichsam „Wortkerne"; wir wollen dafür den Ausdruck *Morph* (Gestaltelement) benutzen. Diese Morphe lassen sich nicht
so ohne weiteres bestimmten Wortklassen zuweisen. So kann ein Morph
wie [doɪla] in der Varietät eines spanischen Arbeitnehmers *deutsch* wie
Deutschland oder *Deutscher* bezeichnen. Die Form ['abaɪ] – vgl. Anm. 4
– kann für *Arbeit*, *Arbeiter*, (ich) *arbeite* oder *arbeiten* (Infinitiv) stehen.
Die Analyse der Eingabe ist zunächst nicht fein genug, die in der Zielsprache übliche Flexion und die in der Zielsprache übliche Wortklasseneinteilung mitzuliefern. Dies geschieht erst im Verlauf der weiteren
Auseinandersetzung mit der Eingabe, unter anderem aufgrund der ersten
eigenen Syntheseversuche. Damit ist nicht ausgeschlossen, daß die Lernervarietät bereits eine eigene Einteilung der Morphe in Funktionsklas-
sen hat, vor allem in Morphe mit eher lexematischer Bedeutung und solche mit eher
funktionaler Bedeutung (etwa „Arbei" im Vergleich zu „nich"). Aber es
ist noch nicht das System der Zielsprache.

Fassen wir kurz zusammen: **Zu Beginn der Synthese verfügt der Lerner über ein schmales Repertoire an elementaren Einheiten – Morphen –, die**

— **nicht grammatisch variiert werden**
— **sich nicht ohne weiteres bestimmten Wortklassen der Zielsprache zuweisen lassen**
— **eher lexikalische oder eher grammatische Bedeutung haben (wobei erstere überwiegen).**

Zum Repertoire elementarer Einheiten können, wie wir in 5.5 gesehen haben, auch ganze Wendungen der Zielvarietät gehören. Sie sind aber für Probleme der Synthese nicht besonders interessant; der Lerner benutzt sie einfach als Ganzes; deshalb lassen wir sie hier außer acht. Ebenso gehen wir nicht besonders auf Fehlanalysen ein, etwa daß der Lerner eine (für ihn) elementare Form wie „hasde" (aus „hast du") aus der Eingabe abgeleitet hat und diese dann als selbständiges Morph verwendet.

Wenn man also bestimmte Morphe der elementaren Lernervarietät als Nomen (N), Verb (V), Adjektiv (A) usw. kennzeichnet, so ist dies nur dadurch berechtigt, daß diesen Morphen in der Zielsprache Wörter entsprechen, die ebensolchen Wortklassen angehören, aus denen sie sich herleiten und denen sie sich im weiteren Verlauf des Spracherwerbs annähern. Wir können also lediglich sagen, daß ein Morph wie *Arbei* ein Nomen *per analogiam* ist. Für Vergleichszwecke ist das durchaus sinnvoll und oft auch ganz unproblematisch – beispielsweise für Eigennamen – aber es geht an den Eigenschaften der Lernervarietät vorbei. Wir werden, um dies klarzumachen, gelegentlich sagen, daß ein bestimmtes Morph der Wortklasse N', V', A' usw. angehört, d. h. daß das Gegenstück dieses Morphs in der Zielsprache ein N, ein V, ein A usw. ist.

Aus dem Gesagten ergibt sich, daß dem Lerner zu Beginn seiner Synthese von den vier oben genannten Ausdrucksmitteln nur zwei zur Verfügung stehen – mit Andeutungen eines dritten: die Anordnung der Wörter und die Intonation sowie Ansätze zu Wortklassen. Wie nutzt er diese Mittel? Er gestaltet seine Äußerungen weniger nach „grammatischen" Regeln (im Sinne einer einzelsprachlichen Syntax) als vielmehr nach „funktionalen" oder „pragmatischen" Prinzipien. Solche Prinzipien sind beispielsweise die folgenden[5]:

(12) 1. **Stelle Elemente, die gegebene Information ausdrücken, vor solche, die neue Information ausdrücken („Prinzip der zunehmenden kommunikativen Dynamik", vgl. Sgall et al. 1973).**
    2. **Stelle Elemente, über die etwas gesagt wird, vor solche, die über jene etwas aussagen („Prinzip der Thema-Rhema-Gliederung").**

3. Stelle Elemente, die ihrer Bedeutung nach zusammengehören, möglichst nahe zusammen („Prinzip der semantischen Konnektivität").
4. Stelle Elemente mit stärker funktionaler Bedeutung einheitlich vor (oder einheitlich hinter[6]) ihnen entsprechende Elemente mit stärker lexikalischer Bedeutung („Prinzip der einheitlichen Serialisierung"[7]).
5. Stelle orientierende Elemente (Ortsangaben, Zeitangaben, Modalangaben) an den Anfang der Äußerung („Prinzip der Orientierung").
6. Berichte Ereignisse in ihrer tatsächlichen zeitlichen Reihenfolge („Prinzip der natürlichen Abfolge", vgl. Klein 1979 sowie Abschnitt 7.2).
7. Markiere die Satzmodalität (Frage, Behauptung, Aufforderung) durch die Intonation („Prinzip der intonatorischen Kennzeichnung der Satzmodalität).
8. Hebe rhematische Information durch die Intonation hervor („Prinzip der intonatorischen Rhema-Kennzeichnung").

Diese Prinzipien sind – zumindest in der legeren Form, in der wir sie hier formuliert haben – keine starren Regeln, sondern Maximen, denen der Lerner beim Aufbau seiner ersten zusammengesetzten Äußerungen folgt. Viele davon betreffen die „Informationsstruktur" der Äußerung (so 1., 2., 5., 8.). Wir haben hier mit Absicht die beiden Dichotomien „alte-neue Information" und „Thema-Rhema" auseinandergehalten, obwohl beides oft Hand in Hand geht; das muß aber nicht so sein.[8] Manche dieser Prinzipien können auch in einen Widerstreit geraten, und es ist eine empirische Frage, wie der Lerner dann verfährt. Insgesamt jedoch legen Prinzipien wie die acht hier angeführten den Aufbau von Äußerungen in elementaren Lernervarietäten fest. Wir haben dabei nicht berücksichtigt, daß sich diese Äußerungen auch sehr stark an die jeweilige Kontextinformation anpassen. Dies äußert sich beispielsweise darin, daß bestimmte Elemente, weil aus dem Kontext erschließbar, überhaupt weggelassen werden. Wir kommen auf dieses „Einbettungsproblem" in Kapitel 7 zurück.

Bevor wir die Wirkung solcher pragmatischer Prinzipien an einem konkreten Fall betrachten, gehen wir noch auf eine alternative Formulierung ein. Sie stammt von dem amerikanischen Linguisten T. Givón (1979, 1982) und soll nicht nur für Lernervarietäten im Zweitspracherwerb, sondern auch beispielsweise für Pidgins gelten. Er nimmt an, daß der Aufbau aller sprachlichen Äußerungen – also auch solche voll ausgebildeter Sprachen – von zwei „Modi" bestimmt wird, die er als „pragmatic mode" und als „syntactic mode" bezeichnet. Sie befinden sich in einer gewissen Balance, die für einzelne Sprachen unterschiedlich geregelt ist, aber auch nach Sprechsituation schwanken kann. In spontan gesprochener Sprache ist z. B. der pragmatische Modus stärker bestimmend als in sorgfältig geplanter schriftlicher Sprache, in der der syntaktische Modus

vorherrscht. Manche rudimentären Sprachen – eben elementare Lernervarietäten oder Pidgins – haben den letzteren Modus nicht oder nur in
Ansätzen; deshalb wird der Aufbau der Äußerungen dort nahezu ausschließlich vom pragmatischen Modus bestimmt. Givón gibt folgende typische Merkmale für die beiden Modi an (Givón 1979, S. 98; hier zitiert
nach der Übersetzung in Dittmar 1982, S. 19):

Pragmatische Ausdrucksweise	syntaktische Ausdrucksweise
(a) Thema-Rhema-Struktur	Subjekt-Prädikat-Struktur
(b) geringe (grammatische) Verknüpfung (,Parataxe')	,strenge' Subordination
(c) Langsames Sprechertempo (mit verschiedenen Intonationskonturen)	rasches Sprechtempo (eine einzige Intonationskontur)
(d) Wortstellung wird überwiegend durch ein PRAGMATISCHES Prinzip gesteuert: alte Information kommt zuerst, neue Information folgt.	Wortstellung markiert SEMANTISCHE Funktionen von Fällen (sie kann auch pragmatische Relationen der Topikalisierung ausdrücken)
(e) grob gesehen 1:1 Verhältnis von Verben zu Nomina im Diskurs (semantisch einfache Verben)	mehr Nomina als Verben im Diskurs (semantisch komplexe Verben)
(f) keine grammatische Morphologie	ausgebaute grammatische Morphologie
(g) auffällige Akzentuierung der Intonation markiert den auf der neuen Information liegenden Fokus: Die Intonation des Themas ist weniger auffällig	sehr ähnlich, jedoch weniger funktional ins Gewicht fallend: in einigen Sprachen überhaupt nicht vorhanden

Wie man sieht, decken sich die von Givón angegebenen Merkmale zum
Teil mit unseren acht Prinzipien. Es gibt aber auch eine Reihe von Unter-
schieden. So nimmt Givón in der Tat von Anfang an die Existenz von
Wortklassen wie N, V usw. an. Beim Stand der Forschung ist es müßig,
die Richtigkeit der beiden Formulierungen gegeneinander abzuwägen.
Darüber können nur weitere empirische Untersuchungen entscheiden.

Sehen wir uns nun einige Beispiele aus einer tatsächlichen Lernervarietät an.[9] Sie wird von einem spanischen Arbeiter gesprochen, der zum
Zeitpunkt der Datenerhebung etwa fünf Jahre in der Nähe von Heidelberg gelebt hat. Was er gelernt hat, entstammt ausschließlich seinen (sehr
eingeschränkten) Sozialkontakten am Arbeitsplatz und in der Freizeit so-

wie möglicherweise Rundfunk und Fernsehen. Seine Lernervarietät ist
sehr elementar. Etwa die Hälfte seiner Äußerungen hat kein V' – d. h.
keine Form, die einem (finiten) Verb in der Zielvarietät entspräche[10]. Er
benutzt keine Kopula, er verwendet nie ein Hilfsverb oder ein Modalverb
gemeinsam mit einem infiniten Verb. Sein aktiver Wortschatz besteht
größtenteils aus Substantiven; Funktionswörter kommen kaum vor. Er
hat keinerlei Flexionsmorphologie.

Mit diesen Mitteln läßt sich allem Anschein nach nicht allzuviel machen. Dennoch ist SP-22 (das ist dieser Sprecher) ein recht geschickter
Erzähler, und er versteht es durchaus, komplexe Ausdrücke zu bauen. Sie
sehen beispielsweise folgendermaßen aus:[11]

(13) ich kind – nicht viel moneda Spanien.
(14) ich nicht komme Deutschland – Spanien immer Bauer arbeite
     (d. h. bevor ich nach Deutschland kam, habe ich in Spanien als Landarbeiter
     gearbeitet)
(15) arbeite andre Firma – obrero eventual
     (d. h. wer für andre arbeitet, ist „Gelegenheitsarbeiter")
(16) autonomo – nicht viel Geld
     (als „Selbständiger" verdient man nicht viel)

All diese Äußerungen haben zwei Teile, die durch eine kurze Pause –
hier angedeutet durch einen Gedankenstrich – getrennt sind. Sie sind
intonatorisch verschieden: Der erste Teil endet mit hohem Ton, der
zweite hingegen hat einen Fall. Im ersten Teil wird jeweils etwas eingeführt – als Thema, über das gesprochen wird, oder als Hintergrund, in
den das folgende eingeordnet wird. Dieser Teil entspricht in vielem dem,
was in der Literatur als „Thema", „Topik", „Präsupposition" (im Sinne
Chomskys) oder als „Hintergrundinformation" bezeichnet wird. Wir
nennen diesen Teil hier möglichst neutral *Setzung*. Im zweiten Teil wird
dann etwas über das damit Gesetzte ausgeführt oder etwas in den damit
gegebenen Rahmen eingeordnet. Wir bezeichnen diesen Teil hier – man-
gels eines besseren Ausdrucks – als Fokus. Er entspricht in vielem dem,
was in der Literatur als „Rhema", „Kommentar", „Vordergrundinforma-
tion" oder eben „Fokus" genannt wird. Der allgemeine Aufbau komplexerer Äußerungen in dieser Lernervarietät folgt also dem Schema

(17) Setzung – Pause – Fokus

Dieses Schema resultiert weithin aus der Anwendung der obigen Prinzipien (12) 1., 2. und 5. Es ist zu beachten, daß beide Komponenten für
sich genommen in ihrer Funktion eine gewisse Breite haben. So kann,
wie schon gesagt, die Setzung das Thema angeben, über das geredet wird,
aber auch einfach das folgende nach Ort und Zeit einordnen. Weiterhin

können beide Teile in sich noch einmal zusammengesetzt sein, wie die Beispiele illustrieren.

Das in (17) angegebene Schema kann nun in vier Weisen abgewandelt werden:

(18)(a) Die Setzung kann fehlen. Dies ist vor allem dann der Fall, wenn das Thema bzw. die Orientierung in Raum und Zeit von der vorhergehenden Äußerung beibehalten wird – gleich ob es sich bei dieser vorhergehenden Äußerung um eine Frage, die beantwortet wird, oder um eine Äußerung des Sprechers selbst handelt.

   (b) Die Setzung wird „gereiht", d. h. mehrere Teilsetzungen bauen eine Gesamtsetzung auf.

   (c) Das ganze Schema wird „gereiht".

   (d) Das ganze Schema wird modalisiert.

Der erste Fall ist relativ trivial, und wir verzichten hier auf Beispiele. Um die andern zu erläutern, betrachten wir einige Beispiele:

(19) sechsundzwanzig – Kind komme; sechsunddreißig – zehn Jahre.
   (d. h. „ich wurde 1926 geboren; 1936 war ich zehn Jahre alt")

Hier wird das ganze Schema gereiht; dabei sind die beiden Setzungen und die beiden Rahmen jeweils gegeneinandergestellt: 1926 gegenüber 1936, geboren werden gegenüber zehn Jahre alt sein. Diese Technik der *kontrastiven Reihung* ist eines der wichtigsten Mittel zur Bildung komplexer Texte. Sie liegt auch dem folgenden, komplizierteren Beispiel zugrunde:

(20) heute – vier Schule neu meine Dorf; ich kleine Kind – eine Schule vielleicht hundert Kind; heute vielleicht ein Chef o Meister – zwanzig oder fünfundzwanzig Kind; ich Kind – vielleicht hundert Kind.
   („heute gibt es in meinem Dorf vier neue Schulen; als ich klein war, gab es eine Schule mit etwa hundert Kindern; heute kommen auf einen Lehrer wohl zwanzig bis fünfundzwanzig Kinder; als ich ein Kind war, waren es hundert).

Hier werden zunächst zwei Setzungen einfacher Art kontrastiert: *heute – damals*, und zu jeder wird ein Fokus gegeben. Dazu werden beide Setzungen etwas entfaltet: *heute + pro Lehrer – damals (pro Lehrer)*. Die kontrastierenden Zeitangaben werden beibehalten, aber der ergänzende, gleichbleibende Teil wird nicht wiederholt. Etwas schematisiert ist der Aufbau:

(20') *Setzungen*   *Foci*
   heute   vier Schulen . . .
   damals   eine Schule . . .
   heute + pro Lehrer   zwanzig Kinder
   damals (+ pro Lehrer)   hundert Kinder

Die einzelnen Komponenten können wiederum in sich strukturiert sein, was sich am Ausbau der dritten Setzung im Vergleich zur ersten schön zeigt. Sehen wir uns dazu ein etwas komplizierteres Beispiel an, in dem zusätzlich das zweite Gesamtschema modalisiert ist:

(21) dieses Jahr Winter gut, nicht kalt, nicht Schnee, verstehst (du)[12] – immer fort, Zement fort. Vielleicht Schnee, vielleicht kalt – Zement nicht fort, keine Arbeit. („Da der Winter in diesem Jahr gut war, nicht kalt und ohne Schnee, haben wir ständig Zement verkauft. Wenn es schneit und kalt ist, verkaufen wir keinen Zement und haben keine Arbeit". – Der Sprecher arbeitet in einem Zementwerk).

Hier besteht die erste Setzung aus drei gereihten einzelnen Setzungen, denen eine Zeitangabe vorangestellt ist: *dieses Jahr + Winter gut + nicht kalt + nicht Schnee.* Dies ist aber nicht einfach eine Serie von Aussagen (etwa: „in diesem Jahr war der Winter gut. In diesem Jahr war es nicht kalt, und es gab keinen Schnee."), sondern der ganze Teil dient als erste Komponente für die anschließende Aussage, auf die es eigentlich ankommt: Das Gesprächsthema ist die Arbeitslosigkeit vieler seiner Kollegen und die Möglichkeit, daß auch er – der Sprecher – seine Stelle im Zementwerk verliert. Im zweiten Schema wird der ersten Gesamtaussage eine hypothetische Situation gegenübergestellt. Die Partikel *vielleicht* zu Beginn einer Äußerung bedeutet häufig „angenommen, daß ..."; sie kennzeichnet das folgende als hypothetisch oder – was formal nicht zu entscheiden ist – als irreal. Die zweite Äußerung könnte auch bedeuten: „Wenn es geschneit hätte und kalt gewesen wäre, hätten wir keinen Zement verkauft und keine Arbeit gehabt." In beiden Fällen sind auch die Foci gereiht; ihr interner Aufbau ist jedoch einfach.

Betrachten wir nun abschließend noch ein Beispiel, in dem die einzelnen Komponenten in sich wesentlich komplizierter aufgebaut sind:

(22) ich meine Vater kaputt vier Jahre – meine Oma komme; meine Mutter wieder komme heirate – ich zurück Mama. („vier Jahre nach dem Tod meines Vaters kam ich zu meiner Oma[13]; als meine Mutter wieder heiratete, kam ich zurück zu ihr").

Die einzelnen Teile, insbesondere die erste Setzung, sind so kompliziert, daß unsere bisherigen Überlegungen zur Synthese nicht hinreichen, um ihren Aufbau zu erhellen. Das kann erst durch weitere Untersuchungen geschehen. Wir wollen zum Abschluß drei damit zusammenhängende Probleme erörtern.

1. Es könnte sein – und auf den ersten Blick hat man zweifellos diesen Eindruck – daß die einzelnen Teile einfach völlig regellos nebeneinan-

dergereiht seien. Das ist aber aus zumindest drei Gründen unbefriedigend. Erstens ist „regellos" oder „chaotisch" nur ein schlechter deskriptiver Ausdruck dafür, daß wir die Regeln nicht wissen oder daß ihre Anwendung im Einzelfall zu einem Ergebnis geführt hat, das ihr Wirken nicht mehr erkennen läßt. Zweitens würde man die Aufgabe, das Syntheseproblem für den Spracherwerbsprozeß zu beschreiben, damit nur etwas hinausschieben: Die „eigentliche" Synthese beginnt etwas später. Und drittens zeigen selbst diese Beispiele gewisse Regelhaftigkeiten. So wäre nach unseren Beobachtungen eine Folge wie *zurück Mama ich* oder *wieder heirate meine Mutter komme* unmöglich.

2. Wenn man diese Regelhaftigkeiten beschreiben will, dann bietet sich der Gedanke an, daß sich bei der Entfaltung komplexerer Strukturen zunächst einfach die Zweigliederung in Setzung und Fokus wiederholt – nur eben nicht parallel, sondern vertikal: Neben die Reihung tritt die Einbettung. Für den zweiten der beiden „Sätze" in (22) könnte dies etwa so aussehen:

(23)

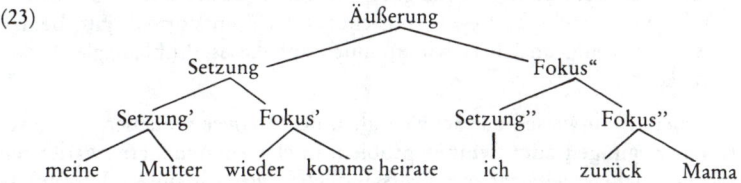

Strukturen dieser Art sind dann die Ausgangsbasis zur eigentlichen Syntax mit Wortklassenbildung, Subjekt-Prädikat-Struktur usw. Aber dieser Gedanke führt auch auf viele Probleme. So ist die intonatorische Gliederung viel weniger klar; es gibt keine so deutliche Pause; und bei vielen Sätzen läßt sich eine Analyse wie die obige nicht so ohne weiteres durchführen. Beim ersten „Satz" von (22) kann man z. B. annehmen, daß im zweiten Teil „meine Oma komme" die Zweigliederung in Setzung" und Fokus" zwar vorhanden ist, aber die Setzung" ist weggelassen, da sie gleichbleibt; gemeint ist *ich – meine Oma komme*. Für den ersten Teil ist dies nicht möglich; er besteht aus *ich* und einer komplizierten Zeitreferenz *meine Vater kaputt vier Jahre*. Die Gesamtsetzung besteht aus zwei Teilsetzungen, nämlich dem „Thema", über das gesprochen werden soll, und einer zeitlichen Einordnung, die man aber (nach dem Prinzip der „Orientierung" weiter oben) eher am Anfang erwarten sollte. Wir können diese Probleme hier nur umreißen, aber nicht lösen.

3. Beispiel (22) illustriert gut, wie schwierig es ist, die ersten Schritte in

der Synthese zu erfassen. Für's Deutsche ist beispielsweise die Stellung des finiten Verbs (Erst-, Zweit- oder Letztstellung) eines der wichtigsten Merkmale der Syntax. In den vier größeren Komponenten von (22) ist sie nur sehr schwer, wahrscheinlich überhaupt nicht zu ermitteln. Die erste Setzung (*ich meine Vater* ...) und der zweite Fokus (*ich meine Mama*) enthalten überhaupt nichts, was einem finiten Verb entspräche. In den beiden andern Komponenten kann man jeweils *komme* als Analogon eines finiten Verbs deuten. Aber seine Stellung (im Sinne der Grundwortstellung) ist schwer dingfest zu machen. Im ersten Fall steht es am Ende ((*zu*) *meine(r) Oma komme*) – es sei denn, man nimmt an, das fehlende thematische Subjekt *ich* müßte, wenn es stünde, am Ende stehen. Aber eine solche Position von *ich* ist in diesen elementaren Lernervarietäten, soweit wir dies beurteilen können, praktisch ausgeschlossen. Demnach *scheint* eine Art Nebensatzreihenfolge vorzuliegen. Im zweiten Fall *meine Mutter wieder komme heirate* scheint *komme* gleichfalls in Endposition zu stehen. Aber dies läßt sich nur einigermaßen sicher sagen, wenn (a) *wieder* in dieser Lernervarietät als Satzglied zählt und (b) in dieser Varietät bereits die „Drachsche Regel" (nur ein Satzglied im Vorfeld) gilt. Beides ist aber völlig unsicher; wir kommen auf dieses Problem gleich zurück.

Mit diesen Hinweisen zur Schwierigkeit der Analyse schließen wir unsere Überlegungen zum Syntheseproblem in elementaren Lernervarietäten ab. Sie machen vielleicht etwas verständlicher, weshalb unsere Kenntnisse auf diesem Gebiet noch so bescheiden sind. Im nächsten Abschnitt gehen wir an zwei Beispielen – der Entwicklung des Finitums und der Entwicklung der Negation – darauf ein, wie diese stark von „pragmatischen" Aufbauprinzipien bestimmte Sprachform allmählich eine syntaktische Struktur im Sinne der Zielvarietät entwickelt.

6.2 Weitere Schritte in der Synthese

Im letzten Abschnitt haben wir einige Überlegungen dazu angestellt, wie der Lerner seine Äußerungen organisieren kann, wenn seine Analyse der Eingabe ihm erst einige wenige elementare Einheiten geliefert hat, die sich noch nicht eindeutig Wortklassen der Zielsprache zuordnen lassen und nicht flektiert werden. Wir haben angenommen, daß er sich dabei auf gewisse „pragmatische" Prinzipien stützt, die unabhängig von der Syntax einer Einzelsprache sind. Die Syntax der Zielsprache kann er nicht anwenden, da er sie ja eben erst lernen muß.[14] Die Syntax seiner eigenen Sprache kann er gleichfalls nicht anwenden, weil ihm dazu die Ausdrucksmöglichkeiten noch fehlen. Selbst wenn er z. B. weiß, daß in seiner eigenen Sprache das finite Verb am Ende steht, nützt ihm dies wenig, solange er nicht die Kategorie des finiten Verbs in der Zielsprache ausdrücken kann. (Wir kommen speziell auf dieses Problem gleich zurück.)

Was er recht bald zur Verfügung hat, ist eine relativ grobe Untergliederung seiner Einheiten nach ihrem semantischen Gehalt – beispielsweise in Einheiten mit eher funktionaler Bedeutung und solche mit lexematischer Bedeutung. Eine solche Untergliederung in Funktionswörter und Inhaltswörter ist ein Ausgangspunkt für die Entwicklung eines Wortartensystems, wie es in fortgeschrittenen Lernervarietäten und natürlich in der Zielvarietät vorhanden ist. Aber dieses Wortartensystem kann natürlich nicht aufgrund rein semantischer Kriterien ausgebildet werden. Syntaktische Verwendungsmöglichkeiten und Morphologie – die beiden andern Charakteristika, die eine Wortklasse kennzeichnen – müssen erst entwickelt werden – eben dadurch, daß der Lerner selbst Äußerungen bildet und seine eigene Produktion ständig mit der seiner Lernumgebung vergleicht und sie jener allmählich anpaßt.

Im folgenden wollen wir an zwei Beispielen umreißen, wie dies geschieht und welchen Problemen er sich dabei konfrontiert sieht. Das erste Beispiel ist die Entwicklung des Finitums, dem in der Syntax des Deutschen (und vieler anderer Sprachen) eine Schlüsselstellung zukommt. Dazu gibt es bis jetzt kaum empirische Untersuchungen. Wir benutzen dieses Beispiel vor allem, um die grundsätzlichen Probleme zu illustrieren. Das zweite Beispiel ist die Entwicklung der Negation. Hierzu gibt es sehr viele und sehr sorgfältige Untersuchungen. Wir benutzen dieses Beispiel vorzüglich, um die Probleme vor Augen zu führen, die sich aus der Abhängigkeit in der Entwicklung einzelner struktureller Merkmale von der anderer Merkmale ergeben.

6.2.1 Der Erwerb des Finitums

Im Deutschen kommt dem Finitum[15] eine zentrale Rolle für den Aufbau des Satzes zu. Nicht nur, daß seine Stellung – z. T. im Verein mit andern Merkmalen – über die „Satzart" entscheidet (im Nebensatz steht es am Ende, im Imperativsatz und im Entscheidungsfragesatz am Anfang, in Aussagesätzen in Zweitstellung): Auch die Stellung vieler weiterer Elemente, beispielsweise der Negation, hängt eng mit der des Finitums zusammen. Der Lerner muß diese Gesetzlichkeiten erkennen und in seiner

eigenen Produktion anzuwenden lernen. Dazu hilft ihm zunächst sehr
wenig, daß er die entsprechenden Gesetzlichkeiten seiner Erstsprache beherrscht. Nehmen wir etwa an, seine Erstsprache sei Baskisch – dort
steht das Finitum gewöhnlich am Ende –, Zielsprache sei Deutsch. Solange er nun in seiner Analyse der deutschen Eingabe nicht so weit gediehen
ist, daß er wüßte, was im Deutschen das Finitum ist, nutzt ihm sein
Erstsprachwissen wenig: Er ist zu einem – in diesem Falle falschen –
Transfer gar nicht in der Lage, weil er gar nicht weiß, was er (fälschlich)
ans Ende stellen soll. Immerhin sagt ihm sein Erstsprachwissen, daß er
überhaupt nach einem Finitum suchen soll – dies unterscheidet ihn von
einem Erstsprachlerner – und es legt ihm nahe, wo er danach Ausschau
zu halten hat: nämlich am Ende.

Nun ist es alles andere als einfach, das Finitum in dem Schallstrom, der
gemeinsam mit der Parallelinformation als Eingabe dient, dingfest zu machen. Das hat seinen Grund vor allem darin, daß das Finitum eng mit
dem Verb zusammenhängt, aber nicht das Verb *ist*. In einer Verbform
wie „hat gearbeitet" sind diese beiden Komponenten auseinandergenom-
men, und ihre beiden Träger – das Finitum selbst, hier in der Form eines
Hilfsverbs, und das Partizip – haben verschiedene Stellung. Es ist deshalb
etwas irreführend, wenn man von Erststellung, Zweitstellung, Letztstellung des *Verbs* spricht. Worauf es ankommt, ist die Stellung des Finitums. Wozu der Lerner aber mutmaßlich viel eher Zugang hat, ist die
eigentliche Verbbedeutung bzw. deren Träger, denn sie ist vergleichsweise konkret und auch relativ fest mit einem bestimmten Ausdruck (im
Beispiel den Silben „arbeit") verknüpft. Die Bedeutung des Finitums hingegen ist viel abstrakter, und es kann mit sehr unterschiedlichen Elemen-
ten im Satz verknüpft sein. Betrachten wir dazu etwa die folgenden sechs
Äußerungen, die wir – um das Problem zumindest andeutungsweise aus
der Perspektive des Lerners zu zeigen – in Lautschrift angeben (Striche
markieren, wie schon in Kapitel 4.2, ungefähre Silbengrenzen, nicht etwa
Akzente). Denn was der Lerner hat, sind solche Lautfolgen im Verein
mit einer gewissen Parallelinformation, und daraus muß er nun das Finitum herausdestillieren:

(24)'e:r'a:s'ain'bro:t'
(25)'e:r'hat'ain'bro:t'gə'gɛ'sən'
(26)'e:r'mus'ain'bro:t'gə´gɛˊsən'ha:bən'
(27)'e:r'a:s'ain'bro:t'auf'
(28)'e:r'ha:t'ain'bro:t'aufgə'gɛ'sən'
(29)'vail'e:r'ain'bro:t'auf'as'

Die eigentliche Verbbedeutung ist in allen Fällen gleich – „essen". Die
Ausdrücke, die sie tragen, variieren zwar etwas, insbesondere aufgrund

der starken Flexion; aber insgesamt sind sie doch relativ stabil, und da die entsprechenden Schallfolgen auch eine gute Stütze in der Parallelinformation haben, kann der Lerner vergleichsweise leicht ein Morph wie *esse* aus der Eingabe herausanalysieren und als eine Art „Verb" verwenden. Damit hat er aber natürlich nicht das Finitum. In den obigen sechs Fällen ist die allgemeine Verbbedeutung auf sehr unterschiedliche Weise mit dem Finitum verknüpft. Im ersten ist das Finitum mit der Verbbedeutung zu [a:s] verschmolzen; beide Komponenten stehen in Zweitstellung. Im zweiten sind hingegen beide Komponenten getrennt, und der Träger der Verbbedeutung steht am Ende; Finitum ist ein Hilfsverb. Im dritten Fall hängt die Finitheit an einem Modalverb, das aber zugleich für sich noch eine eigene Modalbedeutung hat („nach allem, was wir wissen, ist es so, daß . . ."); der Träger der eigentlichen Verbbedeutung ist an vorletzte Stelle gerückt. Im vierten Fall sind Finitum und *ein Teil* der Verbbedeutung („aufessen") in einem Träger [a:s] verschmolzen, der Rest der Verbbedeutung wird durch *auf* ausgedrückt und steht am Ende. Im fünften steht dieser Teil wieder an zweitletzter Stelle, und der Rest der Verbbedeutung ganz am Ende. Im sechsten schließlich sind wieder Finitum und ein Teil der Verbbedeutung verschmolzen, beide stehen am Ende, der Rest der Verbbedeutung davor. Aus all diesen Fällen – und sie erschöpfen bei weitem nicht die Möglichkeiten – muß der Lerner nun das Finitum herausklauben, wenn er die deutsche Syntax richtig hinbekommen will, und zwar nicht in einem marginalen, sondern in einem zentralen Punkt. Dabei kann er sich weder auf ein bestimmtes gleichbleibendes Segment des Schallstroms stützen noch auf bestimmte Parallelinformationen, wie dies bei einem Verb selbst oft der Fall ist[16].

Was steht dem Lerner (mit Baskisch als Erstsprache) weiter zur Verfügung, um das Finitum und seine Stellungsgesetze herauszufinden? Er kann sich in seiner Analyse der Eingabe natürlich von seinem Erstsprachwissen leiten lassen, das ihm unter anderem sagt, daß es (a) normalerweise ein Finitum gibt und (b) dieses Finitum am Ende zu suchen ist. Der erste Teil dieses Wissens ist in der Tat hilfreich, insofern es ihn überhaupt veranlaßt, in der Eingabe nach etwas Derartigem zu suchen. Der zweite Teil hingegen ist angetan, ihn völlig in die Irre zu führen, wie man sich an den obigen Beispielen leicht vergegenwärtigen kann.

Es gibt demnach offenbar überhaupt keinen direkten Weg, das Finitum und seine Stellungseigenschaften durch Analyse der Eingabe aufgrund des Erstsprachwissens und allgemeiner Prinzipien, wie wir sie in den vorigen Abschnitten erwähnt haben, ausfindig zu machen. Vielmehr muß sich der Lerner bereits ein recht umfangreiches Wissen der zielsprachlichen Grammatik aneignen, insbesondere über die flexivischen Eigen-

schaften der Wörter und ihre Wortklassenzugehörigkeit. Er muß beispielsweise wissen, daß *aß, essen, gegessen* flexivische Abwandlungen eines Verbs sind, daß Verben manchmal mit Hilfsverben wie *haben* und
sein verknüpft werden, aber auch mit Modalverben wie *müssen, können*
usw., die jeweils wiederum flexivische Varianten haben. Erst aus diesem
Wissen kann er in einem weiteren Abstraktionsprozeß die Kategorie „Finitum" ableiten und die verschiedenen Wortstellungsmuster auf eine Regel bringen. Während dieses Prozesses bildet der Lerner natürlich fortwährend Äußerungen, und es ist durchaus plausibel, daß viele davon bestimmten zielsprachlichen Wortstellungsmustern entsprechen. Aber es
wäre verfehlt zu sagen, daß er bereits die zugrundeliegende fundamentale
Regel erfaßt habe.

Man kann daher die Entwicklung der zentralen Stellungsregeln in drei
große Stadien unterteilen:

I. Stadium

Die Äußerungen bestehen aus unflektierten, nur *per analogiam* bestimmten Wortklassen zuweisbaren Morphen, die nach ihrer Bedeutung schon
etwas differenziert sein können. Aufgebaut sind sie im wesentlichen nach
„pragmatischen" Prinzipien, wie sie im vorigen Abschnitt skizziert wurden. Beispiele sind in (13)–(22) in Abschnitt 6.1 gegeben.

II. Stadium

Die Morphe werden (allmählich) flektiert und bestimmten, der Zielvarietät mehr oder minder entsprechenden Wortklassen zugewiesen. Dabei
kann es natürlich zu vielen Abweichungen und Übergeneralisierungen
kommen. Insbesondere kann es in diesem Stadium zu Interferenzen aus
der Erstsprache kommen, weil der Lerner nun in der Tat seine Äußerungen nach den Regeln einer einzelsprachlichen Syntax zu bilden vermag.
Er verfügt jedoch noch nicht notwendigerweise über die Regeln der Zielsprache. Es kann aber sein, daß viele Äußerungen bereits richtig aus-
schauen, während ebenso viele Äußerungen aus nicht ersichtlichen Gründen abweichen. Der folgende Text eines italienischen Arbeiters, der zum
Zeitpunkt des Gesprächs etwa fünf Jahre in Deutschland lebte, illustriert
dies:

(30) also wenn isch hiä gekommt sin, ha (für) misch wa's zu schwea, deusch lerne,
     zu schwea. In Amerika isch wa zwei Jahr, in Amerika, isch zwei Jah' in Ame-
     rik', isch hab noch mea Englisch ge'ead wi 'ia fünf Jahr.

Der Lerner *hat* die Möglichkeit, die Stellung des Finitums korrekt zu bilden, und in vielen Fällen sieht es auch so aus, als kenne er die Regeln. Aber in ebenso vielen Fällen weicht er auch davon ab.

III. Stadium

Der Lerner hat das Finitum erfaßt und bildet seine Äußerungen wie ein Sprecher der Zielvarietät.

Diese drei Stadien geben nur ein grobes Raster. In Wirklichkeit gehen sie ineinander über, und die mittlere zeigt eine reiche innere Entwicklung. Wir können die beiden zentralen Probleme noch einmal kurz herausstellen:

1. In eine Verbform gehen zwei Komponenten ein: die „finite" Komponente und die lexikalische Bedeutung. Solange der Lerner nur infinite Formen verwendet, spielt lediglich die letztere eine Rolle. Dies ist zu berücksichtigen, wenn man beispielsweise Stellungsregeln für elementare Lernervarietäten angeben will. In einer Äußerung wie

   – ich Espanje komme

   drückt der Lerner – als Sprecher einer frühen Varietät – kein Finitum aus, sondern eine als Infinitum realisierte Verbbedeutung. Nur in der Verbindung beider Komponenten („kommt, kam" usw.) hat das „Verb" im Deutschen Zweitstellung. Deshalb kann man nicht sagen, daß der Lerner in seiner Verbstellung von der Zielvarietät abweicht.
2. Der Umstand, daß der Lerner flektierte Formen verwendet – also in der Tat nicht *komme*, sondern z. B. *kam*, sagt –, ist noch kein sicheres Zeichen dafür, daß er die Stellungsprinzipien des Finitums korrekt erfaßt hat, insbesondere auch nicht dafür, daß ihm die Doppelrolle einer solchen Form – als Träger der Finitheit und als Träger der Verbbedeutung selbst – klar ist. Es kann daher sein, daß er diese Form manchmal an jene Stelle setzt, die dem Finitum zukommt (Zweitstelle im Hauptsatz), manchmal an jene, die dem infiniten Verb zukommt (Endstelle im Hauptsatz). Ebendies kennzeichnet das zweite Stadium, und erst, wenn die Trennung klar vollzogen ist, liegt das dritte Stadium vor.

Über die genaue Reihenfolge, in der sich diese Entwicklung vollzieht, gibt es nur wenige Untersuchungen (vgl. etwa Felix 1976 mit vielen Einzelbeobachtungen). Im nächsten Abschnitt wenden wir uns einem Teil der Syntax zu, der zu den bestuntersuchten innerhalb der Zweitsprachforschung zählt: dem Erwerb der Negation. Der Grund dafür, daß wir zuerst das Finitum und erst dann die Negation behandeln, liegt darin, daß die Entwicklung der Negation in den Zielsprachen, auf die wir hier eingehen, eng mit der Stellung des finiten bzw. des infiniten Verbteils zusammenhängt. Als Vorbereitung dafür fassen wir hier kurz die Hauptregeln für Finitum und „Infinitum" im Deutschen wie im Englischen zusammen (dies sind die beiden bestuntersuchten Sprachen, was die Entwicklung der Negation angeht).

Im folgenden bezeichnen wir mit F die „finite Komponente", mit V, Aux und Mod jeweils die „infinite Komponente"; falls beide verschmolzen sind, schreiben wir F-V, F-Mod, F-Aux. So sind *kommen, gekommen* = V; *kam, kämest* = V; *haben, gehabt* = Aux; *hast, hatte* = F-Aux; *müssen, gemußt* = Mod; *muß, müßte* = F-Mod. Es können mehrere infinite Komponenten zusammen auftreten, z. B. *gelesen haben müssen.* Einen solchen Komplex nennen wir INF. Die Reihenfolge der Elemente in INF – falls er mehrere enthält – ist: abtrennbare Partikel – V – Aux_1 – Aux_2 – Mod, z. B. (hätte) *aus-geschaltet worden sein müssen.*[17]

Fürs Englische können wir dieselbe Terminologie verwenden, bloß daß es dort nur F-Mod, nicht aber Mod gibt. Formen wie *must, should* usw. sind immer bereits Verschmelzungen von finiter und infiniter Komponente. Weiterhin ist die Reihenfolge bei INF umgekehrt, d. h. wir erhalten Reihenfolgen wie (should) *have been turned off.*

Wir können die wesentlichen Regeln, zu denen der Lerner schließlich vorstoßen muß, wie folgt umreißen:[18]

I. Deutsch

1. F ist beweglich. Es steht in Nebensätzen am Ende, in deklarativen Hauptsätzen in Zweitstellung, sonst – z. B. bei Entscheidungsfragen oder bei Imperativen – in Erststellung.
2. INF steht fest am Ende.
3. Ein Teil von INF, der mit F verschmolzen wird, folgt diesem.[19]

II. Englisch

1. F ist beweglich: es steht im Nebensatz wie im deklarativen Hauptsatz in Zweitstellung, sonst in Erststellung.
2. INF steht fest in Drittstellung.
3. Ein Teil von INF, der mit F verschmolzen wird, folgt diesem, ausgenommen V, das nicht in Erststellung steht (außer bei nicht-negierten Imperativen); F wird dann durch ein Form von *to do* ausgedrückt.

Der wichtigste Punkt in diesen Regeln ist, daß F beweglich ist und INF stabil, daß aber ein bestimmter lexikalischer Gehalt von INF mit F verknüpft werden kann.

6.2.2 Der Erwerb der Negation

Die Negation ist ein weites Feld. Für unsere Zwecke können wir drei Formen betrachten, die im Deutschen wie im Englischen eine wichtige Rolle spielen.

1. Negative Reaktionen auf vorhergehende Fragen, Behauptungen oder Aufforderungen durch Einwortsätze wie *Nein.* oder *No.* Dieser Reaktion kann u. U. eine positive Aussage folgen (*War Fritz hier? – Nein, Otto*), aber dies hat eigentlich mit der Negation nichts mehr zu tun. Solche Negationen – sie wurden von Bloom (1970) etwas unglücklich „anaphorisch" genannt – sind sowohl im Erstspracherwerb wie, allerdings seltener, im Zweitspracherwerb (Felix 1976, Wode 1981) untersucht worden. Sie sind für den Erwerb relativ unproblematisch.

2. Satznegationen: Sie verneinen, grob gesagt, daß ein bestimmtes Prädikat auf bestimmte Objekte zutrifft. Negationselemente sind z. B. *nicht* oder *not*, oft verbunden mit einer adverbialen Bedeutung (*nie, nirgends*) o.ä.

3. Konstituentenbezogene Negationen: Sie ziehen sozusagen nur eine Konstituente aus dem Gefecht, wie in *Nicht Hans war hier; ich habe keine zwei Stunden gewartet,* usw. Zumindest eine Anwendungsweise solcher „Sondernegationen" (Helbig-Buscha 1974) spielt in den Lernervarietäten eine große Rolle, und zwar bei der Entwicklung des Lexikons: Von zwei Wörtern mit entgegengesetzter Bedeutung wird oft zunächst nur eines gelernt, das dann zum Ausdruck des Gegenteils negiert wird: Statt (*gut*) – *schlecht* wird (*gut*) – *nicht gut* gebraucht.

Dies ist natürlich ein extrem vereinfachtes Bild; aber für unsere Zwecke genügt es.[20] In der Zweitspracherwerbsforschung hat man sich auf die Satznegation konzentriert; die andern Typen werden mehr am Rande behandelt. Wir stellen im folgenden die Erwerbsreihenfolge von vier Untersuchungen dar – zwei zum Englischen, eine zum Deutschen und eine zum Schwedischen, letztere wegen ihrer besonderen Bedeutung. Einige weitere Untersuchungen werden nur kurz angeführt.

6.2.2.1 Cancino, Rosansky und Schumann (1978)

Die folgenden Ergebnisse stammen aus einer 1973 begonnenen Untersuchung des ungesteuerten Englischerwerbs von sechs Spanischsprachigen (zwei Kindern, zwei Jugendlichen, zwei Erwachsenen). Über zehn Monate wurden regelmäßig etwa alle zwei Wochen Daten von ihnen erhoben, und zwar

— vorstrukturierte, aber möglichst zwanglose Gespräche
— sprachliche Aufgaben, in denen die Lerner z. B. etwas wiederholen oder etwas negieren sollten
— vorgeplante Interaktionen, z. B. gemeinsamer Besuch einer Sportveranstaltung, Teilnahme an Parties u.ä.

Alle Daten – je etwa eine Stunde pro Erhebung – wurden auf Tonband aufgenommen und orthographisch transkribiert. Erwähnt sei noch, daß alle Lerner zu Beginn weniger als drei Monate im Land waren (für Einzelheiten zu diesem Projekt vgl. Cancino et al. 1975; Schumann 1978). Untersucht wurden vor allem Hilfsverb und – damit zusammenhängend – Interrogation und Negation. Bei letzterer ergaben sich vier Entwicklungsstadien, die gleitend ineinander übergehen:

I–(C)[21]: *no V*

„1. Zu Beginn negierten die Untersuchten mit *no* V-Konstruktionen.

Marta:	I no can see.
	Carolina no go to play.
Cheo:	You no walk on this.
	You no tell your mother.
Juan:	Today I no do that.
	No, I no use television.
Jorge:	They no have water.
	But no is mine is my brother (= it's not mine; it's my brother's)
Alberto:	I no understand.
	No like coffee. (Subjekt ausgelassen)

Diese Form findet sich in den frühen Äußerungen englischsprachiger Kinder. Sie gleicht auch sehr der spanischen Negationsbildung (vgl. (*yo*) *no entiendo*; (*yo*) *no tengo agua*)."

II-(C): *don't V*

„2. Gleichzeitig oder kurz nach Auftreten der no-V-Konstruktionen beginnen die Untersuchten, *don't* V-Konstruktionen zur Negation zu verwenden. Beispiele für *don't* V-Konstruktionen sind:

Marta:	I don't hear.
	He don't like it.
Cheo:	I don't understand.
	I don't see nothing mop.

Juan:	I don't look the clock at this time.
	Don't have any monies. (mit fehlendem Subjekt)
Jorge:	My brother and I don't have more class.
	That don't say anything.
Alberto:	I don't can explain.
	I don't have a woman."

Viele dieser Äußerungen klingen bereits völlig korrekt. Aber eine nähere Betrachtung der Belege zeigt, daß der Lerner in diesem Stadium noch nicht erkannt hat, daß sich *don't* aus einer Verbform und der eigentlichen Negation zusammensetzt. Vielmehr betrachtet er diese Lautfolge als eine einzige Negationspartikel, als eine Variante zu *no*. In den obigen Beispielen sieht man dies an Formen wie *That don't say anything* oder *I don't can explain*. Der Lerner stellt diese „Partikel" vor die infinite Verbform.

III-(C): *Aux-Neg*

„3. Anschließend verwenden die Untersuchten *Aux-Neg*-Konstruktionen, in denen die Negation hinter das Hilfsverb gestellt wird. Die ersten so negierten Hilfsverben waren in der Regel *is* und *can*.

Marta:	Somebody is not coming in.
	You can't tell her.
Cheo:	It's not danger.
	He can't see.
Juan:	I haven't seen all of it.
	It wasn't so big.
Jorge:	No, he's not skinny.
	But we couldn't do anything.
Alberto:	Ø."

Die Lerner haben in diesem Stadium auch bereits kontrahierte Formen gelernt – sowohl der Negation (*-n't*) wie andere Wörter (*'s*). Einer der Untersuchten, Alberto, erreicht dieses Stadium überhaupt nicht. Die Gründe für das frühe Stocken seines Erwerbs werden ausführlich in Schumann (1978) diskutiert; sie bildeten den Anstoß zur Pidginisierungs-Theorie (vgl. dazu oben Abschnitt 1.5 (5)).

IV-(C): *Analysiertes don't*

„4. Zuletzt lernten sie die analysierten Formen von don't (*do not, doesn't, does not, didn't, did not*):

Marta:	It doesn't spin.
	One night I didn't have the light.
Cheo:	I didn't even know.
	Because you didn't bring.
Juan:	We didn't have a study period.
	It doesn't make any difference.

Jorge:　　　She didn't believe me.
　　　　　　He doesn't laugh like us.
Alberto:　　Ø.
Dolores:　　My father didn't let me.
　　　　　　It doesn't matter."

Mit dem vierten Stadium ist die Zielvarietät erreicht. Allerdings täuscht die Einteilung in solche Stadien ein wenig über die realen Verhältnisse hinweg. In Wirklichkeit handelt es sich um allmähliche Verlagerungen im Anteil der einzelnen Konstruktionen. (Die genauen Häufigkeiten finden sich in Cancino et al. 1978, S. 212–217.)

Die geschilderte Studie bildet den Ausgangspunkt mehrerer Nachfolgestudien. In der bislang umfangreichsten (Stauble, 1981) wurden zwei dieser Lerner, vier weitere Spanischsprachige und sechs Japanischsprachige analysiert. Stauble faßt ihre Ergebnisse, die im wesentlichen den obigen entsprechen, in einer Übersicht zusammen; sie teilt alle Lernervarietäten in drei Gruppen ein, die Basilang, Mesolang und Acrolang genannt werden. Jede Gruppe kann in sich noch einmal unterteilt werden. Die folgende Tabelle ist eine leicht geänderte Übersetzung nach Stauble (1981, S. 26 bzw. S. 44):[22]

Basilang

Merkmale: präverbale Negation

1. no + Verb-Konstruktionen
2. no + Satzteil-Konstruktionen, z. B.
   no in Columbia
3. leichet äußerliche Variation, z. B.
   don't-Formen

Von der Basilang zur Mesolang

Merkmale: präverbale und postverbale Negation

Frühe Mesolang	Mittlere Mesolang
1. Vorwiegend unanalysiertes *don't*, *doesn't*	1. Rückgang von no + Verb-Konstruktionen
2. Einige Konstruktionen mit Kop/ Aux + Negation	2. Ausweitung der Konstruktionen mit Kop/Aux + Negation
3. no/not + Satzteil-Konstruktion variieren miteinander	3. not + Satzteil ist vorherrschend

Von der Mesolang zur Acrolang

Merkmale: die präverbale Negation verschwindet,
die postverbale Negationsregel des
Englischen bildet sich aus

Späte Mesolang   Acrolang

1. Bei den negierten Formen werden   Das Kop/Aux-Paradigma mit der
   Präsens und Präteritum unterschie-   postverbalen Negationsregel des Eng-
   den.   lischen ist ausgebildet.
2. Vom Standard abweichende ne-
   gierte Formen werden ausgemerzt.

3. Unanalysierte negierte Formen
   werden umstrukturiert.

4. *do* wird wie im Standard als Träger
   des Tempus und der Negation
   gebraucht.

Es ist bemerkenswert, daß sich Lerner spanischer und japanischer Muttersprache nicht wesentlich unterscheiden, insbesondere nicht in der Entwicklung der Stellungsregeln, obwohl die Satznegation in beiden Sprachen ganz unterschiedlich gebildet wird: Im Spanischen geht sie unmittelbar dem Finitum voraus, im Japanischen steht sie in Endstellung nach
dem Verb.

6.2.2.2 Wode (1981)[23]

Im Rahmen eines breit angelegten Projektes („Kieler Projekt"), in dem
verschiedene Formen des Spracherwerbs vergleichend untersucht werden, analysierte Wode unter anderem, wie seine vier Kinder über ein hal-
bes Jahr hinweg bei einem Aufenthalt in Kalifornien ungesteuert Englisch erlernten. Die Kinder – zwei Jungen, zwei Mädchen – waren zu
Beginn zwischen 3 Jahre und 4 Monate und sieben Jahre und 6 Monate
alt. Drei Arten von Daten wurden regelmäßig und mit großer Sorgfalt
erhoben:

— auf Tonband aufgenommenes spontanes Sprechen (insgesamt etwa
  120 Stunden)
— handschriftliche Notizen (ca. 3000 Seiten)
— kleinere Experimente, z. B. ad-hoc-Übersetzungen, Befragen zu bestimmten Satzkonstruktionen u. a.

Einzelheiten über Ziele, Anlage und Auswertungsverfahren finden sich in

Wode (1981), Teil C. Untersucht werden bislang Negation, Interrogation, Verbflexion und Phonologie; die Negation bildet dabei den wichtigsten Bereich. Wir stellen im folgenden – notwendigerweise verkürzt –
die Hauptergebnisse dar.[24] Wode unterscheidet fünf Stadien:

I-(W): Anaphorische Negation *no*

Die ersten negierten Äußerungen der Kinder sind negative Reaktionen auf Vorhergehendes, wie sie im Deutschen etwa durch *Nein.* ausgedrückt werden. Wode
nennt diese Negation im Anschluß an Bloom (1970) „anaphorisch". Ein solches
No. kann von einer positiven Richtigstellung gegenüber der vorausgehenden Äußerung begleitet sein. Diese Richtigstellung erfolgt anfangs oft in der *Erstsprache*,
z. B. *no, du mogelst ja* (S. 104). Im Grunde hat der Umstand, daß eine Negation
eventuell von einer positiven Aussage gefolgt ist, mit ersterer nichts zu tun, so daß
wir offenlassen können, ob – eine Möglichkeit, die Wode andeutet – hier zwei
Teilstadien vorliegen.

II-(W): Externe nicht-anaphorische Negation *neg X*[25]

Hier ist X die negierte Konstituente; sie ist zuerst N, V oder Adj, später auch VP;
neg wird als *no* realisiert; es steht immer am Anfang. Einige Beispiele:

neg Adj: *no cold*   neg N: *no bread*
neg V: *no sleep*   neg VP: *no catch it*

Man beachte, daß hier die ganze Äußerung nur aus zwei bzw. aus drei Wörtern
besteht. Daß *neg VP* später als *neg V* erscheint, hat daher weniger mit der Negation selbst zu tun als vielmehr mit dem Umstand, daß die Äußerungen komplexer
werden. Im Sinne der Analyse von Cancino u. a. (1978) oder Stauble (1981) würde
es sich jeweils um *no* V handeln.

III-(W): Interne *be*-Negation

Die ersten satzinternen Negationen tauchen nach Formen von *to be* auf, meist in –
möglicherweise noch gar nicht analysierten – Ausdrücken wie *that's no good.* Hier
findet sich auch erstmals die Form *not* anstelle von *no*.

IV-(W): Interne Vollverbnegation mit *no/not* und imperativisches *don't*

Verneinung bei Vollverben ist stets später als solche von Kopulasätzen. Wode
unterscheidet fünf Haupttypen; wir geben jeweils ein Beispiel:

Subj V neg X: *John go not to the school.*
Subj neg VP: *me no close the window*
Subj Aux neg (VP):   *he cannot hit the ball*
Imper.-V (Pron) neg (X): *hit it not over the fence*
Imper.-*don't* VP: *don't broke*

Neg kann dabei als *no* wie als *not* realisiert werden; die Stellung relativ zum Verb schwankt. Was die Form *don't* betrifft, so nimmt Wode an, daß sie noch als Einheit gesehen wird.

V-(W): Suppletives *don't/didn't* und satzinternes *don't/didn't*

Mit ersterem sind Wiederholungen wie in *No, you don't* u. ä. gemeint, mit letzterem zielsprachliche regelhafte *do*-Einfügungen wie in *I didn't see*. Es hat aber den Anschein, daß diese Formen immer noch nicht analysiert sind. So finden sich auch ganz zum Schluß der Lernperiode noch Äußerungen wie *do you don't know* that; *I don't can't* u. ä. Die Kinder scheinen zu einer einzigen Regel zu tendieren, nämlich *neg* grundsätzlich präverbal zu stellen, und zwar gleichermaßen vor Aux, Mod oder V. Dabei experimentieren sie mit der Form, die *neg* haben kann: *no, not, don't* oder *didn't*.

Es hat demnach den Anschein, als würden die Kinder in den sechs Monaten ihres Erwerbs noch nicht ein Stadium erreichen, das IV-(C) entspräche, d. h. jenes, in dem die *do*-Konstruktion analysiert und im Sinne der Zielsprache benutzt würde. Es gibt freilich eine Reihe von Beobachtungen, die auf einen Übergang zu diesem Stadium verweisen. Wode spricht von einem „Post-Stadium V" (S. 107/8). Wodes Stadien II–V entsprechen damit ungefähr den Stadien I-(C) – III-(C) oder – in der Terminologie von Stauble – der Entwicklung von der Basilang bis zur mittleren Mesolang. Es wird aber zugleich deutlich, wie fragil eine solche Einteilung in Stadien ist.

6.2.2.3 Felix (1978)

Die Untersuchung von Felix ist gleichfalls im Rahmen des „Kieler Projekts" entstanden. Sie ist ein genaues Gegenstück zu Wodes Untersuchung: Beschrieben wird der ungesteuerte Deutscherwerb von vier englischsprachigen Kindern über fünf, zehn bzw. zweimal acht Monate. Eins der Kinder wurde von Beginn seines Kontaktes mit der deutschen Umwelt betrachtet, zwei weitere waren bereits drei Monate, eines neun Monate im Land. Das Alter zu Beginn der Untersuchung schwankte zwischen 3 Jahren 4 Monaten und 7 Jahren 6 Monaten. Jedes Kind wurde regelmäßig zwei- bis dreimal wöchentlich besucht; dabei wurden jeweils 1–1¹/₂ Stunden spontaner Interaktion auf Tonband aufgenommen. Untersucht wurden vor allem Wortstellung, Interrogation und Negation. Die folgende kurze Darstellung der Negationsentwicklung stützt sich auf Felix (1978), S. 323–380 sowie auf Felix (1982), S. 20–33. Alle folgenden Zitate und Beispiele sind diesen beiden Arbeiten entnommen.

Felix unterscheidet drei Stadien, die in sich noch einmal differenziert sind:

I-(F): Holophrastische Negation

Damit ist die Reaktion mit *Nein* gemeint. *Nein* wird, wie Felix beobachtet, nicht nur benutzt, um z. B. eine vorausgehende Behauptung oder Aufforderung zurückzuweisen, sondern z. B. auch, um Nichtverstehen zu bekunden.

II-(F): Satzexterne Negation Neg + X

Wie Wode unterscheidet Felix hier zwischen anaphorischer und nicht-anaphorischer Negation, d. h. dem Fall, daß X einfach eine positive Korrektur ist und daß X selbst verneint wird. In beiden Fällen ist das Negationswort zunächst *nein*. Einige Beispiele, wobei I der Interviewer, L der Lerner ist (Felix 1976, S. 341):

(31) I: das ist ja kaputt
     L: nein kaputt
     I: so, wir gehen jetzt nach Hause
     L: nein Hause
(32) I: Soll ich helfen?
     L: nein helfen
(33) I: Komm, wir spielen ein bißchen mit Sambo (einer Katze)
     L: nein spielen Katze

Gelegentlich findet sich die Negation auch am Ende der Äußerung, z. B. in

(34) I: Darf ich alle essen?
     L: Du nein, ich ja.

Im Gegensatz zu Wodes Auffassung meint Felix, daß die „nicht-anaphorische" Verwendung der anaphorischen eher vorausgeht, allenfalls gleichzeitig zu ihr ist.

III-(F): Satzinterne Negation (X + Neg + Y)

„Bis zu diesem Zeitpunkt erscheint das Negationsmorphem stets am Satzanfang. Die folgenden Entwicklungsphasen sind dadurch gekennzeichnet, daß das Negationsmorphem nunmehr in den Satz eingebettet wird. Die Struktur Neg + X wird somit abgelöst durch die Struktur X + Neg + Y" (1982, S. 26):

(35) ich nein essen
(36) ich nein schlafen

Felix' Angaben zum Auftreten dieser und der zuvor geschilderten Struktur sind allerdings etwas widersprüchlich. So heißt es in Felix (1976, S. 346): „Von besonderer Bedeutung ist die Tatsache, daß das Auftreten dieser Struktur zeitlich in etwa mit nicht-anaphorischem ,nein' in Satzanfangs- bzw. Satzendstellung zusammenfällt. Während eines Zeitraums von ca. 1½ Monaten verwendet David beide Strukturtypen. Diese chronologische Koinzidenz führt zu der Schlußfolgerung, daß es sich bei diesen beiden Strukturen vermutlich nicht um zwei sukzessive Erwerbsstädien handeln kann." Felix führt dann sehr plausibel aus, daß der Fall Neg + X (bzw. X + Neg) einfach ein Grenzfall von X + Neg + Y ist, und zwar jener, bei dem entweder das Subjekt fehlt oder die VP; alle drei Fälle treten gleichzeitig auf. Er fährt dann fort: „Aus diesen chronologischen und strukturellen Verhältnissen ergibt sich die Notwendigkeit, satzinterne und satzexterne Negation mit ‚nein' auf einer gemeinsamen Basis zu beschreiben und nicht ... als zwei sukzessive Erwerbsstadien, die sich hinsichtlich ihrer strukturellen Komplexität unterscheiden." Es ist nicht ganz klar, weshalb Felix diese sehr stimmige Analyse zugunsten der beiden aufeinanderfolgenden Stadien aufgegeben hat – möglicherweise deshalb, weil sich bei Wode, dessen Untersuchung Felix einbezieht, eine solche Reihenfolge abzeichnet.

Der nächste relativ deutliche Schritt ist der Übergang von *nein* zu *nicht*, das am Anfang in einigen phonetischen Varianten auftritt. Zugleich läßt sich eine wichtige Differenzierung in der Stellung von Neg beobachten: Es steht hinter Hilfsverb, Modalverb oder Kopula, aber vor Vollverb. Einige Beispiele:

(37)(a) das ist nicht Kindergarten
   (b) das ist nicht kaputt
   (c) I: spring mal runter
      L: ich kann nicht
   (d) I: komm wir spielen weiter
      L: nein, ich will nicht mehr
(38)(a) Nein, du nicht kommt
   (b) ich nicht essen mehr
   (c) Julie nicht spielt mit
   (d) I: Die Puppe muß im Schrank bleiben
      L: die nicht bleib hier

Im nächsten Schritt wird dann Neg auch bei Vollverben nachgestellt; dabei kommt es gelegentlich noch zu einigen Übergeneralisierungen der Regel, die allmählich zurückgenommen werden. Auffällig ist, daß auch dieser Übergang ganz allmählich ist: Lange Zeit kann *nicht* sowohl vor wie nach dem Vollverb stehen. Es ist also keineswegs so, als hätten die Lerner plötzlich die Regel kapiert, sondern die richtigen Strukturen werden vielmehr durch langsame Verlagerungen erworben.

Bevor wir versuchen, die verschiedenen Analysen, die wir bisher besprochen haben, auszuwerten, betrachten wir noch eine vierte Untersuchung, diesmal zum Erwerb des Schwedischen.

6.2.2.4 Hyltenstam (1977) und (1978)

Unter den zahlreichen weiteren Arbeiten zum Negationserwerb gehen wir deshalb auf Hyltenstamm ein, weil sie im Vorgehen zu den übrigen hier genannten komplementär ist. Es ist keine Langzeit-, sondern eine Querschnittuntersuchung: 160 Lerner des Schwedischen mit insgesamt

35 verschiedenen Muttersprachen wurden zweimal im Abstand von fünf Wochen getestet. Dabei schälten sich vier „typische Muster" im Gebrauch der Negation heraus, die man – freilich mit einer gewissen Vorsicht – als vier Entwicklungsstadien interpretieren kann.[26] Maßgeblich ist die Stellung der Negation *inte* (*nicht*) in Haupt- und Nebensätzen mit und ohne Modalverb. Die Stellung von Neg entspricht der Stellung von *nicht* im Deutschen; jedoch steht das Modalverb im Nebensatz vor, nicht nach dem Vollverb; *inte* steht vor diesem Modalverb.

I-(H): Prä-V

Lerner dieses Typs stellen *inte* unabhängig vom Satztyp vor das Vollverb; dies führt in zwei Fällen zu richtigen, in zwei Fällen zu falschen Strukturen.

(39)(a) *han inte kommer
      er nicht kommt
  (c) att han inte kommer
      daß er nicht kommt
  (b) han kan inte komma
      er kann nicht kommen
  (d) *att han kan inte komma
      daß er kann nicht kommen

II-(H): post-V, post-Mod

Liegt einfaches Vollverb vor, so stellt der Lerner Neg dahinter; liegt Modalverb und Vollverb vor, so stellt es der Lerner hinter das Modalverb und damit zugleich vor das Vollverb; dies gilt unabhängig vom Satztyp. Auch hier ergeben sich zwei richtige, zwei falsche Strukturen:

(40)(a) han kommer inte
  (c) *att han kommer inte
  (b) han kan inte komma
  (d) *att han kan inte komma

III-(H): Post-V bei Vollverb im Hauptsatz, sonst prä-V

Hier unterscheidet der Lerner nicht bloß zwischen Modalverb und Vollverb, sondern auch zwischen Haupt- und Nebensatz:

(41)(a) han kommer inte
  (c) att han inte kommer
  (b) han kan inte komma
  (d) *att han kan inte komma

Hier ist also nur noch eine Struktur verkehrt. Im letzten „Stadium" wird auch sie richtiggestellt.

IV-(H): zielsprachlich

Im Hauptsatz steht *inte* nach, im Nebensatz vor dem finiten Verbteil:
(42)(a) han kommer inte
    (c) han kan inte kommer
    (b) att han inte kommer
    (d) att han inte kan kommer

Wie schon erwähnt, verfahren die Lerner aber nicht einheitlich, sondern es gibt innerhalb dieser vier Typen unterschiedliche Anwendungshäufigkeiten der verschiedenen möglichen Stellungen. Hyltenstamm versucht, diese Variation mithilfe Labovscher Variablenregeln zu erfassen (Labov 1972). Die einzelnen Übergänge deutet er im Sinne von Vereinfachungen und Übergeneralisierungen.

Demgegenüber hat Jordens (1980) eine andere Analyse dieser Daten vorgeschlagen, bei der dem Unterschied zwischen finitem und nicht-finitem Vollverb besondere Bedeutung zukommt. Wir werden im folgenden Abschnitt versuchen, *alle* hier beschriebenen Formen des Negationserwerbs auf ein einfaches Prinzip zu bringen. Dabei greifen wir allerdings nicht unmittelbar auf Jordens zurück, sondern gehen von unseren Überlegungen in Abschnitt 6.2.1 aus.

6.2.2.5 *Die Entwicklung der Negation: Zusammenfassung*

Es sei zunächst noch einmal kurz an die zielsprachlichen Regeln erinnert, die wir zu Ende von 6.2.1 für F und INF formuliert haben. Entscheidend war, daß zwischen F und INF – der finiten und der infiniten Komponente – scharf getrennt wird, daß INF fest ist und F je nach Satztyp seine Stellung ändert und daß ein mit F verschmolzenes INF jenem in der Stellung folgt. Dabei gibt es zwischen Deutsch und Englisch einige Unterschiede, vor allem, weil im Englischen V oft nicht verschmelzen kann. Das Schwedische verhält sich im wesentlichen wie das Deutsche, jedoch steht – in den uns hier interessierenden Fällen – F im Nebensatz nicht hinter, sondern vor INF. Dasselbe gilt übrigens fürs Niederländische.

Wir können nun für die Bildung der Satznegation in den drei Sprachen Englisch, Deutsch und Schwedisch die folgende einfache Regel formulieren:

(43) Neg steht vor INF

Neg ist dabei *not, nicht* bzw. *inte*. Diese Regel erweist sich in drei Fällen als problematisch:

1. Wenn F und INF so verschmolzen sind, daß nichts von INF übrigbleibt, dann ist unklar, wo Neg zu stehen hat. In diesem Fall bleibt es dort, wo es auch steht, wenn ein INF da ist. Man kann sich dies an den folgenden Beispielen klarmachen:

	F	Neg	INF (-Stelle)
er	*hat*	*nicht*	*angerufen*
er	*rief*	*nicht*	*an*
er	*ist*	*nicht*	*gekommen*
er	*kam*	*nicht*	(verschoben)

Dasselbe gilt analog bei Nebensatz- und Fragesatzstellung von F. Wir können diesem Problem so Rechnung tragen, daß wir sagen: Neg steht vor der INF-Stelle.

2. Nicht alle Sätze haben ein INF, d. h. ein infinites Verb mit eventuellen weiteren infiniten Teilen. Statt INF kann auch ein Prädikativum stehen, verbunden mit einer Form von *sein*, *werden* oder *bleiben*:

er ist doof
er bleibt hier
er wurde Deichgraf von Husum

In diesem Fall zählt das Prädikativum genauso wie INF.

3. In einigen Fällen kann zumindest im Deutschen noch ein Adverbial, z. T. können auch Objekte zwischen Neg und INF stehen, z. B. im Gegensatz zu
Er hat das Buch nicht gelesen
heißt es
Er hat das Buch nicht auf den Tisch gelegt
Er hat nicht Klavier gespielt

Diese Fälle lassen sich nicht auf einen einfachen Nenner bringen; es ist nicht unplausibel anzunehmen, daß die Konstituente zwischen Neg und INF besonders „eng" zu letzterer gehört. So ist „Klavier" im letzten Beispiel fast eine Art abtrennbaren Verbzusatzes (wie in „radfahren"), aber das gilt nicht in allen Fällen. Dieses und eine Reihe weiterer Probleme, z. B. der Ersatz von *nicht ein* durch *kein* usw. können wir hier nicht weiter klären. Sie sind übrigens auch für die deskriptiven Grammatiken des Deutschen harte Brocken.

Wir können jedenfalls für die überwältigende Mehrheit aller hier interessierenden Fälle die folgende Regel aufstellen:

(44) Neg steht vor der INF-Stelle

Man beachte dabei, daß die interne Abfolge von INF und auch die Stellung von F in den drei Sprachen etwas verschieden ist.

Der Lerner beherrscht (mit den angedeuteten Ausnahmen) die zielsprachliche Satznegation richtig, wenn er die obige Regel (44) beherrscht.
Wie gelangt er dahin? Im großen und ganzen auf extrem direktem Weg.

(45) Schritt 1: Solange der Lerner überhaupt nur einfache infinite Formen hat,
macht er es einfach von Anfang an richtig.
Schritt 2: Sobald er die Kategorie des Finitums mit seinen Stellungsmöglich-
keiten zu entwickeln beginnt, gerät er leicht in Schwierigkeiten, wenn INF
und F restlos verschmolzen sind. Er weiß dann nicht, ob er es weiterhin vor
INF selbst – und damit vor F-INF – stellen soll oder vor die INF-Stelle.
Bezeichnenderweise macht ihm das keine oder jedenfalls viel weniger Schwierigkeiten, wenn die finite Komponente ein Modalverb oder ein Hilfsverb ist,
weil dann noch eine echte INF-Komponente übrig bleibt (es sei·denn, sie ist
aufgrund einer Kontextellipse weggelassen). In jedem Fall erkennt er nach
einer Weile, daß die INF-Stelle zählt und daß die Verschiebung des lexikalischen Gehalts zur F-Position keine Rolle spielt.

Diese beiden Schritte beschreiben im großen und ganzen die gesamte
Entwicklung der Satznegation. Sie besagen natürlich nichts über die verschiedenen Sondernegationen oder über die Form der Negationswörter,
die freilich recht einfach zu beschreiben ist.

Damit wird auch klar, weshalb wir so großen Wert darauf gelegt
haben, zunächst einmal den Erwerb des Finitums zu behandeln. Im
Grunde ist der Erwerb der Satznegation nur ein Epiphänomen des Erwerbs des Finitums und seiner Stellungsregeln im Vergleich zu jenen des
Infinitums.

Kommen wir zum Abschluß noch einmal kurz auf den Aufbau von
Äußerungen in elementaren Lernervarietäten zurück, wie wir ihn in Abschnitt 6.1 diskutiert haben. Wir hatten dort gesagt, daß der Lerner,
solange ihm noch wesentliche syntaktische Strukturierungsmittel wie
etwa Wortklasseneinteilung und Flexion fehlen, seine Äußerungen nach
„pragmatischen" Prinzipien aufbaut. Solche Prinzipien machen sich natürlich auch in der Zielsprache geltend, aber in einem komplizierten Zusammenspiel mit den Regeln der einzelsprachlichen Syntax. In den elementaren Lernervarietäten besteht die Äußerung aus einer „Setzung", die
das Thema einführt, den räumlich-zeitlichen Rahmen setzt, oft auch beides liefert, und dann der eigentlichen Aussage, dem „Fokus". Wenn in
elementaren Lernervarietäten eine verneinte Aussage gemacht wird, dann
wird der Fokus negiert, und zwar durch ein vorangestelltes Neg. Die
Setzung kann dabei durchaus fehlen, wie das häufig auch bei nichtnegier-
ten Aussagen der Fall ist. Dieser rein pragmatischen Strukturierung in
den einfachsten Äußerungen entspricht in den zielsprachlichen der Umstand, daß normalerweise – d. h. wenn es nicht z. B. durch spezielle into-

natorische Mittel anders angezeigt ist – der Fokus der Äußerung gegen
Ende hin liegt. Zumindest im Englischen gibt es so eine klare Entsprechung jener Teile, die nach *Neg* stehen: Es ist der von der Negation
betroffene Fokus der Äußerungen. Gestört wird dies lediglich durch den
Umstand, daß nicht *alle* nach Neg stehenden Elemente Fokus sein müssen. Im Deutschen liegen die Verhältnisse komplizierter, weil ein Teil des
Fokus *vor* Neg stehen kann. Hier hat der syntaktische Aufbau Stellungs-
möglichkeiten geschaffen, die über die „normale pragmatische" Abfolge
hinausgehen.

Wir schließen diesen Abschnitt zur Synthese mit vier Bemerkungen.

1. Von einem wirklichen Verständnis der Prinzipien, nach denen der
   Lerner den Aufbau seiner Äußerungen anlegt, sind wir noch weit entfernt. Aber wir können uns gewisse Vorstellungen davon machen.
2. Je mehr der Lerner weiß, umso mehr Fehler kann er machen. Etwas
   anders gesagt: Die einfachsten Äußerungen, die der Lerner aufgrund
   seiner ersten Analyseergebnisse bildet, kann er praktisch gar nicht
   nach erstsprachlichen Regeln aufbauen, weil ihm dafür noch die Möglichkeiten fehlen. Er stützt sich dabei vielmehr auf allgemeine Prinzipien, die relativ sprachunabhängig sind. Es ergibt sich daraus der
   etwas paradox anmutende Umstand, daß man durch die Erstsprache
   bedingte Fehler um so leichter macht, je mehr man über die Zweitsprache weiß.
3. Es ist oft nicht hilfreich, auf die Entwicklung einzelner leicht betracht-
   barer Strukturen – etwa die Entwicklung der Negation – einzugehen,
   solange man nicht geklärt hat, wie die Negation (oder was es sonst
   sein mag) in der Zielsprache (und auch in der Ausgangssprache) funktioniert. Wenn die weiter oben gegebene Analyse zutrifft, ist die Entwicklung der Satznegation einfach nur eine Folge allgemeinerer Ent-
   wicklungstendenzen. Dies entwertet keineswegs die vielen sorgfältigen Untersuchungen der Negation, von denen wir einige wichtige hier
   dargestellt haben. Aber es illustriert, wie wenig wir über den Aufbau
   von Äußerung in voll ausgebildeten Sprachen derzeit wissen.
4. Dies bringt uns zum letzten Punkt. Das größte Hindernis bei der
   Erforschung des Syntheseproblems ist der unbefriedigende Stand unserer Kenntnisse über Aufbau und Funktion sprachlicher Äußerungen
   überhaupt. Wir werden auf dieses Problem noch einmal im folgenden
   Kapitel zurückkommen.

Damit schließen wir dieses Kapitel und wenden uns dem Einbettungsproblem zu.

7. Das Einbettungsproblem

Einem Sprecher der Zielsprache erscheinen Äußerungen in einer Lerner-varietät gewöhnlich grammatisch falsch[1], wenn nicht lächerlich; trotzdem kann er oft gut verstehen, was gemeint ist, und in vielen Fällen ist eine solche Äußerung sogar zweckmäßiger, weil weniger weitschweifig als eine entsprechende in der Zielsprache. Wenn beispielsweise ein ausländi-scher Arbeiter im Lebensmittelladen sagt

(1) Ich Brot

dann wird jeder Sprecher des Deutschen (abgesehen vielleicht von ein paar Linguisten) diese Äußerung als grammatisch abweichend ansehen, aber korrekt im Sinne von hochdeutsch „Ich hätte gern ein Brot" (oder ähnlich) deuten. Im ersten Punkt irrt er sich, es handelt sich sehr wohl um einen korrekt gebauten hochdeutschen Satz; er ist bloß dem Kontext anders angepaßt, als dies ein Sprecher des Hochdeutschen täte; im zwei-ten Punkt hat er wahrscheinlich recht, und dafür ist gleichfalls vor allem der Kontext verantwortlich.

Beginnen wir mit dem zweiten Punkt. Daß wir (1) als „Ich hätte gern ein Brot", nicht aber als „Ich bin das Brot" oder „Ich habe Brot geges-sen" deuten, liegt offenbar daran, daß wir

(a) in der gegebenen Situation wahrnehmen, daß sich der Sprecher in einem Lebensmittelladen befindet
(b) aufgrund unserer Weltkenntnis wissen, was normalerweise in einem Lebensmittelladen geschieht
(c) vielleicht auch wissen, was zuvor passiert ist und gesagt wurde (es könnte ja sein, daß (1) im Verlauf einer Geschichte geäußert wird).

Wir interpretieren (1) nicht nur aufgrund dessen, was tatsächlich verlau-tet, sondern vor dem Hintergrund einer ganzen Fülle von „Beiwissen", das den verschiedensten Quellen entstammen kann. Ohne dieses Beiwis-sen würde (1) entweder überhaupt nicht oder aber ganz anders interpre-tiert werden.

Diese fundamentale Rolle des Beiwissens ist nun keineswegs für ler-nersprachliche Äußerungen spezifisch, sondern auch „normale" ziel-sprachliche Äußerungen setzen jeweils einen gewissen Pegel nichtsprach-lichen (möglicherweise aber zuvor sprachlich vermittelten) Wissens vor-aus. Nehmen wir an, in der gleichen Situation hätte jemand anderes zuvor zur Verkäuferin gesagt

(2) Ich hätte gern Kuchen

In diesem Fall ist es im Hochdeutschen durchaus möglich, (1) zu sagen statt der vollen Form „Ich hätte gern Brot". Ebenso ist es völlig korrekt, mit (1) zu antworten, wenn die Verkäuferin zuvor gefragt hat: „Und was hätten Sie gern?" (mit Betonung des „Sie") Mit andern Worten: Wenn zuvor bereits bestimmte Dinge passiert sind, insbesondere bestimmte Äußerungen vorgebracht wurden, ist (1) grammatisch durchaus richtig. Daß wir (1) zunächst als fehlerhaft empfinden, liegt also nicht an der falschen Grammatik, sondern an einer falschen Anpassung an eine Komponente des Beiwissens.

Wir haben dieses Beispiel so ausführlich diskutiert, um deutlich zu machen, daß es fatal ist, Lerneräußerungen ohne Bezug auf den jeweiligen Kontext und das mit ihm verknüpfte Beiwissen der beteiligten Sprecher analysieren zu wollen. Jede Äußerung, gleich ob in einer Lernersprache oder in einer voll ausgebildeten Sprache, ist jeweils in einen ganzen Informationsstrom eingepaßt, der unserer augenblicklichen Wahrnehmung, aber auch der Erinnerung an zuvor Geschehenes und Gesagtes und unserem langzeitig gespeicherten Wissen entstammt. Dieser Informationsstrom kann so reich sein, daß die in der Äußerung selbst enthaltene Information, die wir ihr aufgrund unserer Sprachkenntnis entnehmen können, teils oder ganz überflüssig ist. Meist aber greifen beide ineinander ein, und ihr Zusammenspiel ermöglicht das Gesamtverstehen des Gemeinten.

Das ganze Beiwissen ist natürlich nicht nur für den Hörer und seine Interpretation wichtig. Der jeweilige Sprecher muß vielmehr, wenn er seine Äußerung bildet, jeweils versuchen, sie in den gesamten Informationsfluß einzubetten. Zur Lösung dieses „Einbettungsproblems" muß er zum einen abschätzen, was der jeweilige Hörer in der gegebenen Situation weiß. Zum andern ist die Einbettung in dieses Beiwissen nicht beliebig, sondern zumindest in einigen Punkten haben die einzelnen Sprachen spezielle Techniken dafür entwickelt, die sich von Sprache zu Sprache unterscheiden. Die wichtigsten davon sind Deixis und Ellipse; aber auch Wortstellung und Intonation sind eng damit verknüpft. Der Lerner muß, wenn immer er kommuniziert, dieses Einbettungsproblem lösen; dabei muß er sich allmählich auch die speziellen Techniken aneignen, die die Zielsprache zu diesem Zweck entwickelt hat.

In Abschnitt 2.3 (2) haben wir bereits darauf hingewiesen, daß sich im Verlauf des Erwerbs die Balance zwischen kontextuell gegebener Information und tatsächlich Geäußertem allmählich zugunsten von letzterem verschiebt: Je reicher das Ausdrucksrepertoire des Lerners wird, um so unabhängiger wird er von der Information, die dem Hörer anderweitig gegeben ist. Dies besagt selbstverständlich nicht, daß er nunmehr ohne diese Information auskommt; aber er kann freier damit umgehen.

Es gibt wenig Untersuchungen darüber, wie sich dieser Teil des Erwerbsprozesses tatsächlich vollzieht – nicht zuletzt deshalb, weil auch unsere Kenntnisse über das Zusammenspiel von kontextueller Information und in der Äußerung selbst enthaltener Information in voll ausgebildeten Sprachen noch höchst beschränkt sind. Im folgenden gehen wir zunächst auf einige allgemeine Aspekte des Problems ein (Abschnitt 7.1); anschließend besprechen wir etwas eingehender einen Bereich der Deixis, der in letzter Zeit mehrfach bearbeitet wurde, nämlich den Ausdruck der Temporalität.

7.1 Deixis, Ellipse und einige andere Formen der Kontextabhängigkeit

Im folgenden wollen wir jene Information, die dem Wortlaut der Äußerung selbst gemäß den Regeln der betreffenden Sprache zu entnehmen ist, als *Äußerungsinformation* bezeichnen, all jene Information, die Sprecher und Hörer in der jeweiligen Situation anderweitig verfügbar ist, als *Kontextinformation* oder *Beiwissen*.[2] Zumindest letztere Festlegung ist unbefriedigend, weil beider Beiwissen natürlich verschieden ist (sonst bräuchten sie erst gar nicht zu reden) und nicht das gesamte Beiwissen beider für die Äußerung und ihre Interpretation, damit für die Lösung des Einbettungsproblems in der Tat von Belang ist. Es wäre deshalb besser, von *relevantem Beiwissen* (oder relevanter Kontextinformation) *des Sprechers* und *relevantem Beiwissen des Hörers* zu reden. Diese im Grunde notwendigen Unterscheidungen wollen wir im Augenblick vernachlässigen. Wichtig ist aber noch, daß sich das Beiwissen beider fortwährend ändert: Mit jeder neuen Äußerung, mit jeder neuen Wahrnehmung, mit jedem daran anschließenden Deduktionsprozeß verschiebt es sich. Die Äußerungsinformation einer bestimmten Äußerung a wird, sobald diese Äußerung getan und verstanden ist, zur Kontextinformation geschlagen und zählt somit zum Beiwissen einer folgenden Äußerung b. Diese Dynamik ist grundlegend für einige der wichtigsten Erscheinungen der Kontextabhängigkeit, beispielsweise die Ellipse oder die thematische Struktur; wir kommen darauf zurück.

Für praktische Zwecke kann man drei Quellen des Beiwissens unterscheiden:

A) *Weltwissen*

Dies ist unser allgemeines, im Verlauf des bisherigen Lebens angesammeltes Wissen[3] über physikalische, soziale und sonstige Gegebenheiten. Dazu zählen insbesondere auch Kenntnisse über das erwartbare und über das sozial angemessene Verhalten von Menschen – etwa die Annahme, daß die Menschen normalerweise etwas Bestimmtes im Sinn haben, wenn sie etwas tun. Wenn man daher beispielsweise eine Äußerung nicht unmittelbar sinnvoll deuten kann, so wird man automatisch nach einer anderen, vielleicht fernerliegenden Interpretation suchen, die einen Sinn ergibt, und diese der Äußerung zuschreiben (vgl. etwa Lewis 1979).

Wir bezeichnen diese Form des Wissens hier zusammenfassend als „Weltwissen". Das Weltwissen ist kulturspezifisch und auch – innerhalb einer gegebenen Kultur – individuenspezifisch. Unterschiede, die darauf zurückzuführen sind, bilden für den Lerner im ungesteuerten Spracherwerb ein großes Problem; sie sind eine Hauptquelle für Mißverständnisse und Kommunikationskonflikte (vgl. dazu Becker-Perdue 1982; Perdue 1982, HDP 1979, Kap. 3).

Wir können dies kurz an drei Beispielen aus dem sprachlichen Verhalten illustrieren:

(a) Die meisten Kulturen haben bestimmte, sprachlich geregelte Formen zum Ausdruck der sozialen Beziehungen ausgebildet, die zwischen Sprecher und Hörer bestehen. Sie drücken sich beispielsweise in der Wahl der Pronomina (*du-Sie*), von Namen und Titel (*Fritz, Herr Meyer, Herr Professor* usw.) und ähnlichen Mitteln aus (vgl. Ervin-Tripp 1969). Diese Mittel können wie etwa im Japanischen extrem komplex sein. Wer das zugrundeliegende System der Sozialbedingungen und die speziellen Regeln, nach denen die Formen angewandt werden, nicht kennt, gerät unweigerlich in Kommunikationsschwierigkeiten.

(b) In manchen Kulturen ist es normalerweise nicht zulässig, daß eine Frau einen ihr unbekannten Mann auf der Straße anspricht. Wenn sie daher einfach nach dem Weg fragen möchte, wird ihrer Frage klar eine andere Absicht unterstellt.

(c) Die Regeln, nach denen man „bitte", „danke" oder „Entschuldigung" sagt, sind kulturell sehr unterschiedlich. Dies kann beispielsweise dazu führen, daß Pundjabi-Sprecher in England die Einheimischen für verlogen und heuchlerisch halten, weil sie sich alleweil entschuldigen und bedanken, und diese umgekehrt jene für grob und aufdringlich, weil sie ebendies höchst selten tun (vgl. hierzu Perdue 1982, Kap. 4).

Diese drei Beispiele betreffen nur einen kleinen Ausschnitt des Weltwissens, nämlich jenen, der sich auf soziales und insbesondere sprachliches Verhalten bezieht. In diesem Bereich wird aber besonders deutlich,

wie das Weltwissen die Kommunikation in Lernervarietäten beeinflußt.
(Vgl. dazu auch Gumperz und Roberts 1978 sowie aus dem Bereich der
Kommunikation mit türkischen Arbeitern Barkowski et al. 1980.)

Das Weltwissen verändert sich natürlich beständig; aber im Vergleich
mit den andern Komponenten des Beiwissens ist es relativ stabil; es ist im
Langzeitgedächtnis verankert. Darüber, wie man sich die Speicherung
dieses Wissens und die Aktivierung jener Teile vorstellen soll, die zur
Interpretation einer gegebenen Äußerung relevant sind, gibt es eine um-
fangreiche Literatur (vgl. etwa Kintsch 1977, Lindsay und Norman 1977,
Kap. 8–11, und für eine kurze Übersicht Wimmer und Perner 1979,
Kap. 5). Wir können hier nicht näher darauf eingehen.

B) *Situationswissen*

Damit sind all jene Informationen gemeint, die die Sprecher aufgrund
ihrer Wahrnehmung der jeweiligen Situation entnehmen können – abgesehen natürlich von den Schallwellen, von denen die Äußerungsinformation getragen wird. Am wichtigsten ist dabei die visuelle Wahrnehmung.
Sie erlaubt beispielsweise

— den Einsatz und die Deutung von Gesten, die gerade in den elementaren Lernervarietäten eine große Rolle spielen können
— die Kontrolle des kommunikativen Erfolgs über das Mienenspiel und
   sonstiges sichtbares Verhalten des Gegenübers (vgl. hierzu Scherer
   und Wallbott 1979)
— die Identifikation der Bedeutung deiktischer Ausdrücke wie z. B.
   hier. Hier bezeichnet – zumindest im einfachen Fall – einen Raum
   um den Sprecher. Um die Bedeutung von *hier*, wenn es in einer
   bestimmten Situation geäußert wird, zu verstehen, muß man daher in
   der Lage sein, die Position des Sprechers zu erkennen (vgl. dazu
   Klein 1978).

Andere Formen der Situationswahrnehmung sind demgegenüber weniger
wichtig, aber sie können durchaus eine gewisse Rolle spielen. So erlaubt
uns nur die Wahrnehmung durch den Geruchssinn, die Bedeutung von *s*
in „Riechst du's auch?" in einer gegebenen Situation zu ermitteln.

Es besteht nur wenig Grund zu der Annahme, daß sich Sprecher verschiedener Sprachen in ihrem Wahrnehmungsvermögen unterscheiden,
wohl aber dazu, daß sie unterschiedliche Aspekte als relevant wahrnehmen. Sie unterscheiden sich jedoch darin, wie das Wahrgenommene mit
der Ausdrucksinformation verknüpft wird. Wir kommen darauf bei der
Besprechung der Deixis zurück.

Im Gegensatz zum Weltwissen ist die Situationsinformation nicht im Gedächtnis festgehalten, aus dem sie zur Interpretation der Äußerung herausgeholt werden muß, sondern sie ist im Prinzip zumindest simultan gegeben. Allerdings zählt im allgemeinen für die Einbettung nicht nur, was gerade eben wahrgenommen wird, sondern auch das, was kurz zuvor wahrgenommen wurde und daher noch im Kurzzeitgedächtnis haftet.

C) *Vorgängerinformation*

Damit ist jene Information gemeint, die Vorgängeräußerungen entnommen wurde – aus dem (vorausgehenden) „sprachlichen Kontext" der Äußerung, um die es gerade geht. Bei der Besprechung von (1) und (2) weiter oben haben wir schon angedeutet, welche Bedeutung dieser Vorgängerinformation zukommt. Viele fundamentale Ausdrucksmittel der natürlichen Sprache fußen darauf, daß auf das zuvor Gesagte zurückgegriffen werden kann, beispielsweise

— die Verwendung anaphorischer Elemente (Personalpronomina der dritten Person, Wörter wie *daher, dann, auch* und zahllose andere)
— Ellipse, d. h. die regelrechte Auslassung bestimmter Elemente,

um nur zwei wichtige zu nennen. Wir kommen gleich darauf zurück (für eine allgemeine Erörterung solcher Mittel vgl. Halliday und Hasan 1976).

Dies ist jener Bereich des gesamten Beiwissens, in dem die Verknüpfung mit bestimmten strukturellen Eigenschaften der jeweiligen Sprache am engsten und systematischsten ist. Es scheint nun so, daß dieser Teil des Einbettungsproblems in den frühen Lernervarietäten kaum angegangen wird. So werden beispielsweise deiktische Pronomina wie *ich, du* – also solche, deren genaue Bedeutung sich aus der Situation ergibt – viel früher angewandt als anaphorische Personalpronomina[4] wie *er, sie, es*, die Vorgängerinformation wiederaufnehmen (vgl. Klein 1981, Klein und Rieck 1982). Dies trifft allerdings nicht zu auf ein gleichfalls anaphorisches Wort wie *dann*, das zum Ausdruck der Temporalität relativ früh und relativ systematisch benutzt wird; wir kommen darauf in Abschnitt 7.2 noch zurück.

Die Vorgängerinformation verändert sich natürlich fortwährend; sie haftet im Kurzzeitgedächtnis und wird von dort – möglicherweise – ins Langzeitgedächtnis übernommen. Je länger sie zurückliegt, umso weniger relevant ist sie für das augenblicklich Gesagte, und umso geringer ist ihre Rolle für das Einbettungsproblem.

Wir haben hier die drei Komponenten des Beiwissens voneinander zu

trennen versucht; in Wirklichkeit spielen sie natürlich in jeder Äußerungssituation zusammen. So interpretieren wir das in der Situation
Wahrgenommene beständig im Lichte unseres Weltwissens, und die Vorgängerinformation ist nicht einfach der Wortlaut der vorausgehenden
Äußerung, sondern dessen Deutung mit Hilfe des gesamten zuvor vorhandenen Beiwissens.

Im Vorausgehenden haben wir schon wiederholt auf einzelne strukturelle Eigenschaften der Sprache hingewiesen, an denen das Beiwissen an-
setzt. Im folgenden wollen wir fünf Eigenschaften dieser Art kurz umreißen und in ihrer Bedeutung für die Entwicklung von Lernervarietäten
betrachten. Dies sind Deixis, Anaphorik, Ellipse, Wortstellung und Intonation.

7.1.1. Deixis

Worauf deiktische Ausdrücke sich beziehen, hängt von bestimmten Faktoren der Situation ab. Die meisten Sprachen unterscheiden (zumindest)
vier Arten deiktischer Ausdrücke:

(a) Personaldeixis, d. h. Wörter wie *ich* (jeweiliger Sprecher[5]), *du* (jeweiliger Angesprochener), *wir* (jeweiliger Sprecher und zumindest eine
weitere Person, die selbst nicht in der Situation anwesend sein muß)
usw.

(b) Ortsdeixis (lokale Deixis), d. h. Wörter wie *hier* (Ort um den Sprecher), *dort* (Ort, der den Sprecher nicht enthält), *drüben* (Ort, der
den Sprecher nicht enthält und der durch eine Grenze, die verschiedener Art sein kann, vom Sprecherort getrennt ist) usw.

(c) Zeitdeixis (temporale Deixis) mit Ausdrücken wie *gestern* (am Tag,
der dem Tag vorausgeht, in dem die Sprechzeit liegt), *vorhin* (zu
einem Zeitpunkt, der kurz vor der Sprechzeit liegt) usw. Besonders
wichtig für die Zeitdeixis ist das Tempus, das im Deutschen in erster
Linie durch Verbflexion ausgedrückt wird; wir kommen darauf in
Abschnitt 7.2 ausführlich zu sprechen.

(d) Objektdeixis, d. h. Ausdrücke wie *dies*, wenn sie von einer Zeigegeste
begleitet sind (das Objekt, das man wahrnehmen kann, wenn man
der Zeigegeste folgt).

Im Prinzip funktioniert die Deixis in allen Sprachen gleich (vgl. Bühler
1934, Teil II; Fillmore 1972; Wunderlich 1971, Jarvella und Klein 1982,
Rauh 1982). Um zu verstehen, worauf sich ein deiktischer Ausdruck in
einer gegebenen Äußerung bezieht, muß der Hörer mindestens

— die „origo" (d. h. Sprechzeit, Sprechort, Sprecher) kennen; sie erhält
er aus dem Situationswissen;

— die lexikalische Bedeutung des betreffenden Wortes kennen, also
etwa, daß die Lautfolge [hiːr] im Deutschen „Ort um den Sprecher"
bedeutet; diese Information liefert ihm seine Sprachkenntnis;

— eventuell bestimmte Abgrenzungen vornehmen; auch wenn man
weiß, daß *hier* „Ort um den Sprecher" bedeutet, und die Position des
Sprechers bekannt ist, bleibt offen, wie weit dieser Ort reicht. In
„Hier beträgt die Inflation 7 %" ist er sicher weiter als in „Hier
zieht's". Diese Abgrenzung liefert dem Hörer sein Weltwissen.[6]

Es ist anzunehmen, daß ein Zweitsprachlerner (im Gegensatz zu einem
Erstsprachlerner) im Prinzip weiß, wie die Deixis funktioniert, denn in
seiner Erstsprache ist es grundsätzlich nicht anders. Schwierigkeiten
macht ihm aber oft die Art, wie die Zielsprache die einzelnen deiktischen
Teilbereiche (Personaldeixis, Ortsdeixis usw.) aufgliedert, d. h. wie sie
beispielsweise bestimmte Zeitverhältnisse oder bestimmte Räume mit bestimmten Ausdrücken verknüpft.

Wir können dies am Beispiel der Ortsdeixis kurz erläutern. Im Englischen gibt es primär zwei Ortsdeiktika[7], nämlich *here* and *there*, deren
lexikalische Bedeutung sich ungefähr mit „Ort, der den jeweiligen Sprecher umschließt" (here) bzw. „nicht umschließt" (there) umschreiben
läßt. Im Deutschen haben *hier* und *dort* ungefähr dieselbe Bedeutung,
aber es gibt eben noch das Wort *da*, das in vielen, aber nicht allen Fällen
there mindestens ebensogut entspricht wie *dort*[8]. Die Semantik von *da* im
Deutschen ist extrem kompliziert und immer noch umstritten (vgl. Ullmer-Ehrich 1982). In jedem Fall aber zerlegt das Englische den ganzen
„deiktischen Raum" in zwei Bereiche, das Deutsche aber in drei. Wenn
ein englischsprachiger Lerner dieses tückisch ähnliche System erlernen
will, stößt er auf außerordentlich schwierige Analyseprobleme, die er gelöst haben muß, bevor er die Einbettung gemäß den Regeln des Deutschen leisten kann. Da die Systeme sehr ähnlich sind, kommt er in der
Praxis wahrscheinlich gut mit elementaren und leicht falschen Hypothesen hin wie „*hier* bedeutet *here*, *da* und *dort* bedeuten beide *there*" oder
„*hier* bedeutet *here*, *da* bedeutet *there*, wenn es näher ist, *dort* bedeutet
there, wenn es weiter ist" o. ä. Er hat dann eine Lösung für das Einbettungsproblem gefunden, die der hochdeutschen so ähnlich ist, daß es
kaum je zu Kommunikationsstörungen kommt[9]. Dies ist natürlich nicht
möglich, wenn die beiden deiktischen Systeme stark voneinander abweichen, wie dies bei vielen Sprachpaaren der Fall ist (vgl. hierzu Denny
1978 und die Beiträge in Weissenborn und Klein 1982).

7.1.2. Anaphorik

Anaphern sind Elemente, die bestimmte Vorgängerinformation wiederaufnehmen oder daran anknüpfen und sie ergänzen. Die wichtigsten
sind

(a) Personalpronomina der dritten Person (*er, sie, es, ihm, ihnen* usw.,
    im Deutschen auch *der, die, dem* in Sätzen wie „Dem werde ich es
    schon zeigen") sowie Possessivpronomina.
(b) Verschiedene Adverbien und Partikel, z. B.
    - *zuvor, vorher* (im Gegensatz zum deiktischen *vorhin*), anschlie-
      ßend, *dann, hinterher* usw.
    - *da* mit seinen verschiedenen Zusammensetzungen wie *dahinter*
      usw.
    - *so* mit der (ungefähren) Bedeutung „auf die aus dem zuvor Ge-
      sagten hervorgehende Weise";
    - *auch, nein* mit den ungefähren Bedeutungen „bei Weitergeltung
      eines zuvor eingeführten Gedankens" bzw. „der zuvor eingeführ-
      te Gedanke gilt nicht"
      und andere.
(c) Demonstrativa wie *dieses, jenes* sowie (in vielen Verwendungen) der
    bestimmte Artikel.

Viele dieser Ausdrücke können nicht nur anaphorisch, sondern auch
deiktisch verwendet werden, und in manchen Fällen wirken Situationswissen und Vorgängerwissen zusammen.
   In voll ausgebildeten Sprachen ist die Anaphorik das wichtigste Ausdrucksmittel, um den Zusammenhang der Rede zu sichern. Wie sie sich
in den Lernervarietäten entwickelt, ist bisher nur sehr wenig untersucht.
Eine gewisse Ausnahme bilden die Personalpronomina, zu denen es einige Arbeiten gibt (vgl. etwa Felix und Simmet 1982, mit weiteren Angaben). Dabei geht es aber weniger um die anaphorische Funktion als um
die Pronomina als in sich geschlossenes, mit der Verbflexion verknüpftes
Paradigma.[10] Nach der einzigen bisher vorliegenden Studie, die die anaphorische (bzw. deiktische) Funktion der Pronomina explizit betrachtet
(Klein 1981; Klein–Rieck 1982) scheint die Anaphorik in den frühen Lernervarietäten eine sehr geringe Rolle zu spielen, d. h. der Lerner verzich-
tet zunächst darauf, die Wiederaufnahme von Vorgängerinformation explizit zu machen. Für den Erwerb der Personalpronomina insgesamt
zeichnet sich die folgende Entwicklung ab (nach Klein und Rieck 1982,
S. 69):

1. Das deiktische System des Sprecherbezugs („ich") und des Hörerbezugs („du") wird sehr früh erworben. Allerdings wird dabei nicht nach Singular und Plural getrennt. Gelernt wird z. B. die Form *ich*, aber sie kann auch *wir* bedeuten. Der Nominativ wird dabei vor den abhängigen Formen (z. B. *mir*,[11] *mich*) gelernt. Von den übrigen deiktischen Formen finden sich auch *da* (im Sinne von *da, hier*) und *jetzt* sehr früh.

2. In den frühen Lernervarietäten werden die anaphorischen Pronomina ausschließlich durch die Form *das* (meist als *däs* realisiert, was auch auf *dies* zurückgehen kann) vertreten. Selbst sonst sehr fortgeschrittene Sprecher bleiben in dieser Hinsicht deutlich hinter der Zielvarietät zurück.

3. Die fehlenden anaphorischen Pronomina werden oft – aber keineswegs immer – durch Wiederholung von vorher schon genannten Nomina ersetzt. In vielen Fällen werden sie einfach ausgelassen, d. h. es wird Ellipse statt Anaphorik verwendet (vgl. dazu gleich Abschnitt 7.1.3).

In diesem Zusammenhang sei noch einmal kurz an Beispiel 1 aus Abschnitt 5.3 erinnert: Dort sind die Ergebnisse eines Nachsprechtests für den Satz „Vielleicht hat sie ihn zu Hause bei ihren Eltern vergessen" besprochen. Kein einziger der 18 Sprecher hat dabei *ihn* reproduziert, und nur etwa die Hälfte *sie*. Dies entspricht den obigen Befunden.

Es ist ganz unklar, weshalb die Lerner der Anaphorik und damit einer wesentlichen Komponente lange Zeit so geringes Gewicht beimessen und sich – über die Normen der Zielsprache hinaus – auf zwei andere Techniken verlassen, nämlich einfache Wiederholung und Ellipse. Wir kommen darauf im folgenden Abschnitt zurück.

7.1.3. Ellipse

Bei Deixis und Anaphorik wird durch spezielle Ausdrücke – eben die Deiktika und die Anaphern – gleichsam die Nahtstelle festgelegt, an der Äußerungsinformation und Kontextinformation ineinandergreifen. Bei der Ellipse hingegen wird die Kontextinformation überhaupt nicht mehr durch irgendeinen Ausdruck in der Äußerung selbst aufgenommen, sondern einfach an einer bestimmten Stelle der Äußerung (dem „elliptischen Teil") eingefügt, und zwar nach bestimmten Regeln. So ergänzt jedermann, der Deutsch kann, die elliptische Äußerung

(3) Rainer Maria.

durch „. . . hat . . . geheiratet.", wenn die Frage „Wer hat wen geheiratet?" vorausgeht, hingegen durch „Rilke hieß mit Vornamen . . .", wenn die Frage „Wie hieß Rilke mit Vornamen?" vorausgeht.

Das notwendige Beiwissen braucht nicht, wie in diesem Beispiel, der vorausgehenden Äußerung zu entstammen; es kann auch aus dem Weltwissen (z. B. bei Wetterberichten) oder der Situationsinformation (z. B. bei Bestellungen wie „Noch zwei!") kommen. Es ist auch möglich, daß es „nachgeliefert" wird, d. h. daß es sich erst im folgenden sprachlichen Kontext (meist in Form einer Koordination) findet.[12]

Ellipsen sind nicht willkürlich; man kann nicht nach Gutdünken in einer Äußerung etwas auslassen und hoffen, daß der Kontext es irgendwie richtet. So kann man auf die Frage „Wer hat wen geheiratet?"im Hochdeutschen nicht antworten „Rainer hat Maria", auch nicht „Rainer Maria geheiratet". Es gibt bestimmte Regeln dafür, *an welcher Stelle was* ergänzt werden muß bzw. umgekehrt weggelassen werden kann. Diese Regeln sind bisher sehr unzulänglich erforscht[13], vergleichsweise am besten noch für solche Ellipsen, bei denen das Beiwissen unmittelbar zuvor sprachlich eingeführt wird. Dies geschieht etwa durch Fragen, die dann beantwortet werden, durch Behauptungen, die man ergänzt oder partiell korrigiert, oder durch den ersten Teil einer Koordination wie in den folgenden drei Fällen:

(4) Wer hat wen geheiratet? – Rainer Maria.
(5) Hans hat Inge geheiratet. – Nein, Rainer Maria.
(6) Hans hat Inge geheiratet und Rainer Maria.

Wir wollen hier nicht versuchen, die außerordentlich komplizierten Ellipseregeln des Deutschen, soweit man sie überhaupt kennt, darzustellen (vgl. dazu Klein 1984). Für die Entwicklung von Lernervarietäten ist die Ellipse – als gleichsam reinste Form des Einbettungsproblems – in dreierlei Hinsicht von besonderer Bedeutung:

1. In den Lernervarietäten – vor allem in den frühen – geht die Anwendung der Ellipse weit über die in der Zielsprache vorgesehenen Möglichkeiten hinaus, d. h. der Aufbau der Äußerungen zielt vor allem auf jene Elemente, die sich nicht aus dem jeweiligen Stand des Kontextwissens ergeben. Ein gutes Beispiel dafür sind Äußerungen wie „Brot" oder „Ich Brot" – vgl. (1) oben – im Lebensmittelladen, die durchaus auch angemessen sein *können*, von Lernern aber auch benutzt werden, wenn die genauen kontextuellen Voraussetzungen nicht gegeben sind – also beispielsweise auf Vorgängerfragen wie „Was hätten Sie gern?" bzw. „Und was möchten Sie gern?" (mit betontem *Sie*). Man beachte, daß in diesen Fällen auch ohne passende Vorgängerfrage die

Kommunikation nicht bedroht zu sein braucht: Das Gewicht der übrigen Komponenten des Beiwissens (Weltwissen und Situationswissen) ist so stark, daß die Verständigung durchaus gesichert ist. Der Lerner kann es sich leisten, die Ellipseregeln des Deutschen zu verletzen.

2. Schwierig ist nun aber, daß der Lerner aufgrund seines beschränkten Ausdrucksrepertoires oft auch Elemente aus seiner Äußerung weglassen muß, von denen er nicht annehmen kann, daß sie im Beiwissen seines Gegenübers enthalten sind. „Ellipsen" dieser Art haben unmittelbar nichts mit dem Einbettungsproblem zu tun, d. h. mit der Einpassung der Äußerungsinformation in den gesamten Informationsfluß. Sie sind aber formal von eigentlichen Ellipsen, wie sie in allen Sprachen grammatikalisiert auftreten, oft nicht zu unterscheiden. Dieser Umstand wirft für die Analyse von Lernervarietäten große Probleme auf.

3. Daß etwas im Beiwissen enthalten ist, ist zwar eine notwendige, aber keine hinreichende Bedingung dafür, es in der Äußerung weglassen zu können. Es muß darüber hinaus klar sein, auf *welches Element* des Beiwissens man sich an *welcher Stelle* in der Äußerung bezieht. Der jeweilige Sprecher ist (in der Regel) durch das Situationswissen gegeben. Wenn er daher über sich selbst reden will, kann er dazu das deiktische Wort *ich* verwenden; aber er spricht ja nicht immer über sich selber. Er kann deshalb – ganz abgesehen von den Ellipseregeln der Zielsprache – nicht so ohne weiteres ein *ich* weglassen, ohne möglicherweise die Kommunikation zu bedrohen. Er kann aber beispielsweise einer allgemeinen Maxime wie (7) folgen:

(7) Ein Element, das in einer bestimmten Funktion (z. B. als Subjekt) in einer Vorgängeräußerung eingeführt ist, gilt in dieser Funktion weiter, bis es aufgehoben wird.

Im Grunde ist (7) eine sehr allgemeine Ellipsenregel, wie es sie zwar im Deutschen nicht gibt; sie hat aber manche Entsprechungen im Deutschen[14].

Eine solche Maxime ist eine bestimmte Art, das Einbettungsproblem in einem Teilbereich zu lösen. Diese Lösung verlangt freilich, daß Äußerungen und insbesondere Serien von Äußerungen in ihrem Aufbau danach ausgerichtet werden – beispielsweise dadurch, daß man in der ersten Äußerung mit einem solchen Element beginnt und alle folgenden parallel aufbaut. Wie wir in Kapitel 6.1 zu zeigen versucht haben, ist genau dies das Prinzip, nach dem viele Texte in Lernervarietäten strukturiert sind:

Der erste Teil – die Setzung – wird eingeführt und gilt dann solange weiter, bis sie durch eine neue Setzung aufgehoben wird. Jede Äußerung in der Reihe enthält aber einen neuen Fokus. Diese Technik macht auch den Gebrauch anaphorischer Elemente weithin überflüssig – zumindest solcher, die keinerlei neue Information einführen wie *er, sie, es* (im Gegensatz zu solchen, die an Eingeführtes anknüpfen und es ergänzen, wie z. B. *dann*).

Der Preis, den man für diese Technik zu zahlen hat, ist eine mehr oder minder starre Wortfolge. Darauf gehen wir im folgenden Abschnitt ein.

7.1.4 Wortstellung und Intonation

In voll ausgebildeten Sprachen hängt die Wortstellung von vielen Faktoren ab. Einer davon ist die Verteilung von bereits eingeführter und neuer Information. Schon Behaghel (1923) hat eine allgemeine Regel formuliert, derzufolge das Alte zuerst und das Neue später steht. Dieser Gedanke wurde später von vielen Forschern weiterentwickelt, insbesondere von Vertretern der Prager Schule, denen zufolge die „kommunikative Dynamik" im Satz normalerweise zunimmt; d. h. die späteren Teile haben gewöhnlich einen höheren Informationswert als die früheren (vgl. etwa Sgall et al. 1973). Eine Konsequenz dieser Informationsverteilung ist, daß anaphorische und deiktische Elemente, ebenso Ellipsen, bevorzugt am Satzanfang auftreten.

Nun kann jedoch jederzeit gegen diese „normale Informationsverteilung" verstoßen werden. Man betrachte etwa die folgenden vier Satzpaare:[15]

(8)	(a) Was hat Peter gemacht?	(b) (Peter hat) gekocht.
(9)	(a) Wer hat gekocht?	(b) Peter (hat gekocht).
(10)	(a) Wer hat was gemacht?	(b) Peter (hat) gekocht.
(11)	(a) Was ist passiert?	(b) Peter hat gekocht.

Die vier Fragen liefern jeweils eine etwas unterschiedliche Vorgängerinformation für die Antwort. Eine Folge davon ist, daß die Informationsverteilung in (8b) und (9b) gerade umgekehrt ist. In (8b) ist lediglich *gekocht* neu, *Peter hat* hingegen sind gegeben (und können in diesem Fall, nach den deutschen Ellipseregeln, auch weggelassen werden); die Informationsverteilung ist also normal. In (9b) hingegen ist *Peter* neu und *hat gekocht* gegeben; hier ist die Informationsverteilung also genau umgekehrt. In (10b) hingegen ist lediglich vorausgesetzt, daß jemand etwas gemacht hat, sowohl *Peter* wie *gekocht* sind neu, und lediglich der durch *hat* vermittelte Bezug zwischen beiden ist gegeben; hier, und nur hier, kann *hat* weggelassen werden. In (11b) schließlich ist überhaupt nichts als gegeben anzusehen. Mithin kann dieselbe Folge von Wörtern sehr unterschiedliche Informationsverteilungen ausdrücken. Allerdings wird dieser Unterschied klar durch die Intonation angezeigt. So hat z. B. (9b) anfangs einen relativ hohen Ton, der von *Peter* zu *hat* bereits absinkt und tief bleibt; (8b) hingegen setzt tief bis mittelhoch ein, zwischen *ge-* und *kocht* liegt ein Anstieg mit folgendem Fall innerhalb des *-o-*.

Dieses enge Zusammenspiel zwischen Wortstellung, Intonation und Informationsverteilung zeigt sich nun ebenfalls darin, daß man in (8b) und (9b) die Reihenfolge der Konstituenten auch umdrehen kann zu „Gekocht hat Peter". Bei einer solchen „Topikalisierung" – hier des infiniten Verbteils – ändert sich aber wiederum die Intonation. Erhalten bleibt in beiden Fällen die Position des Finitums *hat*, das gleichsam als Drehpunkt dient. Eine solche Umstellung ist hingegen bei (10b) und (11b) nicht möglich.

Für das Einbettungsproblem besagen Beobachtungen wie diese folgendes. Ein gegebener Informationsstand läßt Freiheiten in der Anordnung der Elemente im Zusammenspiel mit der Intonation zu. Um diese Freiheiten im Sinne der Zielsprache nutzen zu können, muß der Lerner aber über gewisse syntaktische Grundvoraussetzungen verfügen. Beispielsweise muß er in der Lage sein, die Position des Finitums konstant zu halten, denn sonst ist es nicht klar, was die topikalisierte Konstituente ist. Ebenso muß er in der Regel über die Möglichkeit der Kasusmarkierung verfügen, weil sonst beispielsweise unklar bleibt, was Subjekt, was Objekt in einer Äußerung ist. Dies macht deutlich, daß das Einbettungsproblem sich unmittelbar auf die Lösung des Syntheseproblems auswirkt. Reichere syntaktische und lexikalische Mittel schaffen erst die Freiheit, der Äußerung und der in ihr enthaltenen Information ein gewisses Gewicht im Gesamtfluß der Information zu geben.

Damit schließen wir diesen Abschnitt über verschiedene grammatikalisierte Formen der Integration von Äußerungsinformation und Beiwissen.[16] Dem Forschungsstand in diesem Bereich entsprechend, konnten wir nur andeuten, wie sich die damit verbundenen Probleme in den Lernervarietäten auswirken. Im nächsten Abschnitt wollen wir an einem Fall, nämlich dem Ausdruck der Temporalität, etwas mehr im Detail zu zeigen versuchen, wie Beiwissen und in der Äußerung explizit gemachte Information ineinandergreifen und sich dabei allmählich die Balance zu größerer Unabhängigkeit von ersterem verschiebt.

7.2* Der Ausdruck der Temporalität in Lernervarietäten

Im Deutschen – wie in sehr vielen Sprachen – enthält jede Äußerung obligatorisch einen Zeitbezug: Das, was ausgedrückt wird, wird in seinem zeitlichen Verhältnis zur Sprechzeit eingeordnet. Diese Kennzeichnung ist mit dem (finiten) Verb verknüpft. Es ist deshalb nicht übertrieben zu sagen, daß der Ausdruck der Temporalität eine fundamentale Eigenschaft zumindest deutschsprachiger Äußerungen ist. In den frühen Lernervarietäten beherrscht der Lerner weder das Finitum, noch hat er überhaupt eine nennenswerte Flexion. Es ist daher eine interessante Frage, wie er dort – wenn überhaupt – die Temporalität ausdrückt und wie er sich dem zielsprachigen Vorgehen nähert. In Abschnitt 7.2.1 gehen wir allgemein auf den Ausdruck der Temporalität als Teil des Einbettungsproblems ein; in Abschnitt 7.2.2 betrachten wir eingehend ein längeres Textbeispiel aus einer elementaren Lernervarietät.[17]

7.2.1 Temporalität

Der Ausdruck „Temporalität" bezieht sich im weiteren Sinne auf verschiedene zeitliche Kennzeichnungen von Ereignissen (bzw. Handlungen, Sachverhalten u. ä.; wir sagen für all dies kurz „Ereignisse"). Fürs Deutsche und viele andere Sprachen ist die folgende Dreiteilung dieser Kennzeichnungen üblich:

1. *Zeitbezug* (oder Temporalität im engeren Sinn) bezieht sich auf das zeitliche Verhältnis des Ereignisses zu einem ausgezeichneten Referenzpunkt. Dieser Referenzpunkt muß im Beiwissen von Sprecher und Hörer verankert sein – entweder im Situationswissen oder im Weltwissen. Ersteres ist der Fall, wenn die Sprechzeit als Referenzzeit zählt; man spricht dann von (deiktischer) *Origo*. Aber es ist durchaus auch möglich, daß der Zeitpunkt eines im Weltwissen verankerten Ereignisses (z. B. Christi Geburt) als primäre Bezugszeit genommen wird; man kann in Analogie von „kalendarischer Origo" sprechen. Die Zeitverhältnisse zwischen einer Origo und dem ausgedrückten Ereignis sind etwa „vor", „nach", „enthalten in" u. a.

2. *Aspekt* bezieht sich auf verschiedene Betrachtungsweisen, nach denen der Sprecher das Ereignis darstellen kann, z. B. als „abgeschlossen" oder „nicht abgeschlossen". In manchen Sprachen, wie den slawischen, spielt diese Kategorie eine wichtigere Rolle als der Zeitbezug. Ihre Bedeutung fürs Deutsche ist umstritten. Da sie für das Einbet-

tungsproblem weniger interessant ist, gehen wir hier nicht näher darauf ein.

3. *Aktionsart* bezieht sich auf immanente zeitliche Eigenschaften des Ereignisses, so wie sie in der lexikalischen Bedeutung des betreffenden Wortes (meist eines Verbs) festgehalten sind – etwa Punktualität, Durativität, Inchoativität u. a. Im Deutschen wird die Aktionsart oft durch Präfixe gekennzeichnet (vgl. *blühen – aufblühen – verblühen*). Auch die Aktionsart hat relativ wenig mit dem Einbettungsproblem zu tun.

Im folgenden befassen wir uns nur mit dem Zeitbezug (der Temporalität im engeren Sinne). Diesen Zeitbezug sicherzustellen, ist offenkundig ein Einbettungsproblem. Seine Kennzeichnung muß jeweils relativ zum Wissen des Hörers in der gegebenen Situation, aus der sich beispielsweise die Sprechzeit ergibt, erfolgen. Zum erfolgreichen Ausdruck der Temporalität gehören zumindest die folgenden vier Komponenten:

(12)1. Eine gemeinsame – oder zumindest hinlänglich ähnliche – Zeitvorstellung bei Sprecher und Hörer;

2. gemeinsame primäre Referenzpunkte wie die deiktische oder die kalendarische Origo;

3. Ausdrucksmittel für Zeitspannen und zeitliche Beziehungen, beispielsweise Adverbiale oder die Tempusmarkierung beim Verb;

4. gewisse Diskursregeln, die auf dem „Weltwissen" von Sprecher und Hörer aufbauen, insbesondere auf dem Wissen über die Beschaffenheit von Ereignissen und ihren normalen Verlauf.

Wir gehen auf die ersten drei Komponenten kurz und auf die vierte etwas länger ein.

Verschiedene Kulturen haben, wie es scheint, unterschiedliche Zeitvorstellungen ausgebildet. Bei uns nimmt man an[18], die Zeit sei eine Art gleichförmigen, unumkehrbaren Stroms, den man in kleinere Abschnitte (Zeitspannen oder Intervalle) unterteilen kann. Einzelereignisse können eine solche Zeitspanne in diesem Strom einnehmen. Dies erlaubt es, eine Beziehung zwischen einem bestimmten Ereignis und einem anderen Ereignis oder aber einer ausgezeichneten Zeitspanne – eben dem primären Referenzpunkt oder der Origo – herzustellen.

Eine solche Bezugszeit kann im Prinzip durch jedes beliebige Ereignis geliefert werden, sofern es im Weltwissen oder Situationswissen des Hörers und des Sprechers enthalten ist. Besonders gut eignet sich das Ereignis der augenblicklichen Äußerung – d. h. die Sprechzeit – selbst, denn sie ist dem Hörer normalerweise leicht zugänglich. Deshalb nutzen alle uns bekannten natürlichen Sprachen diese „deiktische Origo", und sie haben eine Reihe von deiktischen Ausdrücken entwickelt, die sich darauf beziehen (vgl. auch Abschnitt 7.1.1). Allerdings verändert sich die Sprechzeit ständig. Zudem versagt dieses Verfahren bei geschriebener Kommunikation, bei der „Sprechzeit" und „Hörzeit" auseinanderklaffen, so daß der Hörer keinen direkten Zugang zu ersterer hat. Hier bietet sich die Möglichkeit an, als Bezugszeit die Zeit eines Ereignisses zu wählen, dem aus irgendeinem Grund in der jeweiligen Kultur große Bedeutung zukommt und das daher im Weltwissen aller Mitglieder dieser Kultur verankert ist. Als ein solches gilt bei uns die Geburt Christi; aber es kann auch z. B. irgendeine Revolution sein. Diese Möglichkeit wird nicht so gleichmäßig in allen Sprachen genutzt, ist aber dennoch weit verbreitet. In Analogie zur deiktischen Origo kann man hier von „kalendarischer Origo" sprechen. Eine dritte Möglichkeit besteht darin, eine Bezugszeit explizit in der vorausgehenden Rede einzuführen. Eine solche „spezifische Origo" wie in „als ich ein Kind war" oder „kurz nach dem Weltuntergang" ist also Teil der Vorgängerinformation, so wie die deiktische Origo zum Situationswissen und die kalendarische Origo zum (kulturspezifischen) Weltwissen gehört. Jedoch ist dieser letzte Fall abgeleitet, denn bei der Einführung einer solchen Bezugszeit wird gewöhnlich auf die deiktische oder die kalendarische Origo zurückgegriffen.

Wenn der Sprecher annehmen darf, daß Zeitvorstellung und Origo im Beiwissen des Hörers gegeben sind, kann er versuchen, das darzustellende Ereignis mit diesem Wissen zu verknüpfen. Dazu braucht er die für jede einzelne Sprache verschiedenen Ausdrücke für Zeitintervalle und für Zeitrelationen. Zeitintervalle sind beispielsweise Sekunden, Weilchen, Tage, Epochen, Ewigkeiten; Zeitrelationen sind etwa: „a vor b", „a gleichzeitig zu b", „a in b enthalten" u. a., wobei a und b Zeitintervalle sind. Um sie zu bezeichnen, verfügen alle Sprachen über ein reiches Repertoire einfacher und zusammengesetzter Ausdrücke. Die beiden wichtigsten Verfahren sind:

1. Adverbiale, und zwar einfache Adverbien (*gestern, dann, jetzt* usw.), Präpositionalausdrücke (*vor Tau und Tag, beim Mittagessen, den Tag über* usw.) oder vergleichbare Ausdrücke (*letzten Sommer*) sowie untergeordnete Sätze (*als das Wünschen noch geholfen hat, bevor du einschläfst,* usw.). Viele dieser Adverbiale knüpfen an eine deiktische Origo an (*morgen, vor drei Jahren*) oder aber an eine zuvor eingeführte Referenzzeit (*danach, drei Jahre zuvor*).
2. Tempusmarkierung, die durch Suffixe, Präfixe, Stammveränderung oder Hilfsverben ausgedrückt wird. Das Tempus ist eine deiktische Kategorie par excellence, d. h. es ist grundsätzlich auf eine deiktische

Origo bezogen. Allerdings kann dieser Bezug anaphorisch vermittelt sein, d. h. das Tempus eines Satzes bezieht sich zunächst anaphorisch auf eine zuvor eingeführte Bezugszeit und erst diese – unter Umständen wieder vermittelt – auf die deiktische Origo.

Das Zusammenspiel von Adverbien und Tempusmarkierung ist höchst kompliziert und von Sprache zu Sprache verschieden wie die Ausbildung dieser beiden Ausdrucksmittel selbst; hier kommt es aber nur aufs Prinzip an. (Für eine eingehendere Diskussion vgl. Wunderlich 1970; Bäuerle 1977; Rohrer 1980; Grewendorf 1982.)

Wären dies die einzigen Möglichkeiten, Temporalität zu markieren, dann könnte sie in den frühen Lernervarietäten kaum ausgedrückt werden. Der spanische Arbeiter, dessen fossilisierte Lernervarietät bereits in 6.1 besprochen wurde, verfügt z. B. über keinerlei Flexion, damit über keine Tempusmarkierung, aber auch nur über ganz wenige Adverbiale; trotzdem ist er ein sehr guter Geschichtenerzähler (vgl. HDP 1979, Kap. 3). Er operiert dabei sehr stark mit Diskursregeln, die auch in der Zielsprache eine wichtige, aber nicht so dominante Rolle spielen. Darauf müssen wir, um den Ausdruck der Temporalität in den Lernervarietäten zu verstehen, etwas ausführlicher eingehen.

Was hier mit Diskursregeln gemeint ist, läßt sich am besten an einigen Beispielen erläutern. In den beiden folgenden Sätzen, die aus je zwei Teilsätzen bestehen, werden dieselben beiden Ereignisse berichtet:

(13) Hans wurde müde, und er schlief ein.
(14) Hans schlief ein, und er wurde müde.

Aber die zeitliche Abfolge der beiden Ereignisse wird unterschiedlich gedeutet. Das führt dazu, daß (14) etwas merkwürdig ist, denn es ist mit unserem Weltwissen schlecht zu vereinbaren, daß jemand zuerst einschläft und dann müde wird. Dies hat im übrigen nichts mit einer möglichen Kausalbeziehung zwischen den beiden Ereignissen zu tun. Zwar schläft man (nach unserem Weltwissen) oft ein, *weil* man müde geworden ist. Aber die Reihenfolge und damit die Wirkung des Merkwürdigen ergibt sich auch bei

(15) Hans schlief ein, und er knipste das Licht aus.

Diese und viele ähnliche Beobachtungen kann man zu einer allgemeinen Regel – einer Diskursregel – zusammenfassen, dem „Prinzip der natürlichen Abfolge" (PNA). Man kann diese Regel etwa so formulieren:

(16)*PNA: Wenn nicht ausdrücklich anders markiert, entspricht die Reihenfolge, in der die Ereignisse angeführt werden, ihrer tatsächlichen zeitlichen Abfolge.*

Ein solches Prinzip wurde in dieser und ähnlicher Form von vielen Autoren vorgeschlagen (vgl. Clark 1971, Labov 1972). Im Grunde kannten es schon die alten Griechen, die Verstöße dagegen als die rhetorische Figur des „hysteron proteron" (das Frühere als Späteres) bezeichneten. In der obigen Form ist PNA sicher unbefriedigend. In

(17) Hans schlief ein. Maria wurde müde.

ist nicht ausgeschlossen, daß Ereignis b (das zweiterwähnte) vor Ereignis a oder gleichzeitig dazu passiert. Dies gilt auch für die beiden folgenden Beispiele, obwohl man hier vielleicht eher geneigt ist, sie im Sinne von PNA zu interpretieren:

(18) Hans schlief ein, und Maria wurde müde.
(19) Hans schlief ein. Er wurde müde.

Das letzte Beispiel klingt durchaus nicht unbedingt widersinnig, was der Fall sein müßte, wenn man PNA anwendet. Ob also PNA wirksam ist oder nicht, hängt offenbar mit solchen Faktoren zusammen wie etwa, ob es sich um koordinierte Teilsätze handelt oder um zwei gereihte selbständige Sätze oder ob das Subjekt wechselt. So schlägt PNA voll durch, wenn in einer Koordination des Subjekts gleichbleibt und beim zweiten Mal als Ellipse behandelt wird:

(20) Hans schlief ein und wurde müde.

Ausschlaggebend scheint, ob die beiden Ereignisse als Bestandteil („Teilereignisse") eines einzigen komplexen Ereignisses aufgefaßt werden. Dieses „Rahmenereignis" hat eine mehr oder minder ausgeprägte temporale Struktur, von der angenommen wird, daß sie dem Hörer aufgrund seines Weltwissens vertraut ist. Die Teilereignisse werden dann in die zeitliche Struktur dieser Rahmenereignisse eingepaßt.

Ob nun eine Abfolge von Sätzen PNA folgt oder nicht, hängt von zwei Faktoren ab:

1. Der Zeitstruktur des Rahmenereignisses;
2. davon, wie dicht die grammatische Verknüpfung (die „Kohäsion") zwischen den aufeinanderfolgenden Sätzen ist: So sind koordinierte Teilsätze enger verknüpft als asyndetisch gereihte Hauptsätze (wie in (17) oder in (19)). Wechsel des Subjekts verringert die Kohäsion, anaphorische Elemente oder gar Ellipsen erhöhen sie.[19]

Das Rahmenereignis muß, wie die obigen Beispiele zeigen, nicht unbedingt explizit eingeführt werden. Es kann sich aus der Reihe der Teilereignisse ergeben. Anderseits ist die explizite Angabe eines solchen zeitlichen Bezugsrahmens ein wirksames Mittel, um die zeitlichen Beziehungen zwischen den im folgenden angeführten Teilereignissen von vornherein festzulegen. Je nachdem, wie „dicht" das zeitliche Netz dadurch vorstrukturiert wird, wird die Angabe zeitlicher Beziehungen im folgenden mehr oder minder überflüssig. Um dies deutlich zu machen, betrachten wir drei Beispiele, in denen jeweils zunächst ein Rahmen angegeben wird, in den dann drei Einzelereignisse eingefügt werden. Die Struktur dieser Beispiele ist jeweils α, β, γ, δ, wobei α usw. Teilsätze sind, die die Ereignisse a, ... ausdrücken. Alle Ereignisse werden als „vor Sprechzeit" markiert; sonst findet sich keine temporale Kennzeichnung:

(21) Sie spielten ein Streichertrio. Wolfgang spielte die Geige, Norbert spielte das Cello, und Christiane die Viola d'Amore.

(22) Sie hörten sich ein Streichertrio an. Jürgen wurde müde, gähnte und schlief ein.

(23) Ihr Schicksal war gleichermaßen traurig. Maria heiratete einen Metzger, Peter emigrierte nach Schweden, und Hans starb eines frühen Todes.

Bei (21) nimmt niemand an, daß die Einzelereignisse b,c,d hintereinander liegen, d. h. PNA gilt nicht. Unser Weltwissen über das Rahmenereignis „Streichertrio spielen" sagt uns (oder jedenfalls den Gebildeten unter uns), daß die zeitliche Relation zwischen b, c und d eher „gleichzeitig" ist als „vor". – In (22) wird gleichfalls ein Rahmenereignis eingeführt, aber es definiert weniger stark Beschränkungen für die folgenden drei Teilereignisse, so daß deren Abfolge zunächst relativ offen ist. Hier schließen sich, gestützt durch die starke Kohäsion zwischen β, γ, δ die Einzelereignisse b, c, d zu einem Ereignis („Jürgens Verhalten") zusammen, das insgesamt zeitlich „in" a liegt und in sich PNA folgt. Mit andern Worten: Innerhalb des explizit eingeführten „Gesamtrahmens" a gibt es wiederum ein Rahmenereignis b + c + d, und die zeitlichen Relationen darin werden durch PNA geregelt. – In (23) schließlich wird das „Rahmenereignis" a zwar in der Tat durch die folgenden Teilereignisse b, c, d ausgeschöpft, aber dieser Rahmen läßt praktisch alles offen, und auch die folgenden Einzelereignisse schließen, ihrer geringen Kohäsion entsprechend, sich nicht weiter zu einem nach PNA geordneten Ereignis zusammen. Es bleibt einfach offen, wie die zeitliche Abfolge zwischen diesen dreien ist.

Eine bessere Formulierung von Diskursregeln als (16) müßte zeigen, wie verschiedene Arten der Kohäsion in einer Abfolge von Teilsätzen zur Annahme eines engeren Ereignisses mit einer bestimmten zeitlichen Struktur führen. Wir haben dies an den Beispielen nur angedeutet und können es auch hier nicht weiter ausführen. Das Grundprinzip ist aber hoffentlich klar geworden. In voll ausgebildeten Sprachen sind solche Diskursregeln, wie immer sie genau aussehen mögen, nur ein Mittel neben andern. Der Sprecher verfügt über viele Ausdrucksmittel, die ihm die explizite Kennzeichnung aller möglichen zeitlichen Verhältnisse gestatten. Je beschränkter diese Mittel sind, umso stärker wird das Gewicht solcher Diskursregeln, d. h. umso weniger kann sich der Lerner von den dadurch nahegelegten Abfolgen freimachen. Im nächsten Abschnitt werden wir uns als Beispiel eine Lernervarietät ansehen, deren Ausdrucksrepertoire sehr begrenzt ist und in der daher der Ausdruck zeitlicher Verhältnisse stark von Diskursregeln abhängt.[20]

7.2.2 Temporalität in einer elementaren Lernervarietät

Im folgenden betrachten wir eine längere Erzählung in einer elementaren Lernervarietät. Eine Italienerin mit sehr beschränkten, im Verlauf von zwei Jahren ungesteuert erworbenen Deutschkenntnissen berichtet über einen Arbeitsunfall ihres Mannes. Die Erzählung ist in ein Gespräch mit zwei Deutschen eingebettet, in dem es unter anderem um ihre Probleme in Deutschland geht.[21] Bevor wir auf die Erzählung selbst eingehen, müssen wir kurz das Repertoire der Lernerin charakterisieren. Die folgenden Beobachtungen beziehen sich auf ein längeres Textstück (ca. 1100 Wörter laufenden Textes) in dem erwähnten Gespräch:

1.1 Die Erzählung hat keinerlei Hilfsverb und keine Kopula.
1.2 Sie hat keinerlei Flexion; zwar gibt es in den etwa 15 verschiedenen „Verben" (vgl. Abschnitt 6.1), die im gesamten Text vorkommen, gewisse phonetische Varianten (z. B. *sag, sage, sagen*), aber diese Varianten werden nicht systematisch grammatisch genutzt.
1.3 Ein Modalverb kommt vor, und zwar die Form *wollen* (z. B. *ich wollen arbeiten*).
1.4 Die Sprecherin benutzt – in leichtem Gegensatz zu Punkt 1.2 – zwei isolierte Partizipialformen, nämlich *gestorb* und *gearbei*; ihre genaue Funktion ist unklar.

Mit andern Worten: Vom zielsprachlichen Tempussystem findet sich noch so gut wie nichts.

2.1 Es werden regelmäßig zwei deiktische Adverbien verwendet, nämlich *dann* und *jetzt;* sporadisch findet sich auch *morgen* und *einmal* (im Sinne von *einst).*
2.2 Häufig finden sich Adverbiale, die eine Zeitspanne ausdrücken; sie haben gewöhnlich die Form Q + N, wobei Q = *eins, zwei, drei . . .* und N = *Woche, Monat, Jahr* u. ä. bedeuten.

2.3 Präpositionale Adverbiale kommen (mit zwei Ausnahmen: *bei Arbeit, auf Arbeit*) nicht vor, sehr oft aber reine NP in dieser Funktion, etwa *ses Uhr* (um sechs Uhr), *diese Mona* (in diesem Monat), *Februar* (im Februar); dazu zählen auch viele Jahreszahlen.

2.4 Die einzige regelmäßig benutzte temporale Konjunktion ist *wann* (wann, wenn, als, z. B. *wann meine Mann Unfall, nix gu*).

2.5 Abweichend von der Zielsprache wird regelmäßig das Wort *fertig* benutzt, um die Abgeschlossenheit eines Ereignisses anzuzeigen. Es steht gewöhnlich vor dem Ausdruck, der das betreffende Ereignis bezeichnet, z. B. *ich fertig arbeite, sage Chefin* oder *fertig Arbeitsamt bezahle.* Wenn dieses Ereignis aus dem Kontext klar ist, steht fertig auch in dieser Funktion allein; z. B. *wann fertig, doktor sage* bedeutet, wie aus dem Kontext hervorgeht: Nach Abschluß des Krankenhausaufenthalts sagte der Arzt ...

In (12) hatten wir vier Komponenten aufgezählt, die zum erfolgreichen Ausdruck der Temporalität und damit eines speziellen Einbettungsproblems vonnöten sind: nämlich eine gemeinsame Zeitvorstellung (vom Weltwissen geliefert), gemeinsame „origines" (vom Situationswissen oder vom Weltwissen geliefert), ein gewisses Ausdrucksrepertoire und gewisse Diskursprinzipien. Im vorliegenden Fall kann die Erzählerin annehmen, daß die ersten beiden Komponenten bei ihren deutschen Gesprächspartnern gegeben sind. Ihr Ausdrucksrepertoire ist hingegen extrem beschränkt, und sie muß ihr Blatt möglichst optimal spielen; dann muß sie sich relativ stark auf Diskursprinzipien stützen. Sehen wir nun zu, wie sie eine bestimmte sprachliche Aufgabe, die vielfältige temporale Kennzeichnungen verlangt, zu lösen versucht.

Die folgende Transkription war ursprünglich in Lautschrift; da es uns hier nicht aufs Phonetische ankommt, geben wir der besseren Lesbarkeit halber den Text in angenäherter Orthographie wieder. Zum leichteren Bezug haben wir Ziffern in Klammern eingefügt. + bedeutet „kurze Pause". Unmittelbar zuvor war die Rede von verschiedenen Problemen, die die Sprecherin bereits in Deutschland hatte. Abgesehen vom Anfang, wurde sie nicht von den Gesprächspartnern unterbrochen.

(24)(1) andre Problem, Problem, wann mein Mann Unfall, ooh [Frage, wie dies passiert ist] (2) ein Jahr, däs Oktober, ja (3) Auf Arbeit [Bitte, den Unfall zu beschreiben] (4) Mein Mann Unfall? [Ja] (5) Arbeit (6) Bei Arbeit, arbeite oben, un dann kaputt. (7) vielleicht + andere Kollegen sage, vielleicht + gestorb, (8) un dann telefoniere Klinik, Klinik Heidelberg, Ambulanz, (9) un dann fort in Klinik, (10) Ich nix sage Arbeit [= man sagte mir auf meiner Arbeitsstelle nichts davon] (11) mein Cousin [1 sec unverständlich] + da in

Fabrik, (12) und dann sage (13) dein Mann + Unfall (14) Ich fertig arbeit, (15) sage Chefin, (16) Ich wollen mit hin Heidelberg, Krankenhaus (17) da mein Mann (18) Ja, gut, Chefin sagen (19) Ich fort in Krankenhaus, (20) un dann wieder dort mein Mann (21) Ich sagen, (22) vielleicht + gestorb (23) Drei Tage nix spreche, nix gucke, nix esse, nix drinke, wo? [= was ist los?] (24) Ich weiß net.

Die Erzählung geht noch etwas weiter (mit gutem Ausgang); für unsere Zwecke genügt aber dieses Stück.

Erzählungen im hier gemeinten Sinn[22] sind subjektive Darstellungen realer raumzeitlicher Begebenheiten – d. h. eines singulären, oft sehr komplexen Ereignisses, das sich zu einer bestimmten Zeit an einem bestimmten Ort zugetragen hat und das der Sprecher auf seine Weise berichtet und kommentiert. In einer Erzählung dieser Art spielt die Temporalität eine dreifache Rolle:

1. Das Ereignis als Ganzes muß in den Diskurskontext eingebettet werden. Dazu zählt insbesondere die Einordnung relativ zur Sprechzeit (und gegebenenfalls, was uns hier weniger interessiert, anderen Faktoren des Hier und Jetzt der Gesprächsteilnehmer). Das Ereignis muß „verankert" werden.

2. Das Gesamtereignis hat eine komplexe innere Struktur, die sich aus einzelnen Teilereignissen und den verschiedensten temporalen (und sonstwelchen) Beziehungen zwischen diesen zusammensetzt, d. h. Teilereignis a mag *vor* b, *enthalten* in b, *gleichzeitig* zu b usw. sein. Diese interne zeitliche Gliederung muß irgendwie klargestellt werden. Die Zerlegung des Gesamtereignisses in Teilereignisse und die Auswahl jener, die er explizit angeben möchte, ist dem Sprecher anheimgestellt; aber wie immer er dies tut – er muß seiner Geschichte ein „Gerüst" geben, und sobald er sich entschließt, ein bestimmtes Teilereignis zu berichten, muß seine zeitliche Einordnung in dieses Gerüst festgelegt werden.

3. Zu jedem Zeitpunkt seiner Erzählung kann der Sprecher Informationen einfügen, die nicht Bestandteil des Ereignisses selbst und seiner zeitlichen Struktur sind, sondern gleichsam am „Gerüst" aufgehängt werden. Dazu zählen beispielsweise Hintergrundinformationen („ach ja, das ist nämlich mein Schwager"), Bewertungen („das war vielleicht ein Schwachsinn"), Stellungnahmen zum subjektiven Befinden eines Protagonisten („da wird er wohl gestaunt haben") usw. Solche Informationen bilden gleichsam den „Verputz" der Erzählung.

Es ist wichtig, diese drei Rollen der Temporalität auseinanderzuhalten. Wenn etwa die Teilsätze a und b aufeinanderfolgen und a beschreibt ein

Teilereignis, so kann b die Handlung vorantreiben und ein weiteres, späteres Teilereignis beschreiben; b kann aber auch ein Kommentar zu a sein und somit aus dem zeitlichen Fluß herausfallen; man vergleiche etwa „er brach sich das Bein; sie riefen den Arzt" gegenüber „er brach sich das Bein; das ist beim Bau schnell passiert".

Die „Verankerung" ist im vorliegenden Fall sehr einfach. Nach Einführung des Gesamtereignisses „Unfall" in (1), das den Rahmen für das Folgende setzt, beantwortet die Sprecherin die Frage, wie dies geschehen sei, mit einer zeitlichen Einordnung: zunächst durch *ein Jahr, däs Oktober*, d. h. sie verknüpft das Ereignis mit der Sprechzeit durch *ein Jahr* – ohne explizite Kennzeichnung der Relation selbst, etwa durch *vor* oder ... *her;* diese Festlegung wird dann durch *däs Oktober* präzisiert; was dies genau bedeutet, ist schwer zu sagen, vielleicht „dies (geschah) im Oktober" oder „in jenem Oktober, d. h. dem Oktober letzten Jahres". In jedem Fall ist damit der zeitliche Rahmen gesetzt: im Oktober letzten Jahres. Dieser Rahmen wird dann noch einmal verengt durch die (nicht kontextabhängige) Angabe *auf Arbeit*, die jedoch keine genauere Bestimmung relativ zur Sprechzeit, sondern eine „Orientierung" (Labov 1972) enthält.

Die eigentliche Folge der Teilereignisse beginnt dann mit (6), nachdem zuvor – nach der Zwischenfrage – der engere Rahmen „Arbeit" noch einmal genannt wurde. Die Äußerung (6) besteht aus drei Teilen, von denen der erste *bei Arbeit* – im Grunde eine erneute Wiederholung – die beiden folgenden zeitlich umspannt. Der Aufbau ist – in Anlehnung an unsere Schreibweise[23] von (14)–(16) also „a', b' und dann c' ", wobei b *in* a, c *in* a und c *nach* b. Im durch a' benannten Rahmen beginnt eine Reihung, die explizit durch *dann* markiert ist. Diese Reihung wird dann durch (7) fortgeführt, durch zwei parallele Äußerungen, die jeweils durch *vielleicht* modalisiert werden: *vielleicht + andere Kollegen sage* und *vielleicht + gestorbe.*[24] Beide sind nicht einfach zu deuten. Aus vielen Fällen (vgl. HDP 1979, Kap. 3) wissen wir, daß *vielleicht* oft dazu dient, das folgende als möglich, hypothetisch oder gar kontrafaktisch zu kennzeichnen. Dies und der gesamte Kontext legen die Annahme nahe, daß sie ungefähr folgendes ausdrücken will: „Danach war es wohl / möglicherweise / anscheinend so, daß die andern Arbeiter sagten: vielleicht ist er tot/gestorben/könnte er sterben/wird er sterben." Der erste Teil (=d') setzt offenbar die Reihung fort, d. h. er liegt nach b. Weniger klar ist die zeitliche Einordnung von *vielleicht gestorb* (=c). Die Partizipform *gestorb* scheint zunächst darauf hinzudeuten, daß c vor d liegt, wobei d im übrigen auch eine „Sprechzeit" ist – eine abgeleitete allerdings, nämlich jene, zu der die Kollegen reden. Der Umstand allerdings, daß sie ausschließlich das Krankenhaus anrufen und ihn dorthin bringen, deutet darauf hin, daß diese Annahme falsch ist und *vielleicht gestorb* eher bedeutet: „er könnte sterben" oder „er wird vielleicht sterben". Relativ zur „abgeleiteten Sprechzeit" liegt dieses Ereignis also in der Zukunft. Zugleich aber ist es „direkte" oder „zitierte Rede" und modalisiert, d. h. es läßt sich nicht ohne weiteres in den Fluß der Rede relativ zum Hier und Jetzt der Erzählerin selbst einordnen. Mit der „zitierten Rede" wird der unmittelbare Bezug auf die primäre Referenzzeit verlassen und ein abgeleiteter Bezugspunkt, eine „sekundäre Origo" eingeführt; dies ist die in der Erzählung selbst eingeführte Sprechsituation, und die zitierte Rede wird in dieser Sprechsituation verankert. Diese Technik der „wiederholten Verankerung" findet sich in Erzählungen ausländischer Arbeiter außerordentlich oft.

Die beiden folgenden Äußerungen (8) *un dann telefoniere Klinik . . .* (=f) sowie (9) *un dann fort in Klinik* (=g) setzen wiederum die zeitliche Kette fort, und zwar mit expliziter Markierung. Spätestens mit g wird der ursprünglich gesetzte Zeitrahmen a („bei Arbeit") verlassen. Wo genau dies geschieht, ist offen; wir können es lediglich aus unserem Weltwissen ableiten; a diente zunächst nur einmal dazu, b einzuordnen, und c ist dann relativ zu b, d relativ zu c usw. gekennzeichnet; wie c zu a steht, ergibt sich allenfalls indirekt. Wir können die einzelnen Ereignisse und ihre Zeitlichen Verhältnisse etwas schematisch so veranschaulichen, wobei $\frac{a}{b}$ bedeutet „b fällt in den Rahmen von a" und a → b besagt „a liegt vor b":

(25) $\frac{a}{b} \to c \to d \underset{e}{\overset{f}{\to}} \to g$

Dabei ist offen, ob z. B. auch c noch in den Rahmen fällt, der mit a gesetzt ist; e und f bzw. g – beide nach d – lassen sich nicht direkt vergleichen. Dargestellt wird diese zeitliche Struktur durch die lineare Folge:

(26) a', b' und dann c', vielleicht d', e', und dann f' und dann g'.

Die Techniken, die es uns erlauben, (25) aus (26) abzuleiten, sind

— Rahmung (durch Reihenfolge und Weltwissen)
— Kettenbildung (durch Reihenfolge sowie „und dann"-Markierung)
— „zitierte Rede", d. h. wiederholte Verankerung.

Mit (10) beginnt nun eine Reihe von Äußerungen, in denen die Sprecherin selbst die Szene betritt. Die Äußerung (10) ist sehr kompakt; sinngemäß besagt sie: Mich hat man bei meiner Arbeitsstelle nicht erreicht. Die

Form *ich* wird öfter im Sinne von „mir, mich" verwendet (vgl. Klein und Rieck 1982). Wie ist dieses Ereignis oder besser „Nicht-Ereignis" zeitlich zum Vorhergehenden einzuordnen? Singuläre Ereignisse haben im Prinzip eine klare zeitliche Beziehung zur Sprechzeit und zu andern singulären Ereignissen innerhalb der Erzählung, ganz einfach weil sie eine bestimmte Zeitspanne einnehmen, wie eben auch die Sprechzeit und die anderen singulären Ereignisse. Was ist nun die Zeitspanne, an der der Erzählerin nichts gesagt wurde? Offensichtlich gibt es unendlich viele derartige Zeitspannen (z. B. eben jetzt, verehrter Leser); aber was hier zählt, ist die Zeitspanne, zu der dieses Ereignis hätte geschehen können oder erwartbar war. Dies ist die Zeit zwischen dem Unfall und der Zeit, zu der sie tatsächlich unterrichtet wurde. Die Grenzen dieser Zeitspanne sind unbestimmt und werden nicht explizit gemacht. In jedem Fall liegt sie *nach* c, dem Unfall selbst.

Die Reihung geht nun weiter mit (11), von dem leider ein kurzes Stück unverständlich ist. Offenbar kommt ihr inzwischen informierter Cousin in die Fabrik. Es läßt sich nicht entscheiden, ob *da* temporal (oder lokal) zu verstehen ist. In jedem Fall liegt dieses Ereignis *nach* allem zuvor angeführten, d. h. die Kettenbildung wird mit (11) und auch explizit mit (12) *und dann sage* fortgesetzt. (11) führt nun wieder eine abgeleitete Sprechzeit ein, auf die sich die folgende Äußerung *dein Mann + Unfall* bezieht. Mit (13) wird offenkundig vom „Prinzip der natürlichen Abfolge" abgewichen, denn das darin berichtete Ereignis liegt eindeutig *vor* dem in (12) berichteten Ereignis; es ist ja nichts anderes als der Unfall selbst. Mit anderen Worten: Der Einschub abgeleiteter Sprechzeiten mit davon abhängiger direkter Rede gestattet es, in natürlicher Weise PNA zu durchbrechen. Diese Technik der „wiederholten Verankerung" hat, von der Temporalität einmal abgesehen, auch sonst Vorteile zur Lösung des Einbettungsproblems. So erlaubt sie dem Erzähler, sich auf andere Personen mit *ich* statt mit *er, sie, es* zu beziehen, d. h. ein ohnehin früh gelerntes deiktisches statt eines anaphorischen Elementes zu verwenden und damit sein noch beschränktes Ausdrucksrepertoire besser zu nutzen (vgl. hierzu Abschnitt 7.1.2).

Nur (13) ist zitierte Rede. Mit (14) spricht die Erzählerin wieder über sich selbst. Zeitlich knüpft (14) an (12) an, d. h. die zitierte Rede wird übersprungen; *fertig* ist, wie bereits erwähnt, ein gängiges Mittel, den Abschluß einer Handlung anzuzeigen, d. h. (14) ist ungefähr zu paraphrasieren als „Ich hörte zu arbeiten auf". Mit dem eng verknüpften (15) – das in (14) durchaus vorhandene Personalpronomen *ich* ist weggelassen – wird wiederum direkte Rede eingeführt, die (16) und (17) umfaßt. Die zeitliche Relation zwischen der abgeleiteten Sprechzeit und der Zeit von

(16) bzw. (17) ist diesmal „gleichzeitig". Mit (18) wird erneut eine „sekundäre Origo" eingeführt, die unmittelbar an die vorhergehende anschließt; zugleich wechselt der Sprecher. Die zitierte Rede ist extrem kurz und ein eher zeitloser Kommentar *(ja, gut).*

Mit (19), (20), (21) wird wieder die Kettenbildung fortgesetzt, wobei (21) direkte Rede einführt. (21) und (22) sind parallel zu (7) *vielleicht +* *andere Kollege sage, vielleicht + gestorb.* Der Ausdruck *sage* ist hier wahrscheinlich nicht direkt zu verstehen, eher im Sinne von *ich dachte* *mir, er könnte sterben,* aber das ändert natürlich nichts am Prinzip („zitierte Rede" schließt auch „zitiertes Selbstgespräch" ein).

Die nächste Äußerung (23) beschreibt einen Zustand „drei Tage lang sprach er nicht, schaute er nicht (d. h. war er bewußtlos), aß er nicht, trank er nicht". Offenbar liegt die damit umschriebene Zeitspanne nicht *nach* dem letzten nicht-eingebetteten Ereignis (20)–(21). (22) ist ja direkte Rede. Die Erzählerin meint nicht, daß ihr Mann bewußtlos wurde, nachdem sie gesagt (oder gedacht) hatte er könne sterben. Vielmehr beginnt diese Zeitspanne unmittelbar nach c, d. h. nach dem Unfall. Mithin weicht (23) wiederum klar von PNA ab. Hier wird vielmehr ein neuer Rahmen geschaffen, der auch die vorhergehenden Ereignisse umspannt. Die Dauer dieser Spanne – allerdings nicht ihr Anfangspunkt, der aus dem Weltwissen zu erschließen ist – wird explizit durch das einleitende Adverbial angegeben. In den damit gesetzten Rahmen fällt dann auch die Zeit der letzten Äußerung (24): Es ist zugleich die Zeit, in der sie nicht weiß, was geschehen ist.

Wir können zusammenfassend sagen, daß die Sprecherin vier Techniken benutzt, um das zeitliche Gerüst der Erzählung aufzubauen:

1. „Rahmung", d. h. eine Zeitspanne wird explizit eingeführt, und diese Zeitspanne umschließt dann die Zeitspanne des nächsterwähnten Ereignisses.

2. „Kettenbildung", d. h. die Zeit eines eingeführten Ereignisses dient als Bezugszeit für das folgende Ereignis; ausgedrückt wird dies durch einfache Serialisierung gemäß PNA oder zusätzlich durch „und dann".

3. „Wiederholte Verankerung", d. h. es wird durch ein verbum dicendi eine abgeleitete Sprechzeit eingeführt, und die davon abhängige zitierte Rede wird deiktisch auf diese abgeleitete Sprechzeit bezogen.

4. „Neuansätze" wie bei (10) und (23). In diesen Fällen wird die Perspektive etwas geändert, beispielsweise durch Einführung eines Protagonisten, eines neuen Ortes oder – wie in (23) – einer expliziten Zeitangabe. Wie genau das erste Ereignis eines solchen Neuansatzes auf

die bisherige Ereignisfolge zu beziehen ist, läßt sich nur dem Weltwissen entnehmen.

All diese Verfahrensweisen finden sich auch in höher entwickelten Lernervarietäten und in der Zielsprache. Der Unterschied zum vorliegenden Fall liegt darin, daß die Sprecherin weitestgehend davon abhängig ist. Ein Sprecher, der über Adverbiale wie „zuvor", „gleichzeitig" usw. sowie über Tempusmarkierung verfügt, kann jederzeit von der bei 1.–4. einzuhaltenden Ordnung der einzelnen Äußerungen abweichen, ohne das Verständnis zu gefährden. Hier ist dies nicht möglich.

7.3 Beschluß

Wir möchten dieses Kapitel über das Einbettungsproblem mit zwei Bemerkungen abschließen. Erstens sind unsere Vorstellungen darüber, wie dieses Problem in den Lernervarietäten gelöst wird, höchst unbefriedigend. Der Sinn dieses Kapitels war es daher nicht, die bisherigen Ergebnisse der Forschung zu referieren, sondern eine Vorstellung von der Bedeutung des Problems für die Ausbildung und die Funktion von Lernervarietäten zu vermitteln. Zweitens liegt der unbefriedigende Forschungsstand nicht zuletzt darin, daß das Zusammenspiel zwischen Beiwissen und in der Äußerung enthaltener Information auch für voll ausgebildete Sprachen noch ganz unzureichend erforscht ist.

8. Das Vergleichsproblem

Im Verlauf des Spracherwerbs verringert der Lerner nach und nach den Abstand zwischen seinem eigenen sprachlichen Verhalten und jenem der muttersprachlichen Sprecher. Diese Annäherung ist nicht immer stetig und umweglos. Der Lerner mag falsche Hypothesen entwickeln, die nur mühselig wieder aufzuweichen sind, oder er mag auf frühere Stadien zurückrutschen; aber im Prinzip werden die Lernervarietäten der Zielvarietät zusehends ähnlicher, bis diese Entwicklung schließlich zum Erliegen kommt. Im günstigsten Fall sind die dann noch verbleibenden Unterschiede so gering, daß sie in der Praxis kaum noch feststellbar sind.[1] Im allgemeinen endet der Erwerbsprozeß jedoch weit davor, d. h. mit einer Lernervarietät, die sich von der Zielsprache deutlich abhebt. Es ist allerdings möglich, daß der Lerner selbst diesen Eindruck nicht hat: Er ist nicht mehr in der Lage, die Unterschiede wahrzunehmen, und wiegt sich in der Vorstellung, bereits am Ziel zu sein. Es kann aber auch sein, daß er sich durchaus seiner Unvollkommenheit bewußt ist, ohne jedoch erkennen zu können, worin sie besteht, und ohne in der Lage zu sein, sie zu beheben. Um sich nun überhaupt noch fortentwickeln zu können, muß der Lerner beständig sein eigenes sprachliches Verhalten mit jenem vergleichen, das die Zielvarietät verlangt. Dieses Vergleichsproblem stellt sich in den frühen wie in den späten Lernstadien. In den ersteren sind die Unterschiede jedoch noch sehr manifest. Je weniger augenfällig sie im Verlauf der Entwicklung werden, umso schwieriger wird es dem Lerner, das Vergleichsproblem zu lösen.

Im folgenden gehen wir auf einige Aspekte dieses Vergleichsproblems etwas näher ein. Das ist nicht ganz einfach, denn es gibt dazu kaum empirische Untersuchungen. Deshalb bleiben die folgenden Überlegungen relativ theoretisch. In Abschnitt 8.1 werden zunächst kurz einige Probleme erwähnt, die eine Untersuchung des Vergleichsproblems schwierig machen. In Abschnitt 8.2 gehe ich auf die verschiedenen Formen der Kontrolle des Sprachverhaltens ein, auf die sich der Vergleich stützen kann. In 8.3, dem zentralen Abschnitt dieses Kapitels, wird erörtert, was denn eigentlich womit verglichen wird. Im Mittelpunkt steht dabei das Konzept der „kritischen Regel": Der Lerner kann zu einem gegebenen Zeitpunkt seines Erwerbsprozesses nur manche Regeln seiner jeweiligen Varietät zum Gegenstand des Vergleichs und der Überprüfung machen. Abschnitt 8.4 schließlich ist einer der wenigen umfassenderen Studien zur Selbstkorrektur im Zweitspracherwerb gewidmet, die bis heute vorliegen, nämlich Carroll, Dietrich und Storch (1983).

8.1. Einige allgemeine Probleme

8.1.1. Objektive und subjektive Distanz

Distanz und Distanzwahrnehmung können voneinander abweichen. Man kann daher die Analyse des Vergleichsproblems nicht darauf reduzieren, die strukturellen Unterschiede zwischen einer gegebenen Lernervarietät und der Zielvarietät zu ermitteln.[2] Maßgeblich ist vielmehr die subjektive Einschätzung dieser Unterschiede durch den jeweiligen Lerner. Diese „subjektive Distanz" kann bei Lernern mit gleicher „objektiver Distanz" durchaus verschieden sein.[3] Dies ist einer der Gründe dafür, daß ein Lerner in einem bestimmten Lernstadium stehenbleibt, während ein anderer sich noch fortentwickelt: Ihre objektive Distanz ist gleich, aber nur der eine nimmt sie noch wahr.

Damit soll natürlich nicht gesagt werden, die tatsächlich bestehenden strukturellen Unterschiede seien belanglos. Erstens bilden sie überhaupt die Grundlage, auf der eine subjektive Einschätzung erfolgt. Und zweitens muß der Lerner, um einen Fortschritt zu erzielen, an der Veränderung der objektiven, nicht der subjektiven Distanz arbeiten. Die Wahrnehmung der tatsächlich bestehenden Unterschiede ist daher eine Voraussetzung für ihren Abbau. Sie ist aber nicht hinreichend. Auch wenn der Lerner klar erkennt, daß seine Aussprache von der der sozialen Umgebung abweicht, muß er sie noch lange nicht letzterer angleichen können.

8.1.2. Interne Variabilität der Zielsprache

Eine natürliche Sprache ist im allgemeinen nicht sehr einheitlich. Vielmehr setzt sie sich aus einer Vielzahl von Varietäten, d. h. Dialekten, Soziolekten, mediengebundenen Formen (geschriebene Sprache gegenüber gesprochener) usw. zusammen. Auch verfügt ein Sprecher im allgemeinen über mehrere sprachliche „Register", die er je nach Situation einzusetzen weiß. Wenn man daher von „objektiver" oder „subjektiver" Distanz zur Zielvarietät (oder gar zur Zweitsprache) spricht, so ist dies eine krasse Vereinfachung. Es gibt nicht *eine* Zielvarietät, sondern ein ganzes Bündel, und die tatsächliche wie auch die wahrgenommene Distanz zu einer jeden davon kann ganz verschieden sein. Dieser Umstand wird oft dadurch ein wenig verdunkelt, daß einer bestimmten unter den vielen zielsprachlichen Varietäten ein besonderes Gewicht zukommt (oder zumindest beigemessen wird) – beispielsweise einer bestimmten „hochsprachlichen" Norm beim gesteuerten Spracherwerb („Dudennorm") oder einer bestimmten dialektgefärbten Alltagssprache im ungesteuerten Spracherwerb, so wie sie tagaus tagein in der sozialen Umgebung des Lerners gesprochen wird. Wir werden diese Komplikation hier weiterhin vernachlässigen und einfach vom „Abstand zur Zielvarietät" reden. Es sollte aber klar sein, daß die realen Verhältnisse viel komplizierter sind.

8.1.3 „Bewußte" und „unbewußte" Distanzwahrnehmung

Die vielleicht schwierigste Frage bei der Klärung des Vergleichsproblems ist, in welchem Maße dem Lerner die wahrgenommenen Unterschiede *bewußt* sein müssen. Die Unterscheidung „bewußt" und „unbewußt" ist nicht sehr klar. Wie immer man sie faßt – sicher ist, daß im menschlichen Verhalten beständig bewußt wie unbewußt Abweichungen von einem Sollzustand registriert und ausgeglichen werden. Die Fähigkeit, aufrecht zu gehen, beruht auf einem ständigen Abgleich mittels unseres Gleichgewichtsorgans, und dieser Abgleich bleibt uns unbewußt; die Fähigkeit, einen *coq au vin* richtig zu würzen, beruht auf einer bewußten Anpassung von Istzustand zu Sollzustand, die Fertigkeit, seinen Weg durch den Straßenverkehr zu finden, auf einer Verbindung bewußter und unbewußter Steuerungsvorgänge. Beim Spracherwerb liegt gleichfalls eine Verbindung bewußter und unbewußter Vorgänge vor. Sie kann aber sehr unterschiedlich aussehen – je nachdem, wie etwa die Eingabe zugänglich wird (direkt in der Kommunikation oder aufbereitet im Unterricht), um welche Art sprachlicher Fähigkeit es sich handelt (Intonationsunterschiede kann man sich schwerer bewußt machen als lexikalische Abweichungen, vgl. de Bot 1982), vielleicht auch abhängig vom Lernertyp. Der gesamte Fremdsprachunterricht setzt sehr stark auf bewußte Distanzwahrnehmung, während beim ungesteuerten Spracherwerb möglicherweise unbewußte Abschätzungen zumindest gleichgewichtig sind. Niemand hat dies bisher systematisch untersucht.

8.1.4 Metalinguistik

Zur Lösung des Vergleichsproblems muß der Lerner nicht nur selbst Äußerungen bilden und Äußerungen anderer verstehen, sondern er muß gleichsam sich selbst und den andern beim sprachlichen Verhalten zusehen. Das sprachliche Verhalten wird um eine „metalinguistische" Komponente ergänzt. Metalinguistisches Sprachverhalten findet sich natürlich auch sonst, wann immer man die Sprache oder einzelne sprachliche Äußerungen[4] zum Thema nimmt (wir tun dies hier schon hundertfünfzig Seiten lang). Normalerweise spielt diese „Selbstreflexion" aber keine große Rolle. Zwar haben die natürlichen Sprachen gewöhnlich ein spezielles „metalinguistisches Vokabular" ausgebildet, mit Ausdrücken wie „Laut, Wort, Satz" u. v. a., aber das gilt beispielsweise auch für das Wetter, über das man ohnehin häufiger redet als über die Sprache. Wichtig ist aber, daß man im metalinguistischen Gebrauch Äußerungen bilden kann, die nicht den Regeln der betreffenden Sprache entsprechen, und daß man das Verhältnis dieser Äußerungen zu regelhaft gebauten thematisieren kann. Man kann etwa fragen: „Gibt es im Deutschen das Wort ‚wüscht'?" oder „Ist ‚Einen Bleistift brauche ich keinen' ein korrekt gebauter Satz?" Metalinguistischer Sprachgebrauch dieser Art kann unmittelbar für den Spracherwerb relevant sein. Großenteils metalinguistisch ist auch die Art, in der beim gesteuerten Spracherwerb dem Lerner die Eingabe dargeboten wird: nicht in der unmittelbaren Kommunikation, sondern aufbereitet und auf Regeln gebracht. Kurzum: Für den Spracherwerb spielt die Möglichkeit des metalinguistischen Sprachgebrauchs eine wichtige Rolle.

Das Problem ist freilich, daß dieser Begriff so ungemein vage ist und man im Grunde in dieser Allgemeinheit wenig damit anfangen kann.[5] Es erscheint uns daher plausibel, nicht allgemein von der Rolle des metalinguistischen Sprachverhaltens für den Spracherwerb zu reden, sondern darauf zu schauen, welche konkreten Mittel und Möglichkeiten der Lerner hat, seinen eigenen Sprachgebrauch und den anderer zu betrachten und zueinander in Bezug zu setzen.[6]

8.2 Formen der Kontrolle

Der Lerner hat verschiedene Möglichkeiten, sein eigenes sprachliches Verhalten mit jenem zu vergleichen, das die Zielvarietät verlangt. Man kann sie danach einteilen, wie sehr sie „on line" sind, d. h. bis zu welchem Grade sie sich auf das gerade ablaufende sprachliche Verhalten beziehen und es beeinflussen: Der Lerner kann die Äußerung, die er gerade zu einem bestimmten kommunikativen Zweck bildet, gleichzeitig daraufhin überprüfen, ob sie gewissen normativen Vorstellungen genügt; er kann aber auch allgemein darüber räsonieren, inwieweit seine Sprechweise anders ist als etwa die seiner sozialen Umgebung. Eine klare Trennung dieser Kontrollmöglichkeiten ist, wie so oft, nicht einfach. Wir unterscheiden für unsere Zwecke zwischen

(a) *Überwachung* („monitoring"), d. h. nahezu gleichzeitiger Kontrolle, die es erlaubt, die gerade laufende Sprachverarbeitung zu ändern

(b) *Rückmeldung* („feedback"), d. h. leicht verzögerter Kontrolle, die zu einem nachträglichen Überdenken mit möglichen Konsequenzen führt, und

(c) *Reflexion*, d. h. von der jeweiligen Äußerung zeitlich abgelöster Kontrolle.

Diese Kontrollweisen sind jeweils auf den Lerner selbst bezogen, obwohl natürlich das Verhalten des andern, insbesondere beim „feedback", überhaupt erst der Auslöser für ein bestimmtes Kontrollverhalten sein kann.

Unterschiedlich ist auch, was miteinander verglichen wird – eine konkrete Äußerung mit einer möglichen Alternative, eine konkrete Äußerung des Lerners mit einer konkreten Äußerung eines andern Sprechers, abstrakte Regeln mit andern abstrakten Regeln usw. Im folgenden gehe ich kurz auf die drei Formen der Kontrolle, dann auf die verschiedenen Vergleichsgrößen ein.

8.2.1 Überwachung

Wann immer man spricht, überwacht man stets automatisch sein eigenes Sprachverhalten wie auch die unmittelbare Wirkung der eigenen Rede auf andere. Ebenso versuchen wir nicht nur zu verstehen, was andere sagen, sondern wir überprüfen auch, ob es im Ausdruck bestimmten Normen oder Erwartungen entspricht. Wir stülpen dem eigentlichen Produzieren und Verstehen einen „Monitor" über (vgl. etwa Marshall und Morton 1978). In der alltäglichen sprachlichen Kommunikation fällt uns die Existenz einer solchen allgegenwärtigen Kontrollinstanz meist gar nicht weiter auf. Es kommt uns vor allem darauf an, zu verstehen und selbst etwas rüberzubringen. Man kann aber die Wirkung der Überwachung an einer Reihe von Erscheinungen dingfest machen:

1. Wir vollziehen oft Selbstkontrollen der verschiedensten Art, wie etwa „Er stand neben, eh hinter dem . . .", „Ein rotes, naja, violettes Tuch lag . . .", „Ich habe ihn in München getroffen, vielmehr in Stuttgart", usw. Solche Selbstkorrekturen können Angemessenheit oder Richtigkeit der Formulierung betreffen, aber auch die grammatische Wohlgeformtheit, obwohl letzteres relativ selten ist. In jedem Fall setzen sie eine beständige Überwachung der eigenen Sprachproduktion voraus (vgl. dazu näher Cutler 1981, Levelt 1983).
2. Ebenso korrigieren wir gelegentlich andere; da wir hier im allgemeinen keinen Zugang dazu haben, was der andere eigentlich sagen wollte – dies will er uns ja gerade erst mit seiner Äußerung übermitteln – ist das nur möglich, wenn seine Äußerung offenkundig grammatisch abweicht oder aber aus dem Beiwissen hervorgeht, daß er etwas anderes hätte sagen müssen, als er gesagt hat, um zu sagen, was er sagen wollte. Darüber gibt es kaum Untersuchungen.

3. Wir sind, wenn auch nur eingeschränkt, in der Lage, auf der Stelle die Formulierung an die Verhältnisse der Sprechsituation anzupassen, etwa indem wir
bestimmte Wörter, die wir eigentlich hätten verwenden wollen, vermeiden oder
paraphrasieren, Lautstärke oder Sprechgeschwindigkeit modulieren usw., weil
wir meinen, daß das, was wir sagen, sonst nicht ankäme.[7]

In diesen drei Fällen wird jeweils eine bestimmte Äußerung, die gerade
gebildet wird, zu einem bestimmten Muster in Bezug gesetzt, und dieser
Vergleich erlaubt es, die Produktion selbst zu ändern (in Fall 1 und 3),
oder legt es nahe, etwas anderes zu verstehen, als gesagt wird. Wir passen
Produktion oder Verstehen an das Muster an.

Für den Zweitsprachlerner ist vor allem die erste Möglichkeit wichtig.
So kann er etwa die Äußerung, die er gerade im Gespräch vorbringt,
ständig anhand seiner expliziten Regelkenntnis auf grammatische Richtigkeit überprüfen und gegebenenfalls korrigieren; darauf komme ich in
8.4 ausführlich zurück. Die beiden andern Möglichkeiten spielen im
Zweitspracherwerb gleichfalls eine wichtige Rolle, aber auf seiten des
muttersprachlichen Sprechers, der Lerneräußerungen gegen den Strich
versteht und seine eigene Sprache ad hoc – unter Umständen auch ganz
systematisch – modifiziert.

8.2.2 Rückmeldung

Die Überwachung, wie sie eben erläutert wurde, schlägt auf die gerade
laufende Sprachverarbeitung zurück. Für den Lerner sind aber auch
Rückmeldungen wichtig, die er nicht mehr direkt verwenden kann, weil
die Äußerung schon getan ist. Solche Rückmeldungen sind

— explizite Hinweise des Hörers, daß er nicht verstanden hat
  („Was?")
— Äußerungen des Hörers, aus denen implizit hervorgeht, daß er nicht
  oder falsch verstanden hat
— explizite Korrekturen durch den Hörer („Fremdkorrekturen").

Nur im letzten Fall wird dem Lerner das Muster, das er zur Lösung des
Vergleichsproblems benötigt, direkt geliefert. Allerdings kann dieses Muster natürlich falsch sein, d. h. ein grammatisch richtiger Ausdruck, der
aber nicht besagt, was der Lerner mit seiner abweichenden Äußerung
eigentlich sagen wollte.

Fremdkorrekturen werden intuitiv als wichtige Hilfsmittel für den
Lerner angesehen. Es gibt aber keine systematischen Untersuchungen
über ihr Ausmaß und ihre tatsächliche Bedeutung.[8] Die alltägliche Beobachtung zeigt, daß muttersprachliche Sprecher höchst unterschiedlich ge-

neigt sind, abweichende Äußerungen explizit zu korrigieren. Selbst wenn jedoch viel korrigiert wird, besagt dies noch wenig über die Wirksamkeit dieser Korrekturen. In Heidelberger Forschungsprojekt (1979) wurde ein Gespräch zwischen einem ausländischen Arbeiter und drei Deutschen nach verschiedenen Mitteln der Gesprächsorganisation untersucht. Dabei wurden, wenn auch am Rande, auch Fremdkorrekturen betrachtet. Es zeigte sich, daß sie durchweg eine höchst kurzfristige Wirkung haben, d. h. der Lerner nimmt die korrigierte Form zwar auf, aber ein paar Sätze weiter ist er wieder bei seiner alten Version. In diesem Fall mag dies daran liegen, daß die Sprache des Lerners bereits stark fossiliert ist. Es ist aber unklar, wie die Wirkung bei andern Lernern ist, ob sie für unterschiedliche Bereiche des Sprachverhaltens (z. B. Phonologie im Vergleich zu Wortschatz) gleich ist oder ob es möglicherweise in dieser Hinsicht ganz unterschiedliche Lernertypen gibt.

8.2.3 Reflexion

Die Kontrolle des Sprachverhaltens kann schließlich von der tatsächlichen Kommunikation zeitlich ganz abgelöst sein: Man kann darüber räsonnieren, wie ein bestimmtes Wort lautet, eine bestimmte Konstruktion heißen müßte, ohne daß man dieses Wort oder diese Konstruktion gerade gebraucht. Der Linguist, der dies beruflich tut, überschätzt begreiflicherweise die Wichtigkeit der Reflexion beim durchschnittlichen Sprachbenutzer. Ebenso gibt es wenig Anlaß zu der Annahme, daß sie beim ungesteuerten Spracherwerb eine nennenswerte Rolle spielt: Ein Türke, der Deutsch in der Kommunikation mit Deutschen lernt, denkt wahrscheinlich sehr selten darüber nach, wie das Deutsche im allgemeinen beschaffen ist oder wie eine spezielle Form heißt – es sei denn, er benötigt diese Form gerade. Große Bedeutung hat jedoch die zeitlich abgehobene Kontrolle im *gesteuerten* Spracherwerb, und zwar je mehr, desto weniger der Unterricht auf tatsächliche oder simulierte Kommunikation ausgelegt ist. Vokabellernen, grammatische Übungen, „pattern drill" usw. sind Beispiele dafür. Wirksamkeit und tatsächliches Funktionieren dieser Form der Kontrolle sind ein altes Thema der Sprachlehrforschung. Auf einige der Probleme, die dabei zu berücksichtigen sind, haben wir in 8.1.3 und 8.1.4 kurz hingewiesen (vgl. auch Kapitel 1.5.4).

8.3* Kritische Regeln oder: Was wird wie womit verglichen?

Um überhaupt einen Lernfortschritt zu machen, muß der Lerner fortwährend sein eigenes Sprachverhalten (das „Istverhalten" zum jeweiligen
Zeitpunkt) mit einem bestimmten „Sollverhalten" – etwa dem Sprachverhalten seiner sozialen Umgebung – vergleichen. Spätestens dann, wenn er
keine Unterschiede mehr entdeckt, kommt sein Erwerbsprozeß zum Erliegen. Diese Formulierung des Vergleichsproblems ist sehr allgemein,
und zur näheren Bestimmung müssen zumindest die drei folgenden, eng
miteinander verknüpften Fragen beantwortet werden:

1. Was vergleicht der Lerner im konkreten Fall womit?

Auf welche der im vorigen Abschnitt erwähnten Kontrollmöglichkeiten der
Lerner sich auch jeweils stützen mag – er kann nicht sein eigenes Sprachverhalten insgesamt zum gesamten Sprachverhalten seiner Lernumgebung (oder
was sonst die Vergleichsnorm ist) in Bezug setzen, sondern er vergleicht
bestimmte eigene Äußerungen mit bestimmten fremden Äußerungen oder bestimmte strukturelle Eigenschaften seiner eigenen Sprachform mit „irgendwie
entsprechenden" der Zielvarietät. Diese Überlegung führt uns unmittelbar auf
eine zweite Frage:

2. Wie kommt es, daß der Lerner in einer gegebenen Situation gerade
diese und nicht andere strukturelle Eigenschaften zum Gegenstand des
Vergleichs macht?

Man kann sich dieses Problem an einem vergleichsweise einfachen Fall klarmachen, nämlich an expliziten Korrekturen durch einen muttersprachlichen
Sprecher. Nehmen wir an, ein Lerner äußert in einem Gespräch einen Satz,
der in einer Reihe von Punkten gegen Regeln der Zielvarietät verstößt, und
sein Gegenüber wiederholt diesen Satz in korrigierter Form („Fremdkorrek-
tur"). In diesem Fall ist der mögliche Bereich von Vergleichen schon stark
eingeschränkt, nämlich auf die zwischen beiden Äußerungen bestehenden
strukturellen Unterschiede. Aber es ist immer noch offen, auf welchen dieser
Unterschiede der Lerner sein Augenmerk richtet oder ob er womöglich alle
zugleich anzugeben versucht. Letzteres scheint zumindest dann ausgeschlossen, wenn die Unterschiede noch sehr beträchtlich sind. Der Lerner wird
daher in jeder Situation manche strukturellen Eigenschaften der zu vergli-
chenden Äußerung als „kritisch" ansehen und sie zu bearbeiten versuchen,
während er andere außer acht läßt – entweder, weil er sie für erledigt hält,
oder weil er kein Ohr dafür hat. Einer der Gründe für diese Selektivität ist
auch, daß er die strukturellen Eigenschaften der zielsprachlichen Äußerung
überhaupt erst einmal identifizieren muß, bevor er sie zu jenen seiner eigenen
Äußerung in Bezug setzen kann. Dies bringt uns auf die dritte Frage:

3. Wie hat der Lerner überhaupt Zugang zu den beiden Vergleichsgrößen?

Seine eigenen Äußerungen oder auch spezielle Eigenschaften davon sind ihm ja in anderer Weise gegeben als die anderer Sprecher. Letztere muß er zunächst einmal auf ihre Struktur hin analysieren, und zwar (unter anderem) mit Hilfe eben jener unvollkommenen Vorstellungen über die Struktur der Zielvarietät, die auch zu der Bildung seiner eigenen, abweichenden Äußerung geführt haben.

Im folgenden will ich etwas näher auf diese drei Fragen eingehen. Es wird zunächst noch einmal ein paar frühere Überlegungen über „Lernaufgabe" und „Kommunikationsaufgabe" aus Abschnitt 1.3.1 erinnert. Dann diskutieren wir an einem Beispiel die Probleme, die sich bei der Beantwortung der drei Fragen ergeben.

8.3.1 Vorüberlegungen

Beim Spracherwerb in der Kommunikation muß der Lerner gleichzeitig kommunizieren und lernen. Diese beiden Aufgaben können in einen Widerstreit geraten. Die Kommunikation verlangt feste Regeln, nach denen sich der Lerner – als Sprecher und Hörer – richten kann. Als Lernender jedoch darf er die Regeln, über die er verfügt, gerade nicht als fest betrachten – es sind Krücken, mit denen er sich einstweilen behilft. In etwas anderen Worten: Der Lerner muß beständig mit den Regeln und Wörtern, die er nach einer Weile ausgebildet hat, hantieren, sonst kann er nicht kommunizieren. Gleichzeitig muß er diese Regeln und Wörter[9] als vorläufig betrachten, als Hypothesen, mit deren Hilfe er sich voranarbeitet. Sieht er sie voreilig als bestätigt an, so friert sein Spracherwerb auf der betreffenden Stufe ein. Eine solche fossilierte Lernervarietät, falls nicht allzu elementar, kann für die Kommunikation durchaus vorteilhaft sein: Ihr Ausdrucksreichtum ist zwar beschränkt, aber sie ist stabil und läßt sich leichter beherrschen (besser die Blockflöte gut gespielt als das Klavier schlecht).

Solange er sich noch entwickeln will, muß der Lerner jedenfalls seine jeweiligen Regeln als Hypothesen, als „Proberegeln" auffassen. Der Bestätigungsgrad dieser Proberegeln ist sicher nicht einheitlich. Manche Regeln seiner Varietät wird der Lerner für sehr fest halten, andere für sehr unsicher. Dies zeigt sich unter anderem an der Selektivität der Fossilierung: Ein Lerner kann seine Sprache in manchen Bereichen noch fortentwickeln, während andere Bereiche bereits verfestigt sind. Es kann weiterhin sein, daß vergleichsweise „feste" Regeln sich unter bestimmten Umständen wieder aufweichen. Diese Möglichkeit spielt beim Sprachunterricht für ausländische Arbeiter, die oft feste, aber fehlerhafte Strukturen ausgebildet haben, eine wichtige Rolle. Eine solche Umbewertung kann aber auch ganz andere Gründe haben. So kann der „Input" sehr viele Gegenbeispiele zu einer vom Lerner ausgebildeten Regel enthalten – dennoch mag es sein, daß der Lerner lange Zeit überhaupt nicht imstande ist, sie als Gegenbeispiele zu *erkennen*, weil seine Fähigkeit, den Input richtig zu analysieren, dazu nicht hinreicht.

Ob eine Regel für den Lerner als mehr oder minder gut bestätigt gilt, ist nicht identisch damit, ob sie der Lerner gerade zum Gegenstand der Überprüfung macht. Es ist sicher plausibel anzunehmen, daß er eher schwach bestätigte Regeln überprüft – anhand der Sprache seiner sozialen Umgebung etwa – als in seinen Augen gut bestätigte. Aber es kann auch sein, daß ihm eine sichere Regel plötzlich verdächtig wird und er deshalb nach Bestätigung oder Widerlegung sucht oder daß ihm eine unsichere Regel zugleich auch unwichtig ist, so daß er auf die Kontrolle keinen besonderen Wert legt. Man muß daher die Regeln einer Lernervarietät auch danach unterscheiden, ob sie für den Lerner in einer gegebenen Situation *kritisch* sind oder nicht. Kritisch ist eine Regel, die der Lerner zum Gegenstand der Überprüfung macht – entweder in einer bestimmten Äußerungssituation oder über einen gewissen Zeitraum hinweg. Es gibt verschiedene Gründe, die eine Regel kritisch machen: So kann es sich um eine „Neuentdeckung", eine erste, sehr unsichere Hypothese handeln; auch kann dem Lerner durch einen expliziten Korrekturversuch eine Regel kritisch werden, obwohl eine Korrektur nicht immer diese Konsequenz haben muß. Darauf kommen wir noch zurück.

Bevor ich auf ein paar Konsequenzen dieser Vorstellung der „kritischen Regel" eingehe, seien noch kurz zwei Punkte erwähnt, die zu Mißverständnissen führen könnten. Daß eine Regel für den Lerner kritisch ist, braucht ihm nicht *bewußt* zu sein, obwohl das natürlich auch möglich ist. In der Regel ist aber die Kontrolle solcher Regeln unbewußt. Zweitens spreche ich hier allgemein von „Regeln". Gegenstand der Überprüfung sind aber oft Äußerungen und ihre strukturellen Eigenschaften – die Regeln, nach denen diese Äußerungen gebildet werden, werden nur indirekt überprüft. Man müßte daher nicht nur von „kritischen Regeln" reden, sondern von „kritischen strukturellen Eigenschaften" und auch von „kritischen Wörtern". Der Einfachheit halber werde ich weiterhin bei „Regeln" bleiben; jedoch sollte diese Komplikation im Gedächtnis behalten werden.

Die Annahme kritischer Regeln macht eine Reihe bekannter Beobachtungen aus dem Spracherwerb (übrigens auch aus dem Erstspracherwerb) plausibel. Ich führe einige davon kurz an:

1. Ein Lerner ist oft bestimmten Korrekturen bzw. Korrekturversuchen überhaupt nicht zugänglich. Dies kann seinen Grund darin haben, daß dem Lerner die Regeln, auf die es dabei ankommt, nicht kritisch sind.

2. Oft kennt ein Lerner bereits richtige (oder jedenfalls relativ fortge-schrittene) Regeln, benutzt daneben aber auch noch frühere Formen oder rutscht vorübergehend auf ein früheres Stadium zurück („back-sliding", vgl. dazu Abschnitt 2.7). Eine mögliche Erklärung dafür ist, daß die betreffenden Regeln im kritischen Stadium sind – der Lerner probiert sie aus und wartet auf Bestätigung bzw. Widerlegung. In die-ser Zeit behält er aber als Alternative die alten Regeln der Sicherheit halber bei, und auf die neuen legt er sich erst fest, wenn sie hinlänglich gesichert sind.[10]

3. Es hat oft die Verwunderung mehr theoretisch interessierter Spracher-werbsforscher erregt, daß manche falschen, aber durchaus plausiblen Regeln – inbesondere Übergeneralisierungen – entweder erst gar nicht gemacht werden oder aber, falls sie gemacht werden, bald wieder ver-schwinden, ohne daß sie dem Lerner je widerlegt würden: Er erhält keine „negative Evidenz" (Braine 1971; Baker und McCarthy 1981).[11] Man kann nun annehmen, daß jede hypothetische Regel, auf die der Lerner aus irgendeinem Grunde verfällt, zunächst einmal als kritisch behandelt wird, und wenn sie – sagen wir – in den nächsten tausend Äußerungen nicht zehnmal bestätigt wird, dann wird sie aufgegeben (wobei nicht auszuschließen ist, daß der Lerner viel später Anlaß erhält, sie wieder aufzunehmen). Diese Annahme ist natürlich so zu einfach. Wir wissen nicht, wie lange die Probezeit tatsächlich anhält. Auch taucht die Regel vielleicht tatsächlich auf, und der Lerner er-kennt sie gar nicht, oder er deutet umgekehrt manche Äußerungen fälschlich als Belege. Im Prinzip jedoch erklärt diese Annahme das Problem der „negativen Evidenz". Es sei daran erinnert, daß ein Ler-ner eine Regel, die für ihn kritisch ist, benutzen kann, aber natürlich nicht benutzen muß – das kommt darauf an, ob er sie für seine Kom-munikation benötigt. Umgekehrt kann der Lerner unter Umständen in seiner Ausdrucksnot sogar eine Regel verwenden, von der ihm ganz klar ist, daß sie falsch ist; aber er hat einfach nichts Besseres.

Wir können diese Überlegungen in drei Punkten kurz zusammenfassen:

1. Kontrolliert werden bestimmte kritische Regeln, die lediglich einen kleinen Ausschnitt aus all jenen Regeln darstellen, aus denen eine Lernervarietät zu einem gegebenen Zeitpunkt besteht. Dies besagt nicht, daß der Lerner die übrigen Regeln allesamt für gesichert hält; aber er „bearbeitet" sie im Augenblick nicht. Was den Lerner veranlaßt, zu einem gegebenen Zeitpunkt gerade diese und nicht andere Regeln einer „Kritik" zu unterziehen, ist offen.

2. Jene Regeln, die gerade kritisch sind, können wie alle anderen Regeln, unabhängig von ihrem subjektiven Bestätigungsgrad, vom Lerner in seiner Kommunikation verwendet werden; aber sie müssen es nicht. Unter dem Druck, sich zu verständigen, kann der Lerner selbst Regeln verwenden, die er für völlig falsch hält.

3. Die beiden für den Lernprozeß wichtigen Eigenschaften von Regeln, nämlich

   (a) den Grad, zu dem der Lerner eine Regel subjektiv (und meist unbewußt) für gesichert hält, und

   (b) ob der Lerner sie gerade als kritisch behandelt, d. h. nach Bestätigung oder Widerlegung sucht,

   können wir nicht allein aus seiner Produktion, erst recht nicht[12] allein aus seinem Verstehen ableiten, wie wir es in seiner tatsächlichen Kommunikation beobachten können – zumindest dann nicht, wenn wir uns auf Einzelvorkommen von Regeln in lernersprachlichen Äußerungen beschränken.

Diese Überlegungen sind relativ theoretisch. Im folgenden will ich versuchen, sie anhand eines – der besseren Anschaulichkeit wegen konstruierten, aber realistischen – Beispiels etwas zu konkretisieren und zu verfeinern. Wir tun also einen Schritt vom Nebel der Theorie in den Morast der Empirie.

8.3.2 Ein Beispiel

Nehmen wir an, ein ausländischer Arbeiter und ein Deutscher unterhalten sich über ihre Familienverhältnisse. Der Lerner hat gerade gesagt, daß er seit kurzem verheiratet ist, aber noch keine Kinder hat. Dann möchte er einem Gedanken Ausdruck verleihen, der sich in der Zielvarietät so anhören würde:

(1) Mein Bruder hat sechs Kinder.

Statt dessen sagt er, den Regeln seiner Lernervarietät entsprechend, das Folgende (ich gebe eine andeutungsweise orthographische Version):

(2) Meine Brudä ses Kind 'abe.

Diese Äußerung weicht in verschiedenen strukturellen Eigenschaften von (1) ab, oder, anders gesagt, ihr liegen etwas andere Regeln zugrunde. Die Unterschiede betreffen verschiedene Bereiche, etwa

— die Phonologie: *Brudä, ses, 'abe*
— die Morphologie: *meine, Kind, 'abe*
— die Syntax: das Finitum *'abe* steht in Endstellung.

Nun hängt die Gesamtheit aller strukturellen Eigenschaften, die eine in einer bestimmten Situation vorgebrachte Äußerung aufweist, von drei Größen ab. Dies sind:

A) Die Redeabsicht des Sprechers
   Im Beispiel hat der Sprecher die Absicht, eine Behauptung vorzubringen, und zwar des Inhalts, daß sein Bruder sechs Kinder hat.
B) Die Einschätzung des Beiwissens durch den Sprecher (kurz: Kontext)
   Wäre beispielsweise schon zuvor vom Bruder die Rede gewesen, dann könnte der Sprecher *er* statt *mein Bruder* sagen (vgl. zur Rolle des Beiwissens Kapitel 7).
C) Die Regeln der jeweiligen Varietät
   Hier sollte man, unseren vorausgehenden Überlegungen entsprechend, vielleicht eher „Regelannahmen" sagen. Sie betreffen unterschiedliche Bereiche wie Phonologie, Syntax, Lexikon usw. (es sei daran erinnert, daß „Regeln" hier auch „Wörter" und damit die lexikalischen Eigenschaften einer Varietät umfassen soll).

Es versteht sich, daß diese drei Größen in sich differenziert und auch nicht unabhängig voneinander sind.[13] Für unsere Zwecke genügt es aber im Augenblick, einfach Redeabsicht, Kontext und Regeln als formbestimmende Faktoren zu unterscheiden. Sie auseinanderzuhalten ist wichtig, denn es geht zwar beim Vergleichsproblem eigentlich nur um die Veränderung von Faktor C: Der Lerner soll seine Regeln überprüfen und gegebenenfalls angleichen. Aber die beiden andern Faktoren gehen als Variablen in diesen Prozeß ein. Es gibt Kontrollprozesse relativ zu allen drei Faktoren, und zwar in der Produktion wie beim Verstehen: Der Sprecher kontrolliert, ob die Äußerung, die er gerade bildet, seine Redeabsicht wiedergibt, dem Kontext angepaßt ist und den Regeln seiner Varietät entspricht.[14]
   Er kontrolliert gleichzeitig, ob die Äußerung des anderen der mutmaßlichen Redeabsicht, dem mutmaßlichen Kontext (genauer: der mutmaßli-

chen Kontexteinschätzung) und den mutmaßlichen Regeln dieses andern entspricht. Zur Lösung des Vergleichsproblems muß der Lerner *seine Interpretation* dessen, wie sich diese drei Faktoren auf die Form von Äußerungen auswirken, mit der Auswirkung auf eigene Äußerungen in Bezug setzen. Dies ist vergleichsweise am einfachsten, wenn der Lerner zwei Äußerungen wie (1) und (2) direkt konfrontieren kann und dabei unterstellen darf, daß Redeabsicht und Kontext in beiden Fällen gleich sind. Dann kann er sich nämlich darauf konzentrieren, strukturelle Eigenschaften seiner eigenen Äußerung, die sich aus Regeln seiner Lernervarietät ergeben, mit seiner *Interpretation* struktureller Eigenschaften der anderen Äußerung zu vergleichen. Wenn er Glück hat, deutet er eine bestimmte Eigenschaft der anderen Äußerung in der Tat als Auswirkung jener Regel, die ihr in der Zielsprache zugrundeliegt; aber das muß natürlich nicht sein. Nun liegen die Verhältnisse beim Spracherwerb in der Kommunikation gewöhnlich nicht so einfach. Redeabsicht und Kontexteinschätzung des andern sind dem Lerner ja normalerweise nicht gegeben, sondern er muß sie, jedenfalls großenteils, der Äußerung selbst entnehmen. Wir wollen uns dies nun anhand einiger möglicher Weisen, wie der muttersprachliche Sprecher auf (2) reagieren kann, vor Augen führen.

Nehmen wir an, er versteht, nicht anders als Sie auch, die Äußerung (2) ganz richtig und bemerkt zumindest einige der Abweichungen. Dann kann er Verschiedenes sagen, zum Beispiel:

(3) hat
(4) Du meinst: er hat sechs Kinder.
(5) Du meinst: er hat sechs Kinder?
(6) Dein Bruder hat sechs Kinder.
(7) Was? Sechs Kinder hat dein Bruder!
(8) Mein Bruder hat zwei Kinder.

Es gibt noch eine Reihe von Möglichkeiten, aber diese genügen fürs erste.

Äußerung (3) ist eine explizite Korrektur einer der Abweichungen – es ist eine metasprachliche, also keine kommunikative Äußerung. Korrigiert werden soll offenkundig die Form *'abe*. Dies zu erkennen, ist aber für den Lerner keineswegs trivial.[15] Er weiß ja gerade nicht, daß *hat* jene Form ist, die in der gegebenen Situation dort stehen müßte, wo *'abe* steht (sonst könnte er ja gleich *hat* sagen). Er kann die Korrektur jedoch als Korrektur verarbeiten, wenn er beispielsweise eine „kritische Regel" hat wie: Die dritte Person Singular von *haben* lautet *hat* – beispielsweise, weil er die Form *hat* oft in Fällen gehört hat, die zu dieser Deutung passen. Nehmen wir nun weiter an, dem Lerner ist klar, daß *'abe* durch *hat* korrigiert werden soll. Nun stehen in *'abe* gleich drei Arten von Abweichungen – Phonologie wie Morphologie sind nicht korrekt (wobei beide nicht leicht zu trennen sind), und die Stellung ist verkehrt. Als Korrektur der syntaktischen Abweichung ist (3) nicht zu deuten. Aber das läßt für den Lerner immer noch offen, ob er an seiner Aussprache oder an seiner Flexion etwas ändern soll. Mit anderen Worten: Eine explizite Korrektur, selbst wenn sie so eingeschränkt ist wie (3), läßt immer ins Ermessen des Lerners gestellt, was an seinem Regelwerk nun zu revidieren ist.

Dies wird noch deutlicher, wenn wir den nächsten Fall betrachten. Auch (4) ist eine explizite Korrektur, wobei wir einmal unterstellen, daß der Lerner das einleitende „Du meinst" als Hinweis darauf versteht. Dies ist keineswegs selbstverständlich, wie die bis auf die Intonation gleiche Reaktion (5) zeigt. Äußerung (5) ist eine vergewissernde Rückfrage, wie sie auch bei Gesprächen unter muttersprachlichen Sprechern auftreten könnte; sie ist nicht als Korrektur intendiert. Es ist daher leicht möglich, daß ein Lerner (4) funktional im Sinne von (5) deutet und z. B. antwortet „*Ja, ses Kind 'abe*". Ebenso kann er natürlich (5) im Sinne von (4), d. h. als Korrektur deuten. Dies führt dann zu einem Mißverständnis in der Kommunikation. Nehmen wir nun aber an, er hat (4) in dieser Hinsicht richtig gedeutet. Die Korrektur ist diesmal vollständig, d. h. sie gibt eine richtige zielsprachliche Version des ganzen Satzes. Allerdings enthält sie auch eine Veränderung gegenüber (2), die auf das Konto des inzwischen veränderten Kontextes geht: Das Subjekt wird nicht durch *mein Bruder* ausgedrückt, sondern durch *er* – erstens, weil der Bruder nun ja eingeführt ist, und zweitens, weil durch den Sprecherwechsel nun zur Referenz auf dieselbe Person die zielsprachlich vorgesehene Form *dein Bruder* heißen müßte. (Letzteres ist bei (6) der Fall; darauf kommen wir gleich zurück.) Selbst wenn also der Lerner erkennt, daß „er hat sechs Kinder" eine Korrektur von (2) ist, so bleibt das Problem, daß ein Teil der Unterschiede auf Faktor C – nämlich die verschiedenen Regelsysteme – zurückgeht, einer hingegen auf Faktor B, also den andern Kontext. Um die Korrektur verwerten zu können, muß er diese verschiedenen Gründe für Unterschiede auseinanderhalten können. Das ist im vorliegenden Fall wahrscheinlich recht einfach: *er* und *mein Bruder* sind so verschieden, daß man ersteres nur schwer als grammatische Korrektur deutet. Hieße die Korrektur aber *dein Bruder,* wie in (6), dann ist durchaus denkbar, daß diese Form als phonologische oder morphologische Verbesserung von *meine Brudä* gedeutet wird, vielleicht auch als lexikalische. Dies ist natürlich nicht der Fall, wenn der Lerner schon *gewisse* Kenntnisse über das Possessivsystem hat. Diese Kenntnisse können nicht vollständig sein, denn er sagt *meine* statt *mein;* aber sie müssen so weit „unkritisch" sein, daß er die lexikalischen Stämme *mein-* und *dein-* beherrscht. Mit andern Worten: Eine Äußerung wie (6) kann als Korrektur für *meine Brudä* nur dann funktionieren, wenn bestimmte Regeln für den Lerner feststehen (*mein-* vs. *dein-*), während andere kritisch sind (hier die Flexionsmorphologie). Alles andere würde auf Zufall oder Glück beruhen.

Ein zweites Problem besteht nun bei (4) wie bei (5) darin, daß gleichzeitig mehrere Unterschiede vorliegen. Im Gegensatz zu (3) ist die Korrektur unspezifisch, und es ist am Lerner herauszufinden, was er nun zunächst ändern soll. Dazu muß er zunächst einmal die Unterschiede als solche erkennen. Das ist verschieden schwer. Betrachten wir etwa das fehlende [h] als phonologischen, das fehlende *-er* als morphologischen und das anders gestellte Finitum als syntaktischen Unterschied. Wir können daran beispielhaft die speziellen Vergleichsprobleme in den verschiedenen linguistischen Bereichen erörtern.

(a) Phonologischer Vergleich

Im Beispiel stehen sich die Lernerform [aːbə] und die zielsprachliche Form [hat] gegenüber. Beide unterscheiden sich in ihrer lautlichen Gestalt sehr stark (eigentlich haben sie kaum etwas gemeinsam). Aber wir wollen einmal annehmen, daß der Lerner in der Tat letztere Form als Korrektur seiner eigenen deutet. Dies ist, wie wir oben schon gesehen haben, alles andere als selbstverständlich, insbesondere wenn, wie in diesem Beispiel, zugleich die Stellung eine andere ist. Das nächste Problem liegt nun darin, daß in der Form [aːbə] zugleich eine morphologische und eine phonologische Abweichung liegt:

— Es wird eine falsche Flexionsform verwendet, nämlich „habe" oder „haben" statt „hat". Dies ist ein Fehler, wie er bei vielen Lernern auftritt (vgl. dazu auch unsere Erörterung über „Morphe" in Abschnitt 6.2.1).

— Das anlautende [h] ist weggelassen. Das ist gleichfalls eine altbekannte Abweichung, vor allem bei Lernern mit Italienisch, Spanisch oder Französisch als Muttersprache. Es ist zugleich ein sehr hartnäckiger Fehler.

Der Lerner kann aufgrund der wahrgenommenen Unterschiede seine eigene Form von [aːbə] zu [at] korrigieren, d. h. er beseitigt die morphologische Abweichung und behält die phonologische bei. Formen wie „'at" kann man in der Tat auch oft beobachten, bei Lernern, die eben auch

„'eute" oder „'aus" sagen. Uns interessiert nun hier mehr die Korrektur dieser letzteren Abweichung, wie sie eben auch aufträte, wenn der Lerner das morphologische Problem gelöst 'at.

Wie kommt es, daß ansonsten recht weit vorangeschrittene Lerner dieses silbeneinleitende [h] – nur in dieser Stellung kommt es im Deutschen vor – hartnäckig nicht in ihre Varietät aufnehmen, obwohl es ihnen begegnet, wenn immer sie Deutsch hören?[16] Dafür kann es drei Gründe geben: Sie hören es im Sprachschall nicht, obwohl es dort ist (Perzeption); sie haben Schwierigkeiten, es zu bilden (Produktion); es liegt eine Verbindung von Perzeptions- und Produktionsproblemen vor. Gehen wir diese Möglichkeiten kurz durch.

Zunächst ist klar, daß in diesem Fall Perzeptions- und Produktionsprobleme keine physiologischen Ursachen haben. Zwar ist derlei beim Zweitspracherwerb nicht auszuschließen, zum einen, weil das Hörvermögen leider nachläßt und die Zunge lahmer wird oder die betreffenden Laute überhaupt schwierig sind (wie vielleicht bei Klicklauten oder manchen Kehlkopfflauten)[17]; aber auch der Franzose kann hauchen oder hauchen hören. Es muß also an der Art der Verarbeitung liegen. Wie wir in Kapitel 5 erörtert haben, muß ja die Eingabe und im besonderen der Schallstrom zunächst einmal analysiert werden, und dies geht nicht auf einen Schlag. Der Zugriff wird dabei einerseits von bestimmten Eigenschaften der Eingabe selbst, andererseits vom jeweils verfügbaren Wissen des Lerners gesteuert (vgl. dazu im einzelnen Kap. 5). Je nachdem, wie dieses Wissen beim jeweiligen Lerner ist, mag es ihn dazu anleiten, nach [p], [s] oder [u] zu suchen, nicht aber nach [h]. Anders gesagt: Das Ausgangswissen, nach dem der Lerner den Input zunächst einmal abklopft, ist nicht geeignet, diese spezielle phonologische Eigenschaft „kritisch" zu machen. In diesem Stadium ist allenfalls eine extreme von außen kommende Fokussierung auf diese Eigenschaft des Inputs angetan, danach zu suchen, d. h. Schallsegmente als [haus], [hat], [hiːr] statt als [aus], [at], [iːr] aus dem ganzen Schallstrom herauszuanalysieren.[18] Normalerweise ist das aber nicht der Fall, sondern [h] ist zunächst der Inputanalyse unzugänglich. Nun ändert sich ja, eben aufgrund der fortlaufenden Analyse, das verfügbare Wissen ständig, bislang kritische Regeln werden unkritisch, und der Lerner kann weitere Eigenschaften des Inputs in Angriff nehmen, insbesondere auch solche, die weniger auffällig sind. Erst in diesem Stadium ist der Lerner für Korrekturen des [h], wie sie in Beispiel (5) oder auch in Beispiel (3) versucht werden, empfänglich. Beispiel (5) ist dabei insofern problematisch, als die Aufmerksamkeit gleichzeitig auf mehrere Abweichungen gelenkt wird.

Nehmen wir nun an, der Lerner hat das [h] im Input entdeckt, behandelt es als kritische Eigenschaft und versucht, es auch in seiner eigenen Produktion anzuwenden. Dabei mag er in der Bildung dieses Lautes Probleme haben, so daß zumindest für eine Weile eine Diskrepanz zwischen Perzeption und eigener Produktion besteht. Das ist in diesem Fall nicht sehr wahrscheinlich, aber im übrigen nicht ungewöhnlich – je nachdem, um welchen Laut es sich handelt. Eine solche Diskrepanz kann natürlich auch bei Lauten auftreten, die in des Lerners Muttersprache zwar nicht vorkommen, aber – vielleicht sogar deshalb – perzeptuell sehr auffällig und zugleich für ihn schwer zu bilden sind. Sie werden deshalb früh zum Gegenstand der Inputanalyse gemacht, aber lange nicht in die Produktion übernommen. Es sei zur Sicherheit noch einmal daran erinnert, daß der Zugriff bei der Analyse der Eingabe ja nicht *nur* von seinem Anfangswissen gelenkt wird, sondern er ergibt sich aus einem komplizierten Zusammenspiel zwischen diesem und den Eigenschaften des Schallstroms selbst.[19] Deshalb können zwei Laute, die beide in der Ausgangssprache nicht vorhanden sind, ganz unterschiedlich verarbeitet werden, weil der eine sofort ins Ohr fällt (wem würde nicht ein Klicklaut sofort auffallen), der andere aber nicht. Um es etwas zu konkretisieren: Einem Engländer, der Deutsch zu lernen versucht, fällt das [y] vielleicht viel schneller auf als das [ç] oder gar der Glottisverschlußlaut [ʔ], aber in der Produktion tauchen vielleicht alle gleichermaßen spät auf.

Im Falle des [h] ist, wie gesagt, sicher nicht anzunehmen, daß die Produktion selbst Schwierigkeiten verursacht. Es ist jedoch möglich, daß sich der Lerner Illusionen hinsichtlich seiner eigenen Produktion hingibt: Er meint, er spricht die Wörter so aus, wie die Leute seiner sozialen Umgebung sie aussprechen; aber er täuscht sich. In diesem Fall verschränken sich Perzeptions- und Produktionsprobleme: Perzeption der Fremdproduktion und Perzeption der Eigenproduktion trennen nicht[20]. In der Literatur zum Erstspracherwerb gibt es dafür eine Reihe von Belegen. So benutzte ein von Grégoire (1937) untersuchter Junge eine Weile die Lautfolge [kɔs] sowohl für „cochon" wie für „garçon", trennte diese beiden Wörter aber klar, wenn sie von jemand anderem benutzt wurden.[21] Bekannter ist der folgende Dialog (zitiert nach Slobin 1971, S. 65): „Recently, a three year old child told me that her name was Litha. I answered ‚Litha?' ‚No, *Litha*.' ‚Oh, Lisa.' ‚Yes, Litha.' "

In der Literatur zum Zweitspracherwerb gibt es, soweit ich sehe, keine entsprechenden Belege. Aber das Phänomen ist sicher jedem bekannt, der einmal einen Aussprachekurs für Zweitsprachlerner gemacht hat.

Daß es solche Täuschungen gibt, scheint zunächst verwunderlich. Verwunderlich ist aber eher, daß sie nicht häufiger sind. Man muß sich klarmachen, daß der tatsächliche Sprachschall ja nur eine Realisierung eines abstrakten sensomotorischen Schemas ist. Je nachdem, wo ein Wort im Satz steht, wie die Sprechgeschwindigkeit ist, ob der Sprecher den Schnupfen hat usw., können die objektiven akustischen Eigenschaften erheblich schwanken. Im Gegensatz zu einer unter Linguisten populären Ansicht betrifft dies keineswegs nur marginale Merkmale; auch wichtige, distinktive Eigenschaften (z. B. Stimmhaftigkeit) sind oft überhaupt nicht vorhanden oder unterhalb der physiologischen Hörschwelle (vgl. dazu die schöne Diskussion in Winkler 1980). Bei der normalen Sprachwahrnehmung genügt oft ein ganz „verwaschenes" Signal, um beim Hörer die betreffende Lautvorstellung korrekt auszulösen: Man nimmt Dinge wahr, die überhaupt nicht da sind.[22] So ist, um auf unser spezielles Beispiel zurückzukommen, ein anlautendes [h] in bestimmten Stellungen häufig gar nicht oder allenfalls in Andeutung vorhanden.

Der Lerner muß nun aus den tatsächlichen, stark variierenden und oft undeutlichen[23] Realisierungen sein sensomotorisches Schema aufbauen. Dazu gehören gewisse „Toleranzvorstellungen", d. h. Vorstellungen darüber, was noch eine Realisierung ebendieses Schemas ist. Hier kann der Lerner mehr oder minder schief liegen. Insbesondere kann er auch Schallsignale für zulässige Realisierungen halten, die es gar nicht sind. Solche Realisierungen trifft er natürlich nur in der Eigenwahrnehmung an (andere produzieren sie ja eben nicht), und er perzipiert sie dann unterschiedslos als Anwendungsfälle desselben Schemas.

Einem Sprecher des Deutschen scheint es, um auf den Fall zurückzukommen, wohl seltsam, daß jemand [at] und [hat] als Realisierungen desselben Schemas „hat" wahrnimmt. Es scheint uns aber beispielsweise überhaupt nicht seltsam, daß jemand [aus] und [ʔaus] als Realisierungen desselben Wortes „aus" deutet und z. B. nur die erste Form verwendet, obwohl nach den Regeln der hochdeutschen Aussprache eigentlich der Glottisverschlußlaut stehen müßte. Wir können deshalb gut nachvollziehen, daß ein Lerner z. B. auf eine Korrektur wie [ʔeːr kaːm ʔaus roːm] für lernersprachliches [eːr kaːm aus roːm] nicht anspricht, während er dies bei einer Korrektur wie von (5) für (2) tun müßte. Aus der Perspektive des Lerners sieht dies aber ganz anders aus.

(b) Morphologischer Vergleich

Im Beispiel verwendet der Lerner die Singularform „Kind" und wird auf den korrekten Plural „Kinder" verbessert. Nehmen wir zunächst an, er erkennt den phonologischen Unterschied. Dies ist zwar nicht selbstverständlich, wie wir eben zur Genüge gesehen haben, aber ein anderes Problem. Unterstellen wir weiterhin, der Lerner weiß bereits, daß es im

Deutschen eine Pluralmarkierung beim Nomen gibt, anders also als beispielsweise im gesprochenen Französischen (mit wenigen Ausnahmen),
und daß diese Markierung nach Zahlwörtern nötig ist. Was ihm demnach, wie (2) zeigt, noch fehlt, ist die Regel: „der Plural von ‚Kind' ist
‚Kinder' "; ebendazu soll ihm (5) verhelfen.

Nun kann es, etwas vereinfacht gesagt, zwei Gründe haben, daß der
Lerner in (2) „Kind" statt „Kinder" sagt. In den frühen Stadien des
Erwerbs wird überhaupt keine Flexion systematisch eingesetzt – selbst
wenn es in der Ausgangssprache Flexion gibt und der Lerner danach
sucht. Aber er ist in seiner Analyse der Eingabe noch nicht so weit, als
daß er diese „Feinstruktur" bereits ermitteln könnte. Er muß zunächst
einzelne „Morphe" (vgl. Kapitel 6.2) herauspräparieren. Es kann sein,
daß der Sprecher von (2) sich in diesem Stadium befindet. Es kann aber
auch sein, daß er bereits im Prinzip den Plural markiert[24], bloß in diesem
Fall das richtige Paradigma nicht kennt: Er flektiert „Kind" wie „Hen-
kel". Es gibt noch einige weitere Möglichkeiten, aber diese beiden genügen, um den entscheidenden Punkt zu illustrieren. Je nachdem, in welchem Stadium sich der Lerner befindet, ist er für die morphologische
Korrektur unterschiedlich sensibel. Im ersten Fall ist die Regel „der Plural von ‚Kind' ist ‚Kinder' " für ihn noch nicht kritisch. Er übergeht die
Korrektur entweder völlig, oder er bildet möglicherweise ein Morph
„Kinder", in Analogie etwa zu „Bruder". Selbst wenn er also die Korrektur in seine Lernervarietät übernimmt, darf man daraus nicht unbedingt
schließen, daß den Lerner dies in der Tat näher an die Zielvarietät
gebracht hat. Ganz im Gegenteil: Die übernommene Korrektur bringt
ihn unter Umständen auf einen Irrweg. Ist er hingegen im zweiten der
oben erwähnten Stadien, dann ist die genannte Regel – wie andere, entsprechende – in der Tat kritisch, und der Lerner kann die Korrektur
sinnvoll übernehmen.

Dieses Beispiel betrifft einen relativ einfachen Fall des Vergleichsproblems, und zwar deshalb, weil die der morphologischen Markierung zugrundeliegende semantische Kategorie – nämlich Numerus – vergleichsweise einfach ist. Wesentlich schwieriger stellen sich die Verhältnisse bei
der Flexionsmorphologie für Tempus oder Aspekt dar (vgl. 7.2). Diese
beiden Kategorien sind in den einzelnen Sprachen sehr unterschiedlich
konzeptualisiert. Es gibt Sprachen mit und ohne Aspekt, mit zwei-, drei-
oder mehrstufigen Tempussystemen, mit Verschränkungen von Tempus
und Aspekt usw. Der Lerner muß nun nicht nur die morphologischen
Formen aus der Eingabe herausanalysieren, sondern auch das ihnen zugrundeliegende konzeptuelle System, das von dem seiner Sprache sehr
verschieden sein kann. Hinzu kommt, daß diese Kategorien oft nicht nur

durch Flexion, sondern zugleich auch durch andere Ausdrucksmittel gekennzeichnet werden (vgl. dazu Kapitel 7.2). In diesem Fall wird das
Vergleichsproblem um einige Stufen verwickelter, weil der Lerner gleichzeitig seine semantischen Vorstellungen, wie er sie bislang ausgebildet
hat, wie auch seine Formen und die Zuordnungen zwischen Formen und
Bedeutungen überprüfen und gegebenenfalls korrigieren muß. Auf diese
verwickelten Verhältnisse einzugehen, würde uns hier zu weit führen.

(c) *Syntaktischer Vergleich*

Im Beispiel stellt der Lerner das Verb „haben" ans Ende, während es in
der Korrektur richtig an zweiter Stelle steht. Unterstellen wir, daß der
Lerner erkennt, daß sich [aːbə] und [hat] entsprechen; sonst läuft die
Korrektur natürlich völlig ins Leere. Unterstellen wir weiterhin, daß der
Lerner bereits die Idee des „finiten" Verbs hat und die Form von „ha-
ben", die er in diesem Satz verwendet, als solche – und nicht als
„Morph" – behandeln möchte (vgl. dazu ausführlich Kapitel 6.2). Die
Regel, die er dann aufgrund der Korrektur lernen soll, lautet: „Das finite
Verb steht in Zweitstellung" (=V2). Wir vernachlässigen einmal einige
Komplikationen – z. B. was eigentlich „Zweitstellung" besagt, welche
Besonderheiten sich bei Ellipsen ergeben oder daß die Regel V2 nur für
Hauptsätze gilt. Aufgrund des Unterschiedes zwischen (2) und (5) müßte
es für ihn natürlich ein Leichtes sein, V2 zu übernehmen, indem er die
Position von (5) übernimmt. Daß dies nicht so einfach ist, zeigt ein Blick
auf Satz (7) „Was? Sechs Kinder hat dein Bruder." Dieser Satz besagt ja
dasselbe wie (2); bloß sind hier die Positionen von Subjekt und Objekt
vertauscht: Die thematische Struktur ist eine andere (vgl. Kapitel 7.4).
Unter der Voraussetzung, daß der Lerner gerade die Wortstellungsregeln
seiner Varietät zum Gegenstand des Vergleichs macht, müßte er ganz
analog zur Umstellung des Finitums seine in (2) befolgte „Subjekt-
Objekt-Finitum" -Stellung zu „Objekt-Finitum-Subjekt" ändern. Zwar
ist (7) überhaupt nicht als Korrektur gemeint. Aber erstens ist nicht
sicher, ob der Lerner überhaupt diesen Unterschied in der kommunikativen Funktion zwischen (5) und (7) bemerkt, und zweitens kann er natürlich auch aus Äußerungen lernen, die nicht ausdrücklich der Korrektur
dienen. Der Lerner muß erkennen, daß der Stellungsunterschied zwischen (2) und (5) auf Faktor C (Regeln) zurückgeht, der Stellungsunterschied zwischen (2) und (7) hingegen teils auf Faktor C, teils aber auch
auf Faktor B (Einschätzung des Kontextes). Ersterer führt auf die unterschiedliche Stellung des Finitums, letzterer auf die unterschiedliche Stellung von Subjekt und Objekt. Solange er dies nicht erkennt, ist die Kor-

rektur für ihn wenig hilfreich. Wir können uns auch vorstellen, daß der
muttersprachliche Sprecher die Äußerung (2) in der Tat nicht genau verstanden hat und, statt zu korrigieren, sich durch die Rückfrage

(9) Hat dein Bruder sechs Kinder?

vergewissern möchte. In diesem Fall hat sich die Redeabsicht geändert:
Zwar ist der Gedanke gleich, aber er wird nicht behauptet, sondern
erfragt. Diese Änderung in der Redeabsicht führt gleichfalls zu einer
Umstellung des Finitums, aber natürlich nicht zu einer, die der Lerner
zur Korrektur von (2) verwenden könnte. Diese Gefahr besteht nicht,
sofern der Lerner die neue Redeabsicht erkennt; aber daß (9) eine Frage
ist, wird ja gerade am vorausgestellten Finitum kenntlich[25]. Eben die Stellungsregeln des Finitums soll der Lerner sich ja aneignen.

Dieses Problem, die verschiedenen Gründe für Unterschiede erkennen
zu müssen, stellt sich natürlich nicht nur bei syntaktischen Abweichungen. Das kann man beim letzten Beispiel, bei (8), sehen. Diese Äußerung
ist eine gewöhnliche kommunikative Fortführung von (2). Sie ist nicht als
Korrektur gedacht, enthält aber alle möglichen Ansatzpunkte für eine
Korrektur, wie wir sie bislang besprochen haben. Sie ist sogar insofern
leichter zu verwerten als (4) oder (5), als „mein Bruder" formal fast identisch wiederholt wird. Aber sie hat auch einen Unterschied, der den Lerner völlig in die Irre führen könnte – nämlich „zwei" statt „ses". In diesem Fall ist für den Lerner wohl relativ leicht zu sehen, daß nicht die
Phonologie oder Morphologie seiner Form „ses" von der zielsprachigen
abweicht – weil die Zahlwörter, wenn auch vielleicht in abweichender
Form, sehr früh gelernt werden. Aber dies macht gerade deutlich, daß
eine Form als Korrektur nur wirksam werden kann, wenn sie dem jeweiligen Wissen des Lerners angepaßt ist.

Damit schließe ich diesen Abschnitt. Was darin gesagt wurde, bezog
sich lediglich auf mögliche, wenn auch sicher nicht unübliche Fälle und
die Probleme, die bei ihnen auftreten können. Dabei haben wir uns vorwiegend mit einer der Formen der Kontrolle, wie sie in Abschnitt 8.2
skizziert wurden, befaßt, nämlich auf „Rückmeldung". Zum Schluß dieses Kapitels gehen wir auf eine größere empirische Untersuchung ein, die
Selbstkorrekturen (also einer Form der „Überwachung") gewidmet ist.

8.4. Selbstkorrekturen

Im vorigen Abschnitt wurde besprochen, welche Möglichkeiten und
auch welche Probleme der Lerner hat, seine Regeln anhand zielsprachlicher Äußerungen zu überprüfen und gegebenenfalls zu verändern. In

diesem Falle folgt die Kontrolle zeitlich der Produktion. Wie in Abschnitt 8.2 angedeutet, wird auch die Bildung der Äußerung selbst kontrolliert. Diese Überwachung ist an Verzögerungen, Wiederholungen und eben in Selbstkorrekturen zu erkennen[26]. Bei letzteren zeigt sich vergleichsweise deutlich, woran der Sprecher in der Tat bei seiner Produktion laboriert – ob er vorwiegend Lexeme diskutiert, Merkmale wie Tempus oder Numerus, Wortstellungsregeln usw. In der Untersuchung, auf die wir im folgenden eingehen (Carroll, Dietrich und Storch 1982)[27], wurden alle Korrekturen an Flexionswörtern betrachtet, d. h. an Verben, Adjektiven, Pronomina, Nomina usw., nicht aber von Adverbien, Partikeln, Präpositionen usw. Sie betreffen Kategorien wie Numerus, Genus, Kasus beim Nomen, Tempus, Modus, Person usw. beim Verb, aber auch die phonetische Form selbst. Untersucht werden acht Teilnehmer eines Intensivkurses Deutsch an der Universität Heidelberg, vier Amerikaner (C,P,D,S) und vier Japaner (F,Yo,Yu,K). Mit ihnen wurden über drei Monate hinweg lockere Gespräche über verschiedene Themen geführt und auf Tonband aufgenommen. Sie wurden, einschließlich aller Versprecher und Selbstkorrekturen, in Lautschrift transkribiert und dann analysiert. Die Lerner, die zwischen 25 und 35 Jahre alt waren, lebten in Heidelberg – im Falle der Amerikaner sogar schon eineinhalb Jahre und mehr – lernten also auch aus der alltäglichen Kommunikation. Allerdings waren ihre Kontakte sehr unterschiedlich intensiv. Darauf sowie auf die Ergebnisse verschiedener Sprachlerntests, die mit ihnen durchgeführt wurden, gehe ich hier nicht ein.

Die rund 150.000 Wörter laufenden Textes aus allen Gesprächen enthielten 832 Korrekturen von Flexionswörtern, die sich sehr unterschiedlich auf die einzelnen Sprecher und die einzelnen Wortklassen verteilen. Die wichtigsten Befunde sind in der folgenden Tabelle zusammengestellt. In der obersten Reihe („Anteil Flexionswörter") wird angegeben, welchen Anteil die flektierten Formen (im Sinne der Zielvarietät) am Gesamtbestand haben. Die Reihe darunter gibt an, wieviele davon (in %) fehlerhaft sind, und in der dritten Reihe ist verzeichnet, wieviele davon wiederum korrigiert wurden oder, genauer gesagt, Gegenstand eines Korrekturversuches waren, denn das Ergebnis ist nicht immer ein Erfolg. Diese Werte beziehen sich auf die Flexionswörter insgesamt. In den folgenden vier Blöcken sind die Einzelwerte für vier wichtige Wortklassen aufgeführt, und zwar in derselben Systematik. In der jeweils vierten Reihe („Fokus") wird zudem angegeben, ob die Korrekturen bei dieser Wortklasse vom Fehlerdurchschnitt aller Flexionswörter abweichen, wobei der Durchschnitt als 1 gesetzt ist. 3 bedeutet also, daß bei dieser Wortklasse und diesem Sprecher dreimal soviel korrigiert wird wie im

Durchschnitt bei diesem Sprecher. Daran wird besonders deutlich, wo der Lerner das Schwergewicht seiner Korrekturbemühungen setzt. – Die ersten vier Lerner sind die Amerikaner, die zweiten vier die Japaner; jeweils die beiden ersten sind Frauen. Es sei noch hinzugefügt, daß bei Yo die absoluten Belegzahlen relativ klein sind; deshalb sind bei ihr die Angaben mit etwas Vorsicht zu betrachten. Alle Angaben außer „Fokus" sind in %; sie sind mehr oder minder gerundet; da finite Verben, Nomina, Artikel und Personalpronomina nicht alle Flexionswörter sind, ergänzt sich ihr Anteil nicht zu 100 %.

	C	P	D	S	F	Yo	Yu	K	alle
Anteil Flexionswörter/									
alle Wörter	52	26	46	55	59	33	58	64	49
davon falsch	24	14	25	23	19	34	19	33	24
davon korrigiert	12	19	4	2	18	26	9	14	9
Anteil Finita/									
Flexionswörter	26	31	22	30	23	30	22	22	25
davon falsch	15	7	9	11	11	44	9	24	16
davon korrigiert	14	24	4	1	25	23	19	14	16
Fokus	1.4	1	0.7	0.4	1.4	2.0	1.9	1.3	1.3
Anteil Nomina/									
Flexionswörter	23	19	24	18	27	30	28	29	25
davon falsch	16	12	17	24	17	15	11	20	17
davon korrigiert	5	8	2	1	6	6	4	11	5
Fokus	0.5	0.6	0.6	0.5	0.5	0.2	0.5	0.3	0.5
Anteil Artikel/									
Flexionswörter	18	16	11	15	17	18	17	18	16
davon falsch	44	21	46	45	28	63	31	42	40
davon korrigiert	7	21	3	3	15	5	6	15	9
Fokus	2	3	3	4	2	0.7	2	2	2.3
Anteil Pers. pron./									
Flexionswörter	23	21	18	23	14	12	14	16	18
davon falsch	2	1	3	1	2	5	2	2	2
davon korrigiert	12	23	8	0	13	(100)[1]	12	13	12(23)
Fokus	0.1	0.2	0.4	0	0.1	(1)[1]	0.3	0.1	0.2 (0.3)

1 Dieser Wert ist irreführend, da es sich nur um 2 Belege handelt; beim Durchschnitt weiter rechts ergeben sich 12 und 0.2, wenn man ihn nicht berücksichtigt, hingegen 23 und 2.3, wenn man ihn berücksichtigt; wir benutzen hier die erstgenannten Werte.

Es fällt zunächst auf, daß der Anteil der flektierbaren Wörter bei den einzelnen Lernern stark schwankt – von bloß 26 % bei P auf 64 % bei K. Diese Variation ist nicht leicht zu erklären. Bei den nichtflektierbaren handelte es sich vor allem um Wörter wie *und, aber, nicht, vielleicht* und Partikel wie *doch, wohl,* die dazu beitragen, den Diskurs zu organisieren, und keine referentielle Bedeutung haben. Es ist möglich, daß der unterschiedliche Gebrauch solcher Elemente eine unterschiedliche Fokussierung auf die grammatische Form und Richtigkeit widerspiegelt. Da im formalen Unterricht wesentlich mehr Gewicht auf die Vermittlung grammatischer Formen, insbesondere der Flexion gelegt wird als auf das Lernen von Partikeln u. ä., entspricht die Gewichtung der einzelnen Lerner möglicherweise auch einem unterschiedlichen Einfluß des gesteuerten (im Vergleich zum ungesteuerten) Erwerbs. Das ist aber im Augenblick bloß eine Spekulation.

Gleichfalls höchst unterschiedlich ist die Zahl der falschen Flexionsformen bei den einzelnen Lernern. Sie reicht von 14 % bei P bis zu etwa einem Drittel aller Vorkommen bei Yo und K. Für sich genommen, ist diese Variation nicht besonders interessant: Sie reflektiert einfach die unterschiedliche Entwicklungsstufe in *einem* Bereich, eben der Flexionsmorphologie. Es *könnte* allerdings auch auf eine unterschiedliche Vorgehensweise der Lerner deuten: P benutzt wenig flektierbare Formen, die allerdings zu 86 % richtig; K verwendet viele flektierte Formen, allerdings mit einem wesentlich höheren Fehleranteil. Setzen wir dies nun in Bezug zur Neigung der Lerner, die einzelnen Formen zu korrigieren. Im Schnitt wird weniger als ein Zehntel von dem korrigiert (bzw. zu korrigieren versucht), was falsch gemacht wird. Die einzelnen Lerner zeigen dabei aber extreme Schwankungen: Yo korrigiert jedes zwanzigste flektierte Wort (= 26 % der falschen), S hingegen nur jedes dreihundertdreißigste (= 2 %). Mit anderen Worten: Der Grad der Überwachung bei den einzelnen Lernern ist offenbar höchst unterschiedlich, es gibt starke und schwache Kontrollierer. Es wäre nun natürlich interessant zu wissen, womit sich diese unterschiedliche Neigung zur Selbstkorrektur erklären läßt. Die vorliegenden Daten lassen hier keine sicheren Schlüsse zu. Immerhin ist auffällig, daß die Japaner mehr als doppelt soviel korrigieren wie die Amerikaner und die Frauen fast dreimal soviel wie die Männer. Ich überlasse es dem geneigten Leser, dies nach seinen Theorien über Volkscharakter und Geschlecht zu deuten. Festzuhalten ist noch, daß es offenbar keinen Zusammenhang zwischen Fehlerquote und Korrekturneigung gibt: D,S und C machen etwa gleich viele Fehler, aber C korrigiert drei- bzw. sechsmal soviel wie die beiden anderen.

Wir haben bis jetzt alle Flexionswörter zusammengenommen. Werfen wir nun einen Blick auf die einzelnen Klassen, zunächst die (finiten) Verben und die Nomina. Ihr Anteil an den Flexionswörtern beträgt je ein Viertel, und auch die Fehlerquote ist im Schnitt ungefähr gleich, nämlich 16 % bzw. 17 %. Allerdings schwanken sie bei den einzelnen Lernern beträchtlich, ohne daß sich ein klares Bild ergäbe. Auffällig ist allenfalls, daß die Japaner im Schnitt mehr als doppelt so viele Fehler bei den finiten Verben machen wie die Amerikaner[29]. Interessant ist nun jedoch, daß die Verben im Schnitt ungefähr dreimal häufiger korrigiert werden als die Nomina. Dies spiegelt sich deutlich im gleichmäßig niedrigen Fokus für die Nomina wider, während wir bei den finiten Verben durchweg höhere Werte haben. Lediglich S, der seine Produktion so gut wie gar nicht zu überwachen scheint (aber durchaus viele Fehler macht!), bleibt hier gleichmäßig tief. Wir haben keine Erklärung für diese unterschiedliche Fokussierung in der Überwachung.

Betrachten wir schließlich die beiden geschlossenen Wortklassen Artikel und Personalpronomina. Auch ihr Anteil an der Gesamtheit der Flexionswörter ist ungefähr gleich (16 % bzw. 18 %). Sehr verschieden ist allerdings die Fehlerquote: Beim Artikel erreicht sie 40 %, während sich bei den Personalpronomina kaum Abweichungen finden. Die Korrekturneigung ist bei beiden Wortklassen sehr unterschiedlich. Augenfällig sind wieder die niedrigen Werte von D und S. Die Durchschnittswerte liegen mit 9 % bzw. 12 % (wenn man Yo ausläßt) nicht allzuweit entfernt. Dies täuscht jedoch etwas. Da die Fehlerzahl ja beim Artikel sehr hoch ist, bedeuten 9 % Korrekturen doch sehr viel, d. h. der Artikel *wird* relativ stark überwacht. Ein deutliches Bild gibt der Fokus, bei dem die jeweiligen Korrekturen auf die Gesamtzahl der Fehler bezogen sind. Da zeigt sich, daß die Lerner den Personalpronomina in der Tat kaum Aufmerksamkeit widmen – sie kennen sie ja auch gut. Demgegenüber bilden die Artikel – also die Wortklasse, in der die meisten Fehler auftreten – mit Abstand die am schärfsten überwachte Klasse. Dies deutet – im Gegensatz zu den Beobachtungen bei Nomina und Verben – doch auf einen Zusammenhang zwischen dem, was dem Lerner schwerfällt, und der Aufmerksamkeit, mit der er seine Produktion in diesem Punkt überwacht, hin. Aber das bleibt zu klären.[30]

Schlußbemerkungen

Wenn man hoch über den Wolken fliegt, erscheinen sie bisweilen so fest, daß man glaubt, darauf gehen zu können wie auf festem Grund. Wenn man dann näher kommt und schließlich eintaucht, sieht man, daß es nur Wolken sind. Wenn man eine Wissenschaft aus der Ferne betrachtet...

Der Zweitsprachenerwerb wird erst seit einigen Jahren wissenschaftlich erforscht, und es wäre töricht, schon jetzt feste und gesicherte Antworten auf alle wichtigen Fragen zu erwarten. Mir scheint aber, daß wir in einigen Teilbereichen festen Grund annehmen dürfen, auf dem wir weiter bauen können. In anderen Bereichen ist der Boden vielleicht nicht gerade eine Wolke, aber doch etwas tönern. Ich will zum Schluß meine eigene Einschätzung in drei Bemerkungen zusammenfassen.

Erstens: In Kapitel 2 wurden drei Faktorengruppen unterschieden, die Struktur, Tempo und Endzustand des ZSE bestimmen: Antrieb, Sprachverarbeiter und Zugang. Im zweiten vertiefenden Teil haben wir uns dann fast nur noch mit den beiden letztgenannten und ihrem Zusammenwirken beschäftigt. Dies mag zum Teil meine eigenen Interessen widerspiegeln. Aber ich glaube auch, daß man derzeit über die verschiedenen Antriebsfaktoren und die Art, wie sie den ZSE bestimmen, wenig mehr an Gesichertem sagen kann, als in Abschnitt 2.4 dargelegt wurde. Zwar gibt es eine ausgedehnte psychologische Motivationsforschung (vgl. dazu die systematische Darstellung in Heckhausen 1981). Aber auch sie erscheint aus der Ferne fester als aus aus der Nähe, und ihre Ergebnisse auf die besonderen Gegebenheiten des ZSE übertragen zu wollen ist schwierig und ohne Forschungen auf dem Gebiet des ZSE selbst leichtfertig. Keineswegs bin ich aber der Auffassung, daß die Untersuchung der Antriebsfaktoren etwa nicht wichtig wäre.

Zweitens: Ich glaube nicht, daß die Forschung zum ZSE bereits genügend an gesichertem Wissen zusammengetragen hat, um dem Fremdsprachunterricht als solide wissenschaftliche Grundlage dienen zu können. Ich glaube aber, daß sie diese Aufgabe im Prinzip erfüllen und auch jetzt schon punktuell dazu beitragen kann. Die Gründe dafür habe ich in Kapitel 3 zu erläutern versucht. Ich will sie hier nicht wiederholen, sondern nur noch einen allgemeinen Punkt hinzufügen. Nach meiner Auffassung sollte die Wissenschaft nützlich sein (obwohl man heute oft schon froh sein muß, wenn sie nicht schadet), aber man muß dem Trüffelschwein etwas Leine lassen.

Drittens: Unvermeidlich stellt jede Einführung in ein Forschungsgebiet die Dinge aus einem bestimmten Blickwinkel dar, nämlich dem des Verfassers. Das versteht sich, aber ich möchte den Leser doch daran erinnert haben, und auch daran, daß es Mittel gibt, dies zu korrigieren.

Anmerkungen

Teil I

Der Prozeß des Spracherwerbs

1. Einige Formen des Spracherwerbs

1 Ein solcher Fall ist in den letzten Jahren intensiv erforscht worden, vgl. Curtiss (1977).

2 Wie schon erwähnt, hört der Spracherwerb in einem gewissen Sinn nie auf. Ebenso kann es rückläufige Entwicklungen oder sonstige Veränderungen in der Sprachbeherrschung geben. Im folgenden werden wir nicht beständig auf mögliche Ausnahmen, Sonderfälle und zusätzliche Einschränkungen verweisen, weil die Darstellung dann unlesbar würde. Ähnlich werden wir auch nicht *ständig* vermerken, daß Übergänge gleitend sind, daß es neben Bilingualismus auch Trilingualismus gibt usw. usw. Wir schließen uns in dieser Sache der Auffassung des Stagiriten in der „Nikomachischen Ethik" an, derzufolge sich der Gebildete dadurch auszeichnet, nicht genauer sein zu wollen, als es der Redegegenstand gerade verlangt.

3 Auf die Notwendigkeit, alle Formen des Spracherwerbs gleichermaßen zu untersuchen, hat vor allem Wode in einer Reihe von Aufsätzen verwiesen; vgl. zusammenfassend Wode (1981).

4 Ich hasse solche Abkürzungen; aber da Wörter wie „Erstspracherwerb", „Zweitspracherwerb" usw. ständig vorkommen, ist es vielleicht doch praktisch, einige Kürzel wie ESE, ZSE, SE zu verwenden. Wir lassen das aber nicht ausufern und gebrauchen von Zeit zu Zeit doch wieder die richtigen Wörter.

5 Es gibt eine Reihe zusammenfassender Darstellungen des ESE. Klassisch ist Brown (1973), umfassend und klar Dale (1976). Einen Überblick über den Forschungsstand in verschiedenen Bereichen geben die Anthologien von Fletcher und Garman (1979) sowie von Gleitman und Wanner (1982). An deutschsprachigen Darstellungen seien Grimm (1979) und Szagun (1980) genannt. Eine umfassende Dokumentation der europäischen Forschung ist Levelt, Karmiloff-Smith und Mills (1981).

6 Vgl. dazu beispielsweise Piaget (1946), Cromer (1968), E. Clark (1970).

7 Über den Zusammenhang von kognitiver und sprachlicher Entwicklung gibt es eine umfangreiche Literatur; vgl. die Sammelbände Moore (1973) und Brainerd und Pressley (1982); eine besonders große Rolle spielt er in der Piaget-Schule. Eine umfassende und klare Darstellung gibt Oerter und Montada (1982) – Slobin hat in einem vieldiskutierten Aufsatz (1973) die These vertreten, daß die kognitive Entwicklung häufig ein „pacesetter", ein Wegbereiter der sprachlichen Entwicklung sei, und hat versucht, eine Reihe kognitiv verankerter „operating principles" zu formulieren, die den ESE zu einem gewissen Teil steuern. Die

beiden oben angeführten Tatsachen gelten natürlich ganz unabhängig davon, ob man darüber hinaus den konkreten Verlauf des ESE aus solchen spezifizierten „operating principles" erklären kann.

8 Wahrscheinlich wird kein einziger Ausdruck je kontextunabhängig gebraucht; daher handelt es sich um einen Gradunterschied (vgl. für einige Beispiele Klein 1977).

9 Die Chomsky-Skinner-Argumentation ist endlos oft dargestellt worden, und wir gehen hier nicht weiter darauf ein; für eine Zusammenfassung vgl. Leuninger, Miller und Müller (1972).

10 Kaum eine syntaktische Regel, die in der Dudengrammatik steht, gilt auch fürs Chinesische. Dies besagt natürlich nicht, daß es nicht gemeinsame Regeln gibt, aber sie werden in den üblichen deskriptiven Grammatiken nicht erwähnt, weil man dort meist nur an den sprachspezifischen Regeln interessiert ist.

11 Mit dem Namen Chomsky verbindet sich auch eine Reihe von Untersuchungen darüber, welche Eigenschaften eine formale Sprache haben muß, um überhaupt „lernbar" zu sein („theory of learnability"). In der Theorie der formalen Sprache, die von Chomsky entscheidend mitentwickelt wurde, studiert man Grammatiken, die auf völlig formale Weise bestimmte Symbolketten („Sätze") erzeugen. Die Menge dieser Symbolketten, die sogenannte „Sprache", die von einer bestimmten Grammatik erzeugt wird, ist gewöhnlich unendlich. Wenn nun eine bestimmte Menge von Symbolketten gegeben ist, so kann man sich überlegen, unter welchen Bedingungen man die sie erzeugende Grammatik konstruieren kann. Das Problem ist etwa der Aufgabe vergleichbar, das Bildungsgesetz einer Folge wie 1, 5, 10, 17, ... zu entdecken. Eine typische Frage solcher Lernbarkeitstheorien ist etwa, ob man mit „positivem Input" – d. h. Symbolketten, von denen man weiß, daß sie zur betreffenden Sprache gehören – auskommt oder ob auch „negativer Input" dazugehört, d. h. Angaben darüber, daß bestimmte Symbolketten *nicht* dazugehören. Lernbarkeitstheorien dieser Art stehen dem Problem, eine natürliche Sprache zu erlernen, ziemlich fern; aber sie haben ein gewisses mathematisches Interesse. Vgl. zu „Lernbarkeit" vor allem Wexler und Culicover (1980).

12 Diese Sprachbeherrschung verliert sich natürlich wieder, wenn man dann in der Folge nicht fortwährend in der betreffenden Sprache spricht; das ist beim Kind aber nicht anders.

13 Es gibt viele Darstellungen des Bilingualismus. Einen guten Überblick vermittelt die Anthologie von Hornby (1977); eine Zusammenfassung gibt Beardsmore (1982). Besonders interessant zu lesen, allerdings theoretisch weniger aufschlußreich, ist Wandruszka (1974).

14 Vgl. dazu auch Wodes provozierende Frage, ob die Schüler trotz oder wegen des Unterrichts lernen (Wode 1974).

15 Dieser Ausdruck stammt aus Wode (1974); die Idee findet sich aber schon früher bei anderen Autoren.

16 Der amerikanische Zweitsprachforscher Scovel hat jedem eine Einladung zum Abendessen versprochen, der ihm einen solchen Fall vorführt (vgl. Tarone

1978). Seine Position ist allerdings nicht ganz so radikal, wie es demnach scheinen könnte. Vgl. generell dazu Neufeld (1980).

17 Wie alle Kennzeichnungen des Begriffs „Pidgin" hat diese ihre Tücken; so kann man fragen, ob es sich immer um Sprecher der „unterlegenen" Sprache handelt und was überhaupt „unterlegen" bedeutet. Der Leser sei dann auf die ausgedehnte Pidgin-Literatur verwiesen, insbesondere Hymes 1971, De Camp und Hancock 1974, Valdman 1977.

2. Sechs Grundgrößen des Spracherwerbs

1 Der Ausdruck „Sprachverarbeiter" ist, man muß es zugeben, keine stilistische Meisterleistung. Er ist aber korrekt gebildet und macht, vor allem nach den gleich folgenden Erläuterungen, klar, was wir meinen. Wir werden ihn deshalb statt der noch unbestimmteren Bezeichnung „Sprachvermögen" verwenden.

2 Der Ausdruck „Wissen", wie er hier und im folgenden gebraucht wird, ist nicht so zu verstehen, als ob uns dieses Wissen immer *bewußt* wäre. Jeder, der Deutsch spricht, *weiß*, daß im Nebensatz das Verb am Ende steht, im Hauptsatz hingegen gewöhnlich an zweiter Stelle. Nur einem geringen Teil der Deutschsprachigen ist diese Regel aber je *bewußt* geworden. Solches Wissen kann natürlich ins Bewußtsein gehoben werden.

3 Es ist klar, daß sich dieses Wissen nicht so einfach in Prozenten ausdrücken läßt. Man müßte vielleicht sagen: Er beherrscht 7 der 11 vorkommenden syntaktischen Regeln, 13 der 16 Wörter usw. – und selbst dies wäre noch eine krasse Vereinfachung. Das spielt aber für das Beispiel keine Rolle.

4 Krashens „Monitor" (vgl. Abschnitt 1.1.5 (4)) bezieht sich nur auf einen speziellen Aspekt dieses „Monitoring", nämlich den Versuch, die bewußte Kenntnis expliziter Regeln in die Sprachverarbeitung einfließen zu lassen; vgl. hierzu ausführlicher Kapitel 8.

5 Es ist eine allgemein verbreitete Auffassung, daß man eine Sprache im Prinzip umso schneller, besser und leichter lernt, je jünger man ist (Extreme einmal ausgenommen). Die Wissenschaft bestätigt ja in vielen Fällen nur, was sich ohnehin jedermann denkt. In diesem Punkt ist es aber nicht so. Nach allem, was man weiß, lernen zumindest Kinder umso besser, je älter sie sind (vgl. dazu Bühler 1972, Snow und Hufnagel-Hoehle 1978, Überblick bei McLaughlin 1978a).

6 Die „morpheme order studies" sind oft aus methodologischen Gründen kritisiert worden, z. B. weil es sich ursprünglich um Querschnittuntersuchungen gehandelt hat, weil das Testverfahren, der sogenannte „bilingual syntax measure", unzulänglich sei usw. (vgl. Rosansky 1976). Die obigen Bedenken gelten aber unabhängig von möglichen methodischen Mängeln.

7 Selinker bezog sich mit diesem Ausdruck ursprünglich auf eine – und nur eine – „interlanguage", die im ungesteuerten Spracherwerb auftritt, bestimmte strukturelle Eigenschaften hat und sich eben bei manchen Lernern völlig verfestigt. Wie wir diesen Ausdruck verwenden, kann er sich auf sehr verschiedene Lernervarietäten beziehen, je nachdem, wo er eben den Prozeß stoppt.

Teil II

Von der Eingabe zu den Lernervarietäten

4. Vier Aufgaben für den Lerner

1 Dies ist durchaus kein unrealistisches Bild; ungefähr so kann das Vokabular der Lernervarietät eines ausländischen Arbeiters aussehen, der seit fünf Jahren in der Bundesrepublik lebt; vgl. Klein (1981).

2 Wir sagen „möglicherweise", weil durchaus nicht sicher ist, daß sich etwas von bereits Vorhandenem nur wenig Verschiedenes auch leicht lernen läßt, sobald es als verschieden erkannt ist. Das Französische hat nur ein geschlossenes [i]; auch wenn man einen Franzosen auf den – ja sehr geringen – Unterschied zwischen offenem [ɪ] und geschlossenem [i] im Deutschen hinweist, hat er gewöhnlich größte Schwierigkeiten mit ersterem.

5. Das Analyseproblem

1 Wir betrachten im folgenden immer nur den Fall, daß der Lerner lediglich eine Sprache beherrscht. Es ist bislang wenig erforscht, inwieweit das Analyseproblem anders angegangen wird, wenn der Lerner bereits mit mehreren Sprachen vertraut ist. Dies gilt entsprechend für die übrigen drei Probleme.

2 Silben können im allgemeinen sehr gut aus dem Schallstrom isoliert werden. Wenn man beispielsweise Versuchspersonen ein längeres Stück aus einer fremden Sprache oder ein Stück aus der eigenen Sprache rückwärts (und damit unkenntlich) vorspielt, so gibt es über die Zahl der Silben darin gewöhnlich kaum einen Dissens, obwohl die genaue Festlegung der Silbengrenze manchmal problematisch sein kann. In dem Wort „Erdrücken" kann z. B. die Silbengrenze vor oder nach dem „d" sein. Aber dies sind Randprobleme.

3 Obwohl wir es gerade gesagt haben, ist es vielleicht nicht überflüssig daran zu erinnern, daß diese Annahmen des Lerners *nicht stimmen müssen.*

4 Diese Faktoren und möglicherweise andere können sich zu komplexen Struktureigenschaften verbinden wie etwa „Rhythmus"; darauf gehen wir hier nicht ein.

5 Wir vernachlässigen im folgenden phonetische Abweichungen in der Reproduktion, da sie im vorliegenden Zusammenhang unwichtig sind.

6 Wie schon im vorigen Abschnitt sind wir hier nicht im besonderen an den Ergebnissen der Modalverbanalyse selbst interessiert, in deren Zusammenhang die folgenden Beobachtungen gemacht wurden (zu den Modalverben vgl. Dittmar 1980).

7 Diesem Satz ging ein anderer voraus: „In der Nacht schreit das Kind, und ..." Es geht in der Geschichte darum, daß ein spanischer Arbeiter erschöpft ist, weil seine Frau krank ist und er darum das Kind versorgen muß, aber keinen Urlaub nehmen kann.

8 Aus einem Grund, der gleich erläutert wird, geben wir hier SP-35 statt SP-21 wieder; die Übersetzung von SP-21 lautete: en este año no me voy a España (heuer gehe ich nicht nach Spanien). SP-35 entspricht im Niveau SP-21.

9 Allerdings wird zu Beginn der ganzen Geschichte einmal „Kind" erwähnt.

10 Diese Beobachtung stammt von Mercedes Cano.

6. Das Syntheseproblem

1 Um Mißverständnisse zu vermeiden: Wir beschreiben in diesem Kapitel nicht „die" Syntax von Lernervarietäten, sondern einige Prinzipien, nach denen sich diese Syntax entwickelt.

2 Etwas umstritten in der Gelehrtenwelt ist die Rolle der Intonation; in vielen grammatischen Darstellungen spielt sie nur eine untergeordnete Rolle. Es ist aber leicht zu zeigen, daß sie vielfach syntaktische Funktionen übernimmt.

3 Je nach Ausgangssprache messen die Lerner dabei wahrscheinlich dem einen oder andern dieser Mittel etwas unterschiedliches Gewicht bei. So hat beispielsweise das Chinesische keine so klare Zuweisung einzelner Lexeme zu Wortklassen wie sagen wir das Griechische; aber nicht jedes Lexem kann unterschiedslos als Verb, Nomen, Präposition usw. benutzt werden, d. h. es gibt diese Unterscheidung sehr wohl. – Im übrigen ist dies aber ein Punkt, in dem sich Erstsprachlerner und Zweitsprachlerner unterscheiden. Der Zweitsprachlerner weiß zumindest, daß es diese Mittel gibt, und er hat zu lernen, wie sie speziell in der zu lernenden Sprache ausgebildet sind; er weiß daher zumindest, wonach er zu suchen hat. Beim Erstsprachlerner kann man dies nicht voraussetzen.

4 Das ist insofern nicht ganz richtig, als es oft viele phonetische Varianten ein und desselben „Wortes" in den Lernervarietäten gibt. So kann ein „Wort", das dem deutschen *Arbeit* entspricht, etwa als ['arbaɪ], ['arebaɪ], ['abaɪ], ['arebaɪt], ['arbaɪt], [are'baɪte] u. a. erscheinen. Dies sind aber keine systematischen grammatischen Abwandlungen ein und desselben Wortes, etwa im Sinne einer Flexion, sondern unterschiedliche phonetische Realisierungsformen. Für die Untersuchung der Phonologie im Spracherwerb stellen diese Varianten natürlich ein interessantes Problem dar.

5 Die folgende Liste rührt aus Beobachtungen anhand der Daten des Heidelberger Projekts (vgl. Klein und Dittmar 1979, HDP 1979, Kap. 3) sowie aus vielen Anmerkungen aus der Literatur. Sie ist ohne Anspruch auf Vollständigkeit.

6 In den von mir beobachteten Daten findet sich nur der erste Fall, d. h. einheitliche Voranstellung. Es kann aber nicht ausgeschlossen werden, daß dies ein Zufall ist; deshalb fügen wir der Vorsicht halber diese Parenthese ein.

7 Ein solches Prinzip der einheitlichen Serialisierung nach der einen oder der andern Seite wurde für voll ausgebildete Sprachen von Bartsch und Vennemann (1972) postuliert. Wir lassen hier offen, ob es dort tatsächlich ein solches Prinzip gibt. Für Lernervarietäten mit ihrer geringen „syntaktischen" Strukturierung im üblichen Sinne ist es aber sehr plausibel. Am Rande sei noch bemerkt, daß die in der Erstsprachforschung vieldiskutierte „pivot grammar" (Braine 1963) ein Grenzfall der Anwendung dieses Prinzips ist. Dort wie im vorliegenden Fall

liegt das besondere Problem darin, daß man nicht recht weiß, wie in der betreffenden Varietät die beiden Klassen – Wörter mit eher funktionaler und Wörter mit eher lexematischer Bedeutung – genau festzulegen sind.

8 So können z. B. anaphorische Elemente, die per definitionem gegebene Information ausdrücken, durchaus rhematisch sein, z. B. „Beide kennen sich aus, am besten fragst du aber *sie*, nicht *ihn*."

9 Diese Lernervarietät wurde in Becker und Klein (1979) untersucht; die dortige Analyse wurde in Klein (1981) und Dittmar (1982) weitergeführt; die folgende Darstellung stützt sich auf diese Arbeiten.

10 Wie weiter oben ausgeführt wurde, ist es sehr problematisch, von Wortarten innerhalb solcher Lernervarietäten zu reden. Wenn wir im folgenden von „Verben", „Substantiven" usw. sprechen, so ist damit gemeint, daß manche Formen ein mehr oder minder offensichtliches Gegenstück in der Zielvarietät haben, das dort Verb, Nomen usw. ist. Um dies deutlich zu machen, schreiben wir V', N' usw. – Im übrigen gibt es durchaus Fälle, in denen eine korrekte Wortklassenzuordnung von Anfang an plausibel ist. So ist bei dem Morphem [bro:t] recht naheliegend, daß es als Nomen analysiert wird, während sich für [arbaıt] durchaus Nomen und Verb anbieten (Hinweis von Clive Perdue).

11 Die Sprache des Lerners weicht phonetisch sehr stark vom Standard ab. Da uns phonetische Aspekte im Augenblick nicht interessieren, geben wir seine Äußerungen der besseren Verständlichkeit halber in normalisierter orthographischer Form. Eine phonetische Transkription findet sich in HDP (1979), Anhang. Um einen Eindruck zu geben: Das erste der folgenden Beispiele läßt sich in IPA so wiedergeben: [i 'kinda ni fi:l mon'eða 'espanje].

12 Rückfragen wie *verstehst (du)* können allenthalben am Ende von Setzung und von Foci auftauchen. Wir berücksichtigen sie im Augenblick nicht weiter.

13 Dieser Satz könnte allerdings auch bedeuten: „mit vier Jahren, als mein Vater starb, kam ich zu meiner Oma." Es ist auch aus dem Kontext nicht zu entscheiden, welche Lesart zutrifft, aber die obige scheint uns plausibler.

14 Felix (1982), S. 20, schreibt: „Es läßt sich kaum bestreiten, daß der Erwerber die Strukturen, mit denen er konfrontiert wird, nicht allesamt gleichzeitig erwerben kann. Aus diesem Grund muß sein erster Schritt darin bestehen, aus dem Angebotenen eine Auswahl zu treffen. Eine solche ließe sich nach zwei Prinzipien durchführen. Der Erwerber könnte etwa aus einer Gruppe verschiedener Satzstrukturen (z. B. Kopulasatz, Vollverbsatz, Passiv, Imperativ, Interrogativsatz etc.) zunächst nur einen oder vielleicht zwei dieser Strukturen auswählen und in seiner eigenen Produktion verwenden, er könnte etwa Imperative früher als Kopulasätze aufgreifen. In der Tat läßt sich dieses Auswahlprinzip z. B. beim Erwerb der Satztypen beobachten (Felix 1976a, 1978b)" Dies wirft das Problem auf, woher der Lerner denn weiß, daß ein bestimmter Schallstrom, der in sein Ohr rauscht, ein Vollverbsatz im Aktiv und nicht z. B. ein Imperativsatz ist. Er muß dazu offenkundig Aktiv und Passiv, Vollverb und Kopula, Imperativ und Indikativ unterscheiden können. Von einem Lerner, der dies kann, würde man aber sagen, daß er bereits fortgeschritten ist. Dies spricht natürlich nicht dagegen, daß es in der Tat solche Reihenfolgen

gibt, wie sie Felix ermittelt hat. Aber der Grund dafür ist nicht, daß der Lerner eine Auswahl aus dem Angebotenen in der genannten Weise trifft.

15 Mit „Finitum" ist jener Teil des gesamten Verbs gemeint, der Träger von Tempus, Numerus und Person (kurzum: der „Finitheit") ist; das kann das lexikalische Verb selbst sein *(kam)*, aber auch ein Hilfsverb *(ist* (gekommen)) oder ein Modalverb *(muß* (gekommen sein)).

16 Der Unterschied ist in Wirklichkeit nicht so kraß, weil es ja auch beim Ausdruck der Verbbedeutung „essen" eine gewisse Variabilität gibt und die Parallelinformation nicht immer so hilfreich ist wie bei einem so konkreten Verb wie „essen". Die Verschiedenheit beider Fälle ist aber klar.

17 Dabei gibt es eine Anzahl von Komplikationen, die wir hier nicht weiter beachten; die nach wie vor beste Darstellung ist Bierwisch (1965); im übrigen vergleiche man die gängigen Grammatiken. – Die Fälle, die wir im folgenden betrachten, sind meist recht einfach.

18 Um es noch einmal zu betonen: In Wirklichkeit ist es um einiges komplizierter; aber für unsere Zwecke reicht diese Darstellung.

19 Dabei gilt, daß jeweils der zuletzt angewandte Operator mit F verschmolzen wird, d. h. jenes Element, das in INF am weitesten rechts zu stehen hätte.

20 Jede gute Grammatik gibt eine Übersicht über die verschiedenen Formen und Funktionen der Negation. Für eine neuere, gute Darstellung der theoretischen Probleme vgl. Jacobs (1982).

21 Da die verschiedenen Autoren verschiedene Stadien ansetzen, kennzeichnen wir sie im folgenden durch Buchstaben; „I-(C)" heißt Stadium I nach Cancino u. a. Die folgenden vier Zitate stammen aus Cancino, Rosansky und Schumann (1978), S. 210/211. Die Übersetzung ist von mir.

22 Wir geben im folgenden das „Spanisch-Englische Negationskontinuum" an; das entsprechende „Japanisch-Englische Negationskontinuum" ist weitgehend gleich, sieht man einmal davon ab, daß bei ersterem die Form *no* etwas zählebiger ist; bei letzterem findet sich eher *not* und auch *never*; dies hängt evtl. damit zusammen, daß die wichtigste spanische Negation eben *no* ist.

23 Wodes Untersuchungen zur Entwicklung der Negation sind z. T. wesentlich früher entstanden. Wir stützen uns hier vor allem auf Wode (1981), weil es die weitaus umfassendste Darstellung ist.

24 Alle folgenden Zitate und Belege entstammen Teil D (S. 93–205) aus Wode (1981). Probleme der Negation werden auch in Teil G (S. 279–294) behandelt. – Wir vernachlässigen im folgenden z. T. nicht unbeträchtlichen Unterschiede zwischen den Kindern.

25 Diese Konstruktion taucht übrigens offenbar oft schon vor anaphorischem *No* auf; vgl. die Liste der frühesten Belege, S. 98.

26 Hyltenstamm (1982) hat sich in einer Reaktion auf Jordens (1980) von dieser Deutung als Entwicklungsstadien etwas abgesetzt, da sie der starken inhärenten Variation nicht Rechnung trägt. Er meint aber wohl, daß die vier Typen hintereinander in dieser Form auftreten, nur nicht in klar abgrenzbaren Lernstufen, sondern über allmähliche Verlagerungen. Dies gilt aber für alle „Stadien", die wir bis jetzt behandelt haben.

7. Das Einbettungsproblem

1 Dies ist nicht nur eine populäre Vorstellung, sondern zugleich der Ausgangspunkt einer ganzen Richtung der Zweitspracherwerbsforschung, der sogenannten „Fehleranalyse"; vgl. etwa Nickel (1972b), Richards (1974), Kielhöfer
(1975), Cherubim (1980).

2 Diese terminologischen Festlegungen sollten nicht überschätzt werden. Wir
können uns hier die Bemerkung nicht versagen, daß sich klare Begriffe für den
Fortgang unserer Einsicht ebensooft als Hindernis erweisen, wie sie ihn auf der
andern Seite befördern können. Klare Begriffe heißt noch nicht der Sache angemessene Begriffe, und das Netz, das wir mit unseren Begriffen spinnen, hält oft
die falschen Dinge zurück. Wie die Bürger von Schilda, die eine unvergleichlich
klare Vorstellung davon hatten, womit sie das Licht einfangen wollten.

3 Wie schon zu Beginn von Kapitel 5 bemerkt, ist „wissen" nicht so zu verstehen,
daß tatsächlich zutreffen müßte, was der Betreffende „weiß", Es ist vielmehr so
zu verstehen, wie man davon spricht, daß im Großen Meyer das Wissen unserer
Zeit festgehalten ist – d. h. Informationen, von denen sich viele nach Ausweis
der nächsten Auflage als falsch erweisen.

4 Genauer müßte man sagen: anaphorisch verwendete Personalpronomina, denn
ein Wort wie z. B. *er* läßt sich auch deiktisch verwenden; es kann sich auf
jemanden beziehen, der, ohne vorher genannt worden zu sein, in der Situation
wahrnehmbar ist.

5 Wir geben in Klammern *ungefähr* den Anteil an, den das betreffende Wort zur
gesamten Äußerungsinformation beiträgt, d. h. die rein „lexikalische Bedeutung" des betreffenden Ausdrucks. Worauf sich der Ausdruck in einer bestimmten Äußerung bezieht – seine „Referenz" – hängt darüber hinaus eben noch von
der Situationsinformation ab; vgl. dazu Kratzer und von Stechow (1979).

6 Diese Darstellung der Funktion der Deixis ist außerordentlich verkürzt; vgl. für
eine eingehende Darstellung der hier vertretenen Auffassung Klein 1978.

7 Es gibt im Englischen noch viele andere Ortsdeiktika wie *over there, yonder*
oder – was wichtiger ist – *left, right*. Sie lassen wir hier außer acht.

8 Deutsch *da* hat noch einige andere Bedeutungen, z. B. temporale, die wir hier
nicht betrachten.

9 Man muß sich vor der Illusion hüten, Abweichungen und „Fehler" im Gebrauch bestimmter Formen und Konstruktionen müßten unbedingt die Kommunikation bedrohen; sie werden vielmehr oft überhaupt nicht bemerkt. Im
Englischen wird das Perfekt formal mehr oder minder wie im Deutschen gebildet, aber seine Bedeutung ist etwas anders. Ein Engländer, der Deutsch lernt,
überträgt möglicherweise diese Bedeutung auf die deutsche Form. Es ist aber
sehr unwahrscheinlich, daß dies jemals im alltäglichen Sprachgebrauch auffällt,
obwohl man es durchaus (z. B. durch Tests) feststellen könnte.

10 In der Tradition der lateinischen Schulgrammatik lernt man die Personalpronomina als Paradigma mit 1., 2., 3. Person in Singular und Plural (ich, du, er,
sie, es, wir, ihr, sie), und zwar gewöhnlich im Zusammenhang mit der Verbflexion: *amo, amas, . . . – ich liebe, du liebst . . .* Dies ist didaktisch vielleicht ganz

praktisch, aber es führt zu einer etwas verzerrten Vorstellung von der Rolle der Pronomina, weil ihre (deiktische oder anaphorische) Funktion überhaupt nicht in den Blick gerät.

11 Aus Gründen, auf die wir hier nicht weiter eingehen können, spielt auch *mir* – vorwiegend in der Zusammensetzung *bei mir* – in den frühen Lernervarietäten eine große Rolle.

12 So wird jeder in „Karl hatte sich vor und Peter hatte sich hinter dem Tisch aufgebaut" nach dem Wort *vor* die Bedeutung „dem Tisch aufgebaut" ergänzen, so daß das ganze erste Konjunkt soviel bedeutet wie „Karl hatte sich vor dem Tisch aufgebaut". Das wird aber erst durch die Fortsetzung klar. Diese Art von Zusammenspiel zwischen Kontextinformation und Äußerungsinformation findet sich auch bei Pronomina im sogenannten „kataphorischen" Gebrauch, bei dem das Pronomen dem eigentlich inhaltstragenden Wort vorausgeht, wie in „Seit er taub war, blieb Beethoven beim Dirigieren oft hinter dem Orchester zurück."

13 Es gibt allerdings eine recht umfangreiche Literatur, vor allem im Rahmen der Transformationsgrammatik; vgl. etwa Sag 1979, Kuno 1982.

14 Es gibt eine ähnliche Regel bei koordinativen Reihungen im Deutschen wie in „Er kam, (er) sah und (er) siegte". Sie gilt aber z. B. nicht bei anderen Weisen, die Vorgängerinformation einzuführen: „Was macht er? (Er) arbeitete" oder „Er schlief. – Nein, (er) arbeitete." Hier kann *er* nicht weggelassen werden.

15 Die Idee zu diesem Beispiel stammt anscheinend von Hermann Paul, vgl. Paul (1882), S. 218.

16 Der Kontext wirkt sich noch in vielen anderen Weisen aus, z. B. bei der Beseitigung von lexikalischen Mehrdeutigkeiten und bei der Eingrenzung lexikalisch vager Ausdrücke. Wir können uns in der Sprache mehrdeutige Ausdrücke wie „Ich habe mir das Schloß angesehen" leisten, weil das Beiwissen klarmacht, ob es sich um ein Gebäude oder um eine Verriegelung handelt. Dies ist allgemein bekannt; jedoch weiß man wenig darüber, wie der Kontext dies macht und wie man über solche allgemeine Feststellung hinaus seine Wirkung beschreiben soll (vgl. dazu Kratzer 1979). Eine der wenigen Untersuchungen, die diese Rolle des Kontextes im Zweitspracherwerb, und zwar bei der Entwicklung der Modalverben, berücksichtigt, ist Dittmar (1980).

17 Der erste Teil des folgenden beruht auf HDP (1979), Kap. 3, und auf Klein (1981).

18 Dies ist keineswegs unumstritten; vielleicht sitzen wir hier einem Fehler der alten Griechen auf. Für unseren Zweck ist das aber nicht maßgeblich.

19 Viele Mittel, die zu Kohäsion beitragen, werden in Halliday und Hasan (1976) diskutiert; die meisten davon gelten analog fürs Deutsche.

20 Selbstverständlich haben wir in Voranstehenden viele Komplikationen außer acht gelassen. Zwei davon seien zumindest kurz erwähnt. Neben singulären Ereignissen, die sich irgendwann in der realen Zeit abspielen und daher relativ zur Sprechzeit einzuordnen sind, gibt es auch generische Ereignisse („Der Neandertaler fürchtete die Unbilden der Witterung sehr"), zeitlose Ereignisse („Winkel im Halbkreis sind Rechte") und fiktive Ereignisse („Sherlock Hol-

mes verliebte sich in Dr. Watson"), bei denen eine solche Einordnung nicht ohne weiteres möglich ist. Und zweitens ist der Ausdruck der Temporalität nicht unabhängig vom jeweiligen Diskurstyp (vgl. dazu schon Weinrich 1964); in Erzählungen ist er z. B. anders als in Wegauskünften. Darauf kommen wir im folgenden Abschnitt noch kurz zurück.

21 Das Gespräch wurde im Rahmen der Datenerhebung des „Heidelberger Forschungsprojekts ‚Pidgin-Deutsch' " geführt, vgl. HDP 1975, Klein und Dittmar 1979.

22 Im Gegensatz zu literarischen Erzählungen fiktiver Ereignisse; vgl. dazu allgemein Haubrichs (1976, 1977, 1978); speziell zu mündlichen Erzählungen realer Begebenheiten Labov (1972), Quasthoff (1980), Ehlich (1980) und noch spezieller zu Erzählungen ausländischer Arbeiter Wildgen (1978), Dittmar und Thielicke (1979).

23 Statt α, β, γ usw. schreiben wir jedoch a', b', c' usw. für Ausdrücke, die die Ereignisse a, b, c usw. bezeichnen.

24 Im Aufbau entsprechen diese Äußerungen dem „Prinzip der Orientierung" (12) 5. von Abschnitt 6.1.

25 Die Form „Ich weiß net" ist eine nach den Regeln der Zielsprache gebaute Konstruktion mit regelmäßiger Flexion des Verbs. Es handelt sich aber, wie man aus dem isolierten Auftreten dieses Ausdrucks auch bei andern Sprechern einer vergleichbaren Erwerbsstufe weiß, um eine sogenannte „rote form", d. h. um eine Form, die unanalysiert als Ganzes gelernt und gebraucht wird, vgl. dazu Abschnitt 5.3.

8. Das Vergleichsproblem

1 Ein Lerner, der die Formen des Konjunktivs I im Deutschen nicht beherrscht und auch gar nicht anzuwenden versucht, kommt wahrscheinlich sehr gut durch – d. h. diese objektive Abweichung ist in der Praxis kaum feststellbar, obwohl sie natürlich durch geeignete Tests ermittelt werden könnte. Übrigens ist auch der Fall sehr gut denkbar, daß ein Zweitsprachlerner die Sprache etwas anders verarbeitet als ein Erstsprachsprecher, ohne daß dies an der Oberfläche bemerkbar würde; vgl. u. a. dazu die interessanten Untersuchungen von Bates (1982).

2 Es ist nicht einfach, Maße für die „objektive" Distanz zu entwickeln, insbesondere deshalb, weil die Distanz in einzelnen Bereichen (Phonologie, Syntax, Lexikon, Diskursverhalten ua.a) ganz unterschiedlich sein kann. Man muß deshalb diese Bereiche zunächst einmal trennen und unabhängige Maßstäbe anlegen. Für Distanzmaße im Bereich der Syntax vgl. etwa Klein und Dittmar (1979), S. 93; Wildgen (1977).

3 Auf die Wichtigkeit dieser Unterscheidung hat vor allem Kellerman (1979) hingewiesen, allerdings in Bezug auf den Unterschied zwischen Erstsprache und Zweitsprache, nicht auf den zwischen Lernervarietät und Zweitsprache (bzw. Zielvarietät).

4 In Jakobson (1960), einer klassischen Quelle für den Begriff „metalinguistisch", wird die Sprache in metalinguistischer Funktion verwendet, wenn die „Einstel-

lung" des Sprechers sich auf den „Code" selbst richtet. In diesem Sinne sind Äußerungen über einzelne Äußerungen (statt über die Sprache selbst) nur dann metalinguistisch, wenn sie auf Systemaspekte gehen, etwa „Kann man auf Englisch ,He my friend' sagen?" Neuerdings wird aber der Ausdruck „metalinguistisch" für fast alle Äußerungen verwendet, die sich irgendwie auf Sprachliches beziehen. Man kann mit Fug bezweifeln, daß dies ein sinnvoller Sprachgebrauch ist (man klassifiziert ja auch nicht alle Äußerungen als „metameteorologisch", die sich irgendwie auf Wetter beziehen).

5 Es gibt verschiedene Versuche, den Begriff „metalinguistisch" zu differenzieren. So macht Culioli (1976) einen Unterschied zwischen „metalinguistique" (im engeren Sinne), das dem Lerner bewußt ist, und unbewußtem „épilinguistique"; weiterhin zwischen der „activité metalinguistique" (jeglichem Verhalten, das Sprachliches zum Gegenstand hat, einschließlich der absoluten Reflexion über die Sprache und die Sprachlichkeit des Menschen) und dem „Discours métalinguistique", d. h. dem tatsächlichen metalinguistischen Sprachgebrauch. Culiolis Arbeiten gaben (direkt oder indirekt) den Anstoß zu einer Reihe von Studien über die Rolle der Metalinguistik im Spracherwerb; vgl. dazu beispielsweise Berthoud (1980, 1982), Véronique und Faita (1982) sowie die dazugehörigen Kommentare von Mittner und Kahn (1982), ferner Perdue (1982), Kap. 6.3.

6 Eng verknüpft mit der Frage des „Metalinguistischen" ist jene nach der Rolle der „awareness" im Spracherwerb, insbesondere im Erstspracherwerb: Welche Rolle spielt das Bewußtsein des Kindes von der Sprache und seinem eigenen Sprachverhalten für die Sprache? Für den Erstspracherwerb gibt es dazu eine Reihe von Untersuchungen, vgl. insbesondere den Sammelband Jarvella, Levelt und Sinclair (1978), Hakes (1980) und Böhme (1982). Für den Zweitspracherwerb gibt es bislang keine vergleichbaren Arbeiten.

7 Wenn wir nicht mehr imstande sind, unsere eigene Sprachproduktion zu überwachen, können wir uns oft nicht angemessen anpassen. Man kann das leicht beobachten, wenn man mit jemandem redet, der gerade einen Kopfhörer trägt: Er spricht überlaut, weil er sich selbst nicht mehr in der üblichen Weise wahrnimmt und daher seine Lautstärke auf einen unangemessenen Pegel einstellt.

8 Es gibt aber eine intensive Diskussion über die Rolle expliziter Korrekturen im Erstspracherwerb; vgl. etwa Käsermann (1980) oder Anders (1982) mit weiteren Literaturangaben.

9 Für die Wörter ist dies vielleicht nicht so offenkundig; aber der Lerner kann natürlich nie sicher sein, daß der Bedeutungsgehalt, den er einer Wortform zuschreibt, in der Tat der ist, den dieses Wort in der Zielsprache hat. – Im folgenden rede ich der Einfachheit halber bloß von „Regeln" statt von „Regeln und Wörtern"; aber das Gesagte gilt für letztere ebenso.

10 Vgl. dazu die Bemerkung in Labov und Labov (1976, S. 80 und 81): „Wenn Kinder neue sprachliche Daten aufnehmen und neue Regeln bilden, geben sie die älteren nicht sofort auf; das heißt, es gibt keinen Grund für die Annahme, daß die grammatische Schiefertafel eine tabula rasa ist, auf der alles ausgewischt und neugeschrieben wird, sobald neue Eingabedaten hinzukommen." Und: „Es ist nicht schwer, die Analogie zwischen dem Kind als Sprachlerner und

Forschern zu sehen, wie wir sie uns vorstellen. Beide wenden ihre Aufmerksamkeit der Sprache ihrer Umgebung zu, obwohl sie nicht so dumm sind, ihr eigenes System aufzugeben, sobald sie ein anderes kennenlernen. Aber im Lauf der Zeit überarbeiten sie ihre Theorie, bis sie jenem Modell immer näher kommt, das ihnen die Alltagswelt liefert ..."

11 Das Problem ist vor allem für den Erstspracherwerb diskutiert worden; es gilt aber ganz entsprechend für den Zweitspracherwerb; vgl. auch Anm. 11 von Kapitel 1.

12 „Erst recht nicht" deshalb, weil das Verstehen, wie schon verschiedentlich bemerkt, zu einem großen Teil vom jeweiligen Beiwissen getragen wird; der Lerner kann deshalb vieles richtig verstehen, obwohl ihm viele strukturelle Eigenschaften der Äußerung völlig entgehen.

13 Wenn die Varietät in ihren Ausdrucksmitteln sehr beschränkt ist, dann werden die möglichen Themen und folglich die möglichen Redeabsichten automatisch beschränkt; für einige Beispiele vgl. Wildgen (1977) und v. Stutterheim (1981).

14 All diese Formen der Kontrolle sind schlecht erforscht. Sie äußern sich aber klar in Selbstkorrekturen verschiedener Art bei der Bildung von Äußerungen (vgl. Levelt 1983) oder auch in nachträglichen Kommentaren wie: „Habe ich gesagt ,gestern'? Ich meine natürlich ,vorgestern' ", wenn man noch den Klang seiner eigenen Äußerung im Ohr hat. Beobachtungen dieser Art werfen die interessante Frage auf, wie eigentlich die jeweilige Redeabsicht in unserem Gehirn gespeichert steht, so daß es möglich ist, sie mit jener Äußerung zu vergleichen, die aufgrund ebendieser Redeabsicht (sowie der beiden andern Faktoren) zustandegekommen ist. Die Redeabsicht, die jemand bei der Bildung einer bestimmten Äußerung hat, ist daher auch nicht mit der Bedeutung dieser Äußerung zu verwechseln. Wenn alles gut geht, stimmen beide natürlich überein; aber ebendies wird kontrolliert, und dabei können sich in der Tat Unterschiede ergeben. Möglicherweise wird bei dieser Form der Kontrolle die Äußerung, die gerade gebildet wird oder wurde, sofort wieder analysiert (als ob es eine fremde Äußerung wäre), und das Ergebnis dieser Analyse wird mit der noch gespeicherten Redeabsicht verglichen. Aber dies beantwortet natürlich nicht die Frage, welche Form die Redeabsicht selbst in unserm Kopf hat.

15 Es wäre der Mühe wert herauszufinden, weshalb es uns, als muttersprachlichen Sprechern des Deutschen, trivial erscheint.

16 Es sei daran erinnert, daß es sich nicht um die Korrektur einer speziellen lexikalischen Form handelt, sondern um eine allgemeine phonologische Regel.

17 Man kann sich fragen, ob es überhaupt Laute gibt, die „an sich" schwieriger sind als andere oder ob uns z. B. Klicklaute auch nur deshalb schwierig vorkommen, weil wir sie in unserer Sprache nicht haben. Es ist aber klar, daß manche Laute eine markantere akustische Struktur haben als andere und umgekehrt die nachlassende motorische Kontrolle nach einigen Glas Bier die Bildung einzelner Laute unterschiedlich beeinträchtigt.

18 Ein Linguist etwa, der weiß, daß ein bestimmte Sprache eine bestimmte Eigentümlichkeit hat, wird unter Umständen danach suchen und daher die sonst

übliche Erwerbsfolge auf den Kopf stellen. Allerdings: Wenn man weiß, daß es eine bestimmte Eigenschaft dieser oder jener Art gibt, besagt dies noch keineswegs, daß unser Sprachverarbeitungssystem unbedingt danach sucht; das System unterliegt nur zu einem Teil bewußter Kontrolle.

19 In Kapitel 6 haben wir uns vorwiegend auf Eigenschaften bezogen, die für die Entwicklung der Syntax wichtig sind. Daß es daneben andere gibt, die z. B. ein Segment phonetisch auffälliger machen als ein anderes, steht außer Frage; ein [ə] ist sicher phonetisch weniger auffällig als ein [k], wie immer diese Hierarchie begründet sein mag.

20 Eine Diskussion dieses Problems mit vielen Literaturangaben findet sich in Disorders (1981), Teil II, Abschnitt 2.2 und 4.3.

21 Dem Bericht Grégoires zufolge scheint es sich nicht um eine reine Produktionsschwierigkeit gehandelt zu haben, bei der sich das Kind über das Abweichende seiner eigenen Form im klaren gewesen wäre.

22 Dies ist keine Besonderheit der Sprachwahrnehmung, sondern – wie man in jedem Lehrbuch der Wahrnehmungspsychologie nachlesen kann – eine allgemeine Eigenschaft der Perzeption. Speziell zur Lautwahrnehmung vgl. Fant und Tatham (1975); eine kurze und gut verständliche Darstellung geben Wimmer und Perner (1979), Kap. 3; speziell zur Rolle der Perzeption beim Erstspracherwerb vgl. Barton (1978).

23 Das Problem wird erleichtert, aber nicht grundsätzlich beseitigt, wenn der Input immer sehr „deutlich" ist, wie möglicherweise im Sprachunterricht; aber dann gibt es noch große Variationen in der Realisierung.

24 Die Pluralmarkierung zählt zu den relativ früh erworbenen Komponenten der Flexionsmophologie des Deutschen; vgl. dazu HDP (1976), Kap. 5.

25 Oft, aber keineswegs notwendigerweise, an steigender Intonation; im Beispiel ist dies ziemlich sicher nicht der Fall.

26 Die Literatur zu diesen Erscheinungen ist sehr umfangreich, vgl. Cutler (1981). Allerdings gibt es nicht sehr viele Arbeiten, die sich speziell mit dem Zweitspracherwerb befassen.

27 Die Untersuchung wurde von Rainer Dietrich geleitet. Der Ergebnisstand enthält vier eng zusammengehörige Aufsätze; ich beziehe mich hier durchweg auf den ganzen Band, nicht auf die einzelnen Beiträge.

28 Dies sind, um einmal eine ungefähre Vorstellung zu geben, über 1400 Formen.

29 Der Wert 44 % bei Yo ist möglicherweise verfälschend, weil die Belegzahl niedrig ist. Immerhin handelt es sich um 324 Verbformen, davon 143 falsch, also nicht so wenig.

30 In einer Fallstudie mit dreien der acht Sprecher zeigte sich auch, daß der jeweilige Stand der syntaktischen Entwicklung sich im Korrekturfokus widerzuspiegeln scheint; vgl. dazu im einzelnen Carroll, Dietrich und Storch (1982), S. 113–139.

Literaturverzeichnis

Adjémian, Ch. (1976): On the nature of interlanguage systems. In: Language Learning 26, S. 297–320.

Albert, M. L. und Obler, L. K. (1978): The bilingual brain. New York: Academic Press.

Anders, K. (1980): Von Worten zur Syntax: Spracherwerb im Dialog. Univ. Frankfurt: Phil. Diss.

Andersen, R. W. (1981): Two perspectives on pidginization as second language acquisition. In: ders., Hrsg., 165–195.

Ders., Hrsg. (1981): New dimensions in second language acquisition research. Rowley, Mass.: Newbury House.

d'Anglejean, A. (1978): Language learning in and out of classrooms. In: Richards (1978), 218–237.

Baker, L. L. und McCarthy, J. A., Hrsg. (1982): The logical problem of language acquisition. Cambridge, Mass.: MIT Press.

Barkowski, H., Harnisch, U. und Kumm, S. (1980): Handbuch für den Deutschunterricht mit ausländischen Arbeitern. Königstein/Ts.: Scriptor.

Barton, O. (1978): The role of perception in the acquisition of phonology. Indiana University Linguistics Club.

Bartsch, R. und Vennemann, Th. (1972): Semantic structures. Frankfurt: Athenäum.

Bates, E. u. a. (1982): Functional constraints on sentence processing: A crosslinguistic study. In: Cognition 11, 245–299.

Bäuerle, R. (1977): Temporale Deixis, temporale Frage. Tübingen: Narr.

Bausch, K. R. und Kasper, G. (1979): Der Zweitspracherwerb: Möglichkeiten und Grenzen der großen Hypothesen. In: Linguistische Berichte 64, 3–35.

Bausch, K. R. und Raabe, H. (1978): Zur Frage der Relevanz von kontrastiver Analyse, Fehleranalyse und Interimsprachenanalyse für den Fremdsprachenunterricht. In: Jahrbuch Deutsch als Fremdsprache 4, 56–78.

Beardsmore, H. B. (1982): Bilingualism: Basic principles. Clevedon, Avon: Tieto Ltd.

Becker, A. und Perdue, C. (1982): Ein einziges Mißverständnis. In: F. Januschek und W. Stölting, Hrsg., Handlungsorientierung im Zweitspracherwerb von Arbeitsimmigranten. Osnabrücker Beiträge zur Sprachtheorie 22, 85–121.

Behaghel, O. (1923): Deutsche Syntax, Bd. I. Heidelberg: Winter.

Berthoud, A. C. (1980): Rôle de la métalangue dans l'acquisition de la déixis spatiale. In: Encrages, 109–117.

Dies. (1982): La relative fiabilité du discours métalinguistique des apprenants. In: Encrages 8/9, 139–142.

Bloom, L. (1970): Language development. Form and function in emerging grammars. Cambridge, Mass.: MIT Press.

Bodemann, Y. M. und Ostow, R. (1975): Lingua franca und Pseudo-Pidgin in der Bundesrepublik: Fremdarbeiter und Einheimische im Sprachzusammenhang. In: Zeitschrift für Literaturwissenschaft und Linguistik 18, 122–146.

Böhme, K. (1982): Children's understanding and awareness of possessive pronouns. Univ. Nijmegen: Phil. Diss.

de Bot, C. (1982): Visuele feedback van intonatie. Univ. Nijmegen: Phil. Diss.

Braine, M. (1963): The ontogeny of English phrase structure: The first phase. In: Language 39, 1–13.

Ders. (1971): On two types of models of the internalization of grammar. In: D. J. Slobin, Hrsg., The ontogenesis of grammars. New York: Academic Press.

Brainerd, Ch. J. und Pressley, M., Hrsg. (1982): Verbal processes in children. Berlin, Heidelberg, New York: Springer.

Brown, R. (1973): A first language: The early stage. Cambridge, Mass.: Harvard University Press.

Bühler, K. (1934): Sprachtheorie. Jena: Fischer.

Bühler, U. B. (1972): Empirische und lernpsychologische Beiträge zur Wahl des Zeitpunkts für den Fremdsprachenunterrichtsbeginn. Zürich: Orell Füssli.

Burke, S. H. (1974): Language, acquisition, language learning and language teaching. In: Intern. Review of Applied Linguistics in Language Teaching 12, 53–68.

Butzkamm, W. (1973): Aufgeklärte Zweisprachigkeit. Heidelberg: Quelle und Meyer.

Campbell, R. N. und Schumann, J. (1981): Hypnotism as a tool in second language research. In: Anderson, Hrsg., 80–91.

Cancino, H., Rosansky, E. J. und Schumann, J. (1978): The acquisition of English negatives and interrogatives by native Spanish speakers. In: Hatch, Hrsg., 207–230.

Carroll, M., Dietrich, R. und Storch, G. (1982): Learner language and control. Frankfurt: Lang.

Cherubim, D. (1980): Fehlerlinguistik. Beiträge zum Problem der sprachlichen Abweichung. Tübingen: Narr.

Chomsky, C. (1969): The acquisition of syntax in children from 5 to 10. Cambridge, Mass.: MIT Press.

Chomsky, N. (1959): Review of B. F. Skinner. Verbal behaviour. In: Language 35, 26–58.

Ders. (1965): Aspects of the theory of syntax. Cambridge, Mass.: MIT Press.

Ders. (1975): Reflections on language. New York: Pantheon Books.

Ders. (1981): Lectures on government and binding. Dordrecht: Foris.

Clark, E. (1970): How young children describe events in time. In: G. B. Flores d'Arcais und W. J. M. Levelt, Hrsg., Advances in psycholinguistics. Amsterdam: North Holland.

Dies. (1978): From gesture to word: On the natural history of deixis in language acquisition. In: S. J. Bruner und A. Garton, Hrsg., Human growth and development: Wolfson College Lectures 1976. Oxford: Oxford Univ. Press, 85–120.

Clyne, M. (1968): Zum Pidgin-Deutsch der Gastarbeiter. In: Zeitschrift für Mundartforschung 35, 130–139.

Ders. Hrsg. (1982): Foreigner Talk. Intern. Journal of the Sociology of Language 28. Den Haag: Mouton.

Corder, P. (1967): Significance of learners' errors. In: IRAL 5, 162–169.

Ders. (1973): Introducing applied linguistics. Harmondsworth: Penguin.

Cromer, R. F. (1968): The development of temporal reference during the acquisition of language. Diss., Harvard University.

Culioli, A. (1976): Recherche en linguistique: théorie des opérations énonciatives. Transcription du séminaire de D. E. A., Univ. de Paris VII.

Cummins, J. (1976): The influence of bilingualism on cognitive growth: A synthesis of research findings and explanatory hypotheses. In: Working Papers in Bilingualism 9, 1–43.

Curtiss, S. (1977): Genie. A psycholinguistic study of a modern-day wild child. New York: Academic Press.

Cutler, A., Hrsg. (1981): Slips of the tongue and language production. Amsterdam: Mouton (= special issue of „Linguistics").

Dale, Ph. S. (1976): Language development. Structure and function. New York: Holt, Rinehart, and Winston.

De Camp, D. und Hancock, J. F., Hrsg. (1974): Pidgins and Creoles. Current trends and prospects. Washington, D. C.: Univ. Georgetown Press.

Denny, J. P. (1978): Locating the universals in lexical systems for spatial deixis. In: P. Farkas u. a., Hrsg., Papers from the parasession on the lexikon. Chicago: Chicago Linguistic Society, 70–84.

Disorders (1981): Disorders of language and speech. Nijmegen: Max-Planck-Institut für Psycholinguistik (Ms.).

Dittmar, N. (1980): Fremdsprachenerwerb im sozialen Kontext. Das Erlernen von Modalverben – eine lexikalisch-semantische Analyse. In: Zeitschrift für Literaturwissenschaft und Linguistik 33, 84–103.

Ders. (1982): „Ich fertig arbeite – nicht mehr spreche Deutsch". Semantische Eigenschaften pidginisierter Lernervarietäten des Deutschen. In: Zeitschrift für Literaturwissenschaft und Linguistik 45, 9–34.

Ders. und Thielicke, E. (1979): Der Niederschlag von Erfahrungen ausländischer Arbeiter mit dem institutionellen Kontext des Arbeitsplatzes in Erzählungen. In: H. G. Soeffner, Hrsg., Interpretative Verfahren in den Sozial- und Textwissenschaften. München: Fink, 65–103.

Dulay, H. und Burt, M. (1974): Natural sequences in child second language acquisition. In: Language Learning 24, 37–53.

Dies. (1980): On acquisition orders. In: Felix (1980), 265–327.

Ehlich, K., Hrsg. (1980): Erzählungen im Alltag. Frankfurt: Suhrkamp.

Ekstrand, L. H. (1979): Replacing the critical period and optimum age theories of second language acquisition with a theory of ontogenetic development beyond puberty. Malmö/Lund: Malmö School of Education/Lund University, Dept. of Educational and Psychological Research.

Ervin, S. und Osgood, Ch. E. (1954): Second language learning and bilingualism. In: Journal of Abnormal and Social Psychology 49, Suppl., 139–146.

Ervin-Tripp, S. (1969): Sociolinguistics. In: Advances in Experimental Social Psychology 4. New York: Academic Press, 91–165.

Dies. (1974): Is second language learning like the first? In: TESOL-Quarterly 8, 111–127.

Fant, G. und Tatham, M. A., Hrsg. (1975): Auditory analysis and perception of speech. New York: Academic Press.

Felix, S. (1976): Linguistische Untersuchungen zum englisch-deutschen Zweitspracherwerb unter natürlichen Bedingungen. Kiel (Kieler Arbeitspapiere zum Spracherwerb 18)

Ders., Hrsg. (1980): Second language development: Trends and issues. Tübingen: Narr.

Ders. (1982): Psycholinguistische Aspekte des Zweitspracherwerbs. Tübingen: Narr.

Ders. und Simmet, A. (1982): L'acquisition des pronoms personels en milieu scolaire. In: Encrages 8/9, 33–41.

Ferguson, Ch. (1977): Simplified registers, broken language and Gastarbeiterdeutsch. In: C. Molony, H. Zobl und W. Stölting, Hrsg. (1977), Deutsch im Kontakt mit anderen Sprachen. Kronberg: Scriptor, 25–39.

Ders. und de Bose, C. E. (1977): Simplified registers, broken language and pidginization. In: Valdman, 99–125.

Ders. und Slobin, D. (1973): Studies of child language development. New York: Holt, Rinehart, and Winston.

Fillmore, Ch. (1971): Santa Cruz Lectures on Deixis. Univ. of California, Santa Cruz (zu erhalten vom Indiana University Linguistic Club).

Fletcher, P. und Garman, M., Hrsg. (1979): Language acquisition. Cambridge: Cambridge University Press.

Foppa, K. (1965): Lernen, Gedächtnis, Verhalten. Ergebnisse und Probleme der Lernpsychologie. Köln: Kiepenheuer und Witsch.

Friederici, A. D. (1983): Neuropsychologie der Sprache. Stuttgart: Kohlhammer.

Fromm, E. (1970): Age regression and unexpected reappearance of a repressed childhood language. In: Intern. Journal of Clinical Experimental Hypnosis 18, 79–88.

Galloway, L. und Krashen, S. D. (1980): Cerebral organization in bilingualism and second language. In: R. C. Scarcella and S. D. Krashen, Hrsg., 74–80.

Gardner, R. C. und Lambert, W. E. (1972): Attitudes and motivation in second language learning. Rowley, Mass.: Newbury House.

Genesee, F. u. a. (1978): Language processing in bilinguals. In: Brain and Language 5, 1–12.

Givón, T. (1979): From discourse to syntax. Grammar as a processing strategy. In: ders., Hrsg., Discourse and syntax. New York: Academic Press (= Syntax and Semantics 12) 81–111.

Ders. (1982): Universals of discourse structure and second language acquisition. Ms., Linguistics Dept., Univ. of Oregon, Eugene.

Gleitman, L. R. und Wanner, E., Hrsg. (1982): Language acquisition: the state of the art. Cambridge: Cambridge University Press.

Greenberg, J. H.C. (1978): Universals of human language. Stanford: Stanford University Press.

Grégoire, A. (1937): L'apprentissage du langage: les deux premières années. Liège: Bibliothèque de la Faculté de Philosophie et de Lettres.

Grewendorf, G. (1982): Zur Pragmatik der Tempora im Deutschen. In: Deutsche Sprache 10, 213–236.

Guiora, A. Z. u. a. (1972): The effects of benziodiazepine (Valium) on permeability of language ego boundaries. In: Language Learning 30, 351–363.

Gumperz, J. and Roberts, C. (1978): Developing awareness skills for inter-ethnic communication. Southhall: National Center for Industrial Language Training.

Hahn, A. (1982): Fremdsprachenunterricht und Spracherwerb. Univ. Passau: Phil. Diss.

Hakes, D. T. (1980): The development of metalinguistic abilities in children. Berlin, Heidelberg, New York: Springer.

Hakuta, K. (1974): Prefabricated patterns and the emergence of structure in second language acquisition. In: Language Learning 24, 287–297.

Halliday, M. A.K. und Hasan, R. (1976): Cohesion in English. London: Longmans.

Hatch, E. M., Hrsg. (1978): Second language acquisition. A book of readings. Rowley, Mass.: Newbury House.

Haubrichs, W. (1976, 1977, 1978): Erzählforschung I–III. Göttingen: Vandenhoeck.

Heckhausen, H. (1981): Motivation und Handeln. Berlin, Heidelberg, New York: Springer.

Heidelberger Forschungsprojekt „Pidgin-Deutsch" (1975): Sprache und Kommunikation ausländischer Arbeiter. Kronberg/Ts.: Scriptor.

Dass. (1976): Untersuchungen zur Erlernung des Deutschen durch ausländische Arbeiter. (Arbeitsbericht III), Germanistisches Seminar der Universität Heidelberg.

Dass. (1977): Die ungesteuerte Erlernung des Deutschen durch spanische und italienische Arbeiter. Osnabrücker Beiträge zur Sprachtheorie, Beiheft 2.

Dass. (1979): Studien zum Spracherwerb ausländischer Arbeiter. (Arbeitsbericht V), Germanistisches Seminar der Universität Heidelberg.

Heike, G. (1969): Suprasegmentale Analyse. Marburg: Elwert.

Heindrichs, W., Gester, F. H. und Kelz, H. P. (1980): Sprachlehrforschung. Angewandte Linguistik und Fremdsprachendidaktik. Stuttgart: Kohlhammer.

Helbig, G. und Buscha, H. (1974): Deutsche Grammatik. Leipzig: VEB Verlag Enzyklopädie.

Hornby, P. A., Hrsg. (1977): Bilingualism. New York: Academic Press.

Hornstein, N. und Lightfoot, D. (1981): Explanation in linguistics. The logical problem of language acquisition. London: Longman.

Hyltenstam, K. (1977): Implicational patterns in interlanguage syntax variation. In: Language Learning 27, 383–411.

Ders. (1978): Variation in interlanguage syntax. Working Papers Nr. 8, Dept. of General Linguistics, Lund University.

Ders. (1982): On descriptive adequacy and psychological plausibility: a reply to Jordens. In: Language Learning 32, 167–173.

Hymes, D., Hrsg. (1971): Pidginization and creolization of language. Cambridge: Cambridge University Press.

Isačenko, A. und Schädlich, J. (1966): Untersuchungen über die deutsche Satzintonation. In: Studia grammatica VII. Berlin: Akademie Verlag, 7–67.

Jakobovits, L. A. (1970): Foreign language learning – a psycholinguistic analysis of the issues. Rowley, Mass.: Newbury House.

Jakobs, J. (1982): Syntax und Semantik der Negation im Deutschen. München.

Jakobson, R. (1960): Linguistics and poetics. In: Th. A. Sebeok, Hrsg., Style in language. Cambridge, Mass.: MIT Press.

Jarvella, R., Levelt, W. J.M. und Sinclair, A., Hrsg. (1978): The child's conception of language. Berlin, Heidelberg, New York: Springer.

Jarvella, R. und Klein, W., Hrsg. (1982): Speech, place, and action. Chichester: Wiley.

Jordens, P. (1980): Interlanguage research: Interpretation of explanation. In: Language Learning 30, 195–207.

Kainz, F. (1959): Psychologie der Sprache, II. Band. Stuttgart: Enke (2. Auflage).

Karmiloff-Smith, A.: (1979): A functional approach to child language: A study of determiners and reference. Cambridge: Cambridge University Press.

Käsermann, M. L. (1980): Spracherwerb und Interaktion. Bern: Huber.

Kellerman, E. (1979): The problem with difficulty. In: Interlanguage Studies Bulletin 4, 27–44.

Ders. und Sharwood-Smith, M., Hrsg. (1984): Crosslinguistic influence in second language acquisition. Oxford: Pergamon Press.

Kielhöfer, B. (1975): Fehlerlinguistik des Fremdspracherwerbs. Kronberg: Scriptor.

Ders. und Jonekeit, S. (1983): Zweisprachliche Kindererziehung. Tübingen: Stauffenberg.

Kintsch, W. (1977): Memory and cognition. New York: Wiley (dt. unter dem Titel: Gedächtnis und Sprache. Berlin, Heidelberg, New York: Springer 1982).

Klein, W. (1977): Einige wesentliche Eigenschaften natürlicher Sprachen und ihre Bedeutung für die linguistische Theorie. In: Zeitschrift für Literaturwissenschaft und Linguistik 23/24, 11–31.

Ders. (1978): Wo ist hier? Präliminarien zu einer Untersuchung der lokalen Deixis. In: Linguistische Berichte 58, 18–40.

Ders. (1979): Temporalität. In: Heidelberger Forschungsprojekt (1979), 87–104. (leicht verändert als „Der Ausdruck der Temporalität im ungesteuerten Spracherwerb". In: G. Rauh, Hrsg., (1983), Essays on Deixis. Tübingen: Narr, 149–168.

Ders. (1981): Some rules of regular ellipsis in German. In: ders. und W. J. M. Levelt, Hrsg., Crossing the boundaries in linguistics. Studies presented to Manfred Bierwisch. Dordrecht: Reidel, 51–78.

Ders. (1984): Bühler Ellipse. In: Th. Hermann und F. J. Graumann, Hrsg., Bühlers Axiomatik. Frankfurt/M.: Klostermann.

Ders. und Dittmar, N. (1979): Developing grammars. Berlin, Heidelberg, New York: Springer.

Ders. und Rieck, B. O. (1982): Der Erwerb der Personalpronomina im ungesteuerten Spracherwerb. In: Zeitschrift für Literaturwissenschaft und Linguistik 45, 35–71.

Kleinmann, H. H. (1978): The strategy of avoidance in adult second language acquisition. In: Ritchie, 157–174.

Knapp-Potthoff, A. und Knapp, K. (1982): Fremdsprachenlernen und -lehren. Stutgart: Kohlhammer.

Kohler, K. J. (1977): Einführung in die Phonetik des Deutschen. Berlin: Schmidt.

Königs, F. G. (1983): Normenaspekte im Fremdsprachenunterricht. Tübingen: Narr.

Krashen, S. O. (1981): Second language acquisition and learning. Oxford: Pergamon Press.

Kratzer, A. (1979): Semantik der Rede. Kronberg: Scriptor.

Dies. und v. Stechow, A. (1979): Äußerungssituation und Bedeutung. In: Zeitschrift für Literaturwissenschaft und Linguistik 23/24, 98–130.

Kuno, S. (1982): Principles of discourse deletion. Case studies from English, Russian and Japanese. In: Journal of Semantics 1, 61–93.

Labov, W. (1972): Sociolinguistic patterns. Philadelphia: Pennsylvania University Press.

Labov, T. und Labov, W. (1976): Das Erlernen der Syntax von Fragen. In: Zeitschrift für Literaturwissenschaft und Linguistik 23/24, 47–82.

Lado, R. (1957): Linguistics across cultures: Applied linguistics for language teachers. Ann Arbor: University of Michigan Press.

Lambert, D. R. (1977): Learning to recognize foreign speech sounds. Univ. of California, San Diego: Phil. Diss.

Lambert, W. (1969): Psychological studies of the interdependencies of the bilingual's two languages. In: J. Puhvel, Hrsg., Substance and structure of language. Berkely, 99–126.

Ders. und Freed, B. (1982): The loss of language skills. Rowley, Mass.: Newbury House.

Lamendella, J. (1977): General principles of neurofunctional organization and their manifestation in primary and non-primary language acquisition. In: Language Learning 27, 155–196.

Lehiste, I. (1970): Suprasegmentals. Cambridge, Mass.: MIT Press.

Leischner, A. (1979): Aphasien und Sprachentwicklungsstörungen. Stuttgart: Thieme.

Lenneberg, E. (1967): Biological foundations of language. New York: Wiley.

Leopold, W. F. (1939–1949): Speech development of a bilingual child: A linguist's record. Evanston: Northwestern University Press.

Leuninger, H., Miller, M. und Müller F. (1973): Psycholinguistik. Ein Forschungsbericht. Frankfurt: Athenäum.

Levelt, W. J. M. (1983): Monitoring and self-repair in speech. In: Cognition 13, S. 41–104.

Levelt, W. J. M. u. a. (1981): Child language research in ESF countries. An inventory. Strasbourg.

Lewis, D. (1979): Scorekeeping in a language game. In: R. Bäuerle, U. Egli und A. v. Stechow, Hrsg., Semantics from different points of view. Berlin, Heidelberg, New York: Springer, 172–187.

Lindner, K. (1980): Sprachliches Handeln bei Vorschulkindern. Univ. München: Phil. Diss.

Lindsay, P. H. und Norman, D. A. (1977): Human information processing. New York: Academic Press (dt. unter dem Titel: Einführung in die Psychologie. Berlin, Heidelberg, New York: Springer 1981).

Long, M. H. (1982): Adaption an den Lerner. In: Zeitschrift für Linguistik und Literaturwissenschaft 45, 100–119.

Marshall, J. und Morton, J. (1978): On the mechanics of Emma. In: A. Sinclair, R. Jarvella und W. J. M. Levelt, Hrsg., The child's conception of language. Berlin, Heidelberg, New York: Springer, 225–239.

MacLaughlin, B. (1978a): Second language acquisition in childhood. Hillsdale, N. J.: Erlbaum.

Ders. (1978b): The monitor model: Some methodological considerations. In: Language Learning 28, 309–332.

McNamara, J. (1970): Bilingualism and thought. In: Monograph Series of Language and Linguistics 23, 25–40.

Meisel, J. (1975): Ausländerdeutsch und Deutsch ausländischer Arbeiter. Zur möglichen Entstehung eines Pidgin in der BRD. In: Zeitschrift für Literaturwissenschaft und Linguistik 18, 9–53.

Ders., Clahsen, H. und Pienemann, M. (1981): On determining developmental stages in natural second language acquisition. In: Studies in Second Language Acquisition 3, 109–135.

Mittner, M. und Kahn, G. (1982): Réflexions sur l'activité métalinguistique des apprenants adultes en milieu naturel. In: Encrages 8/9, 67–75.

Moore, T. E. (1973): Cognitive development and the acquisition of language. New York: Academic Press.

Neufeld, G. (1979): Towards a theory of language learning ability. In: Language learning 29, S. 227–241.

Nickel, G. (1972a): Reader zur kontrastiven Linguistik. Frankfurt/M.: Athenäum.

Ders. (1972b): Fehlerkunde. Beiträge zur Fehleranalyse, Fehlerbewertung und Fehlertherapie. Berlin: Cornelsen.

Nooteboom, S. Brokx, J. P. L. und de Rooij, J. J. (1978): Contributions of prosody to speech perception. In: W. J. M. Levelt und G. B. Flores d'Arcais, Hrsg., Studies in the perception of language. Chichester: Wiley, 75–107.

Oerter, R. und Montada, L. (1982): Entwicklungspsychologie. München: Urban und Schwarzenberg.

Oller, J. W. Jr. (1981): Research on the mesurement of affective variables. In: Anderson, Hrsg., 14–27.

Paradis, M. (1977): Bilingualism and aphasia. In: H. und H. A. Whitaker, Hrsg., Studies in neurolinguistics 3. New York: Academic Press, 65–121.

Paul, H. (1882): Prinzipien der Sprachgeschichte. Leipzig: Niemeyer.

Penfield, W. und Roberts, L. (1959): Speech and Brain Mechanisms. Princeton: Princeton University Press.

Perdue, C., Hrsg. (1982): Second language acquisition by adult immigrants. A field manual. Strasbourg: European Science Foundation.

Piaget, J. (1946): Le développement de la notion de temps chez l'enfant. Paris: PUF.

Piepho, H. E. (1974): Kommunikative Kompetenz als übergeordnetes Lernziel im Englischunterricht. Dornburg–Frickhofen.

Porsché, D. C. (1983): Die Zweisprachigkeit während des primären Spracherwerbs. Tübingen: Narr.

Quasthoff, U. M. (1980): Erzählungen in Gesprächen. Tübingen: Narr.

Quest, J., Bolton, S. und Lauerbach, G. (1981): Fremdsprachen für Erwachsene. Berlin: Cornelsen.

Raabe, J. (1974): Trends in kontrastiver Linguistik I. Tübingen: Narr.

Ders. (1976): Trends in kontrastiver Linguistik II. Tübingen: Narr.

Rauh, G. (1982): Essays in deixis. Tübingen: Narr.

Richards, J. C., Hrsg. (1974): Error analysis: perspectives on second language acquisition. London: Longman.

Ders., Hrsg. (1978): Understanding second and foreign language learning: Issues and approaches. Rowley, Mass.: Newbury House.

Ritchie, W. C., Hrsg. (1978): Second language acquisition research. New York: Academic Press.

Roche, J. (1982): Merkmale des Foreigner Talk im Deutschen. Univ. München: Unveröff. Magisterarbeit.

Rohrer, Ch., Hrsg. (1980): Time, tense, and quantifiers. Tübingen: Narr.

Ronjat, J. (1913): Le développement du langage observé chez un enfant bilingue. Paris: Champion.

Rosansky, E. J. (1976): Methods and morphemes in second language acquisition research. In: Language Learning 26, 409–425.

Rösel, P. (1980): Perzeption und Imitation kontextgebundener Vokale durch deutsche Englischlerner. Tübingen: Narr.

Sag, I. (1979): Deletion and logical form. Cambridge, Mass.: MIT: Phil. Diss.

Saussure, F. de (1916): Cours de linguistique générale. Paris: Payot.

Scarcella, R. C. und Krashen, S. D., Hrsg. (1980): Research in second language acquisition. Rowley, Mass.: Newbury House.

Scherer, K. R. und Wallbott, H. G., Hrsg. (1979): Nonverbale Kommunikation: Ausgewählte Forschungsberichte zum Interaktionsverhalten. Weinheim: Beltz.

Schmidt, M. (1980): Coordinate structures and language universals in interlanguage. In: Language Learning 30, 397–416.

Schumann, J. (1978a): The pidginization process. Rowley, Mass.: Newbury House.

Ders. (1978b): Social and psychological factors in second language acquisition. In: Richards, 163–178.

Scovel, Th. (1981): The effects of neurological age on nonprimary language acquisition. In: Andersen, 33–42.

Seliger, H. W. (1978): Implications of a multiple critical period hypothesis for second language learning. In: Ritchie, 11–20.

Selinker, L. (1972): Interlanguage. In: IRAL 10, 209–231.

Sgall, P. Hajičová, E. und Benešová, E. (1973): Topic, focus, and generative semantics. Kronberg: Scriptor.

Sharwood-Smith, M. (1983): On first language loss in the second language acquirer: Problems of transfer. In: S. Gass und L. Selinker, Hrsg., Language transfer in language learning. Rowley, Mass.: Newbury House.

Skinner, F. B. (1957): Verbal behaviour. Englewood Cliffs: Prentice Hall.

Slobin, D. (1971): Psycholinguistics. Glenview, Ill.: Scott, Foresman & Co.

Ders. (1973): Cognitive prerequisites for the development of grammar. In: Ch. Ferguson und D. Slobin, Hrsg., Studies of child language development. New York: Holt, Rinehart and Winston, 175–208.

Smith, L. E. (1976): English as an international auxiliary language. In: RELC Journal 7, 38–49.

Snow, C. A. und Ferguson, Ch. (1977): Talking to children – language input and acquisition. Cambridge: Cambridge Univ. Press.

Dies. und Hoefnagel-Hoehle, M. (1978): Age differences in second language acquisition. In: Hatch, Hrsg., 333–344.

Solmecke, G., Hrsg. (1983): Motivation im Fremdsprachenunterricht. Paderborn: Schöningh (2. Auflage).

Ders. und Boosch, A. (1983): Affektive Komponenten über Lernerpersönlichkeit und Fremdsprachenerwerb. Tübingen: Narr.

Stauble, A. M. E. (1981): A comparative study of Spanish-English and Japanese-English second language continuum: Verb phrase morphology. Univ. of California, Los Angeles: Phil. Diss.

von Stutterheim, Ch. (1981): When language barriers become mind blocks. Nijmegen: MPI für Psycholinguistik (Ms.).

Szagun, G. (1980): Sprachentwicklung beim Kind. München: Urban und Schwarzenberg.

Szulc, A. (1976): Fremdsprachendidaktik. Konzeptionen – Methoden – Theorien. Warschau: Panstwowe Wydawnictwo Naukowe.

Tanz, Ch. (1980): The acquisition of deictic terms. Cambridge: Cambridge University Press.

Tarone, E., Frauenfelder, U. und Selinker, L. (1976): Systematicity/variability and stability/ instability in interlanguage systems. In: H. D. Brown, Hrsg., Papers in second language acquisition. Ann Arbor: University of Michigan Press.

Dies. (1978): The phonology of interlanguage. In: Richards (1978), 15–33.

Tesch, G. (1978): Linguale Interferenz. Theoretische, terminologische und methodische Grundfragen zu ihrer Erforschung. Tübingen: Narr.

Trévise, A. (1979): Spécificité de l'énonciation didactique dans l'apprentissage de l'anglais par des étudiants francophones. In: Encrages No Spécial, 44–52.

Tropf, H. (1983): Variation in der Phonologie des ungesteuerten Spracherwerbs. Univ. Heidelberg: Phil. Diss.

Ullmer-Ehrich, V. (1982): *Da* and the system of spatial deixis in German. In: J. Weissenborn und W. Klein, Hrsg., Here and there. Crosslinguistic studies in deixis and demonstration. Amsterdam: Benjamins.

Valdman, A., Hrsg. (1977): Pidgin and Creole linguistics. Bloomington: Indiana University Press.

Véronique, D. und Faita, D. (1982): Sollicitation de données syntaxiques auprès d'un groupe de travailleurs maghrébins. In: Encrages 8/9, 47–56.

Vihman, M. M. und McLaughlin, B. (1982): Bilingualism and second language acquisition in preschool children. In: Ch. J. Brainerd und M. Pressley, Hrsg., Verbal processes in children. Berlin, Heidelberg, New York: Springer, 35–58.

Wales, R. (1979): Deixis. In: P. Fletcher und M. Garman, Hrsg., Language acquisition. Studies in first language development. Cambridge: Cambridge University Press, 241–260.

Wandruszka, M. (1974): Die Mehrsprachigkeit des Menschen. München: Piper.

Weinreich, U. (1953): Languages in contact. Findings and problems. New York: Humanities Press.

Weinrich, H. (1964): Tempus. Besprochene und erzählte Welt. Stuttgart: Kohlhammer.

Weir, R. (1962): Language in the crib. Den Haag: Mouton.

Weissenborn, J. und Klein, W., Hrsg. (1982): Here and there. Crosslinguistic studies in deixis and demonstration. Amsterdam: Benjamins.

Wexler, K. und Culicover, P. W. (1980): Formal principles of language acquisition. Cambridge, Mass.: MIT Press.

Wildgen, W. (1977): Differentielle Linguistik: Entwurf eines Modells zur Beschreibung und Messung semantischer und pragmatischer Variation. Tübingen: Narr.

Ders. (1978): Zum Zusammenhang von Erzählstrategie und Sprachbeherrschung bei ausländischen Arbeitern. In: Haubrichs, 380–411.

Wimmer, H. und Perner, J. (1979): Kognitionspsychologie. Eine Einführung. Stuttgart: Kohlhammer.

Winkler, P. (1980): Über die perzeptiv-psychologische Realität der distinktiven Merkmale von R. Jakobson. In: Linguistische Berichte 65, 1–8.

Wode, H. (1981): Learning a second language. 1. An integrated view of language acquisition. Tübingen: Narr.

Ders. (1974): Natürliche Zweitsprachigkeit. Probleme, Aufgaben, Perspektiven. In: Linguistische Berichte 32, 15–36.

Wong-Fillmore, L. (1976): The second time around: Cognitive and social strategies in second language acquisition. Stanford University: Phil. Diss.

Wunderli, P., Benthin, K. und Karasch, A. (1978): Französische Intonationsforschung. Tübingen: Narr.

Wunderlich, D. (1970): Tempus und Zeitreferenz im Deutschen. München: Hueber.

Ders. (1971): Pragmatik, Sprechsituation, Deixis. In: Zeitschrift für Literaturwissenschaft und Linguistik 1/2, 151–190.

Glossar

Die meisten im Text vorkommenden linguistischen Begriffe sind entweder elementar, oder sie werden an irgendeiner Stelle erklärt – allerdings nicht immer dort, wo sie zuerst vorkommen; die entsprechenden Stellen sind aber im Sachregister mit fett gedruckten Seitenzahlen bezeichnet und daher leicht aufzufinden. Für einige im Text nicht erläuterte Begriffe werden im folgenden einige kleine Verständnishilfen gegeben.

Aphasie: Sprachstörung, die durch Schädelverletzung oder Hirnschlag zustande kommt. Je nach Schwere und Art der Schädigung kann die Aphasie sehr unterschiedliche Formen annehmen; entsprechend unterschiedlich sind auch die Aussichten, die volle Sprachbeherrschung wiederzugewinnen.

asyndetisch: Reihung gleichartiger Ausdrücke ohne verbindende Konjunktion, z. B. *Vater, Mutter, Kinder* gegenüber *Vater, Mutter und Kinder*.

Donat: Verfasser einer lateinischen Sprachlehre, nach deren Vorbild bis in die Neuzeit Latein und oft auch moderne Fremdsprachen beschrieben und gelehrt wurden.

Glottisverschlußlaut: Im Deutschen nicht geschriebener, aber gesprochener Konsonant zu Beginn von Wörtern, etwa in *am Abend* (auch Knacklaut, harter Einsatz).

Hemisphäre: Das Gehirn besteht großenteils aus zwei im Aufbau annähernd symmetrischen, der Funktion nach aber weithin verschiedenen Hälften (Hemisphären). Bei den meisten Menschen ist die linke Hemisphäre Sitz der Sprachverarbeitung.

Intonation: Die gesprochene Sprache ist durch sogenannte prosodische Eigenschaften wie Lautstärke, Tonhöhe und Dauer von Segmenten (Silben oder Pausen) gekennzeichnet. Die Gliederung einer Äußerung durch solche Eigenschaften bezeichnet man als Intonation. Im engeren Sinne meint man damit nur den Tonhöhenverlauf.

Konjunkt: Teil einer Koordination; so besteht der *Vater kam und die Mutter ging* aus zwei Konjunkten.

Lexem: Jener Teil eines Wortes, der Träger der inhaltlichen (im Gegensatz zur grammatischen) Bedeutung ist; so enthalten die Wörter *arbeitest, Arbeiter, arbeitsamer* dasselbe Lexem „arbeit".

pattern drill: Aufgrund älterer Lerntheorien im Fremdsprachenunterricht gebräuchliches Übungsverfahren, bei dem bis zum Steinerweichen immer wieder dieselben Satzmuster eingeübt wurden.

Register: s. Varietät.

Topikalisierung: Voranstellung eines bestimmten Elementes im Satz, das dadurch meist hervorgehoben wirkt, z. B. *ihn* in *Ihn kann ich nicht leiden*.

Übergeneralisierung: Bevor ein Lerner eine allgemeine Regel entdeckt, z. B. die Vergangenheitsbildung im Deutschen, beherrscht er gewöhnlich schon viele Einzelformen (*lachte, spielte, lief* usw.). Wenn ihm dann die Regel klar wird, neigt er dazu, sie zu „übergeneralisieren", d. h. auch auf Fälle auszudehnen, für die sie nicht gilt; er sagt auch *laufte*, obwohl er zuvor schon die richtige Form kannte. Der „Lernfortschritt" wirkt sich hier vorübergehend als Verschlechterung aus.

Varietät: Eine natürliche Sprache wie das Deutsche, Englische usw. ist nicht einheitlich, sondern setzt sich aus vielen verschiedenen Ausprägungen zusammen. Diese „Varietäten" unterscheiden sich nach Gegend (Dialekt), sozialer Schicht (Soziolekt), Sprechsituation (Register, z. B. Kanzelregister, Familienregister usw.) und anderen Faktoren. Entsprechend bezeichnet man die verschiedenen Sprachformen, die ein Lerner im Erwerbsprozeß ausbildet, als „Lernervarietäten". Solche Lernervarietäten werden von den muttersprachlichen Sprechern nicht als grammatisch angesehen; aber das ändert nichts daran, daß sie ihre eigenen Strukturgesetze haben, die jener der Zielsprache mehr oder minder ähnlich sind.

verbum dicendi: Verb des Sagens wie *reden, bestreiten* usw. Solche Verben haben viele Besonderheiten, weil sie eine abgeleitete Redesituation einführen.

Sachregister

Stellen, an denen ein Begriff näher bestimmt wird, sind durch **Fettdruck** hervorgehoben.

Hauff/Heller
Hüppauf/Köhn/Philippi

Methoden-
diskussion
Ein Arbeitsbuch 1

6. Auflage

Literatur-
wissenschaft

athenäums studienbuch

Band 1: 192 Seiten. DM 19,80
ISBN 3-445-03057-X
Band 2: 246 Seiten. DM 19,80
ISBN 3-445-030-63-1

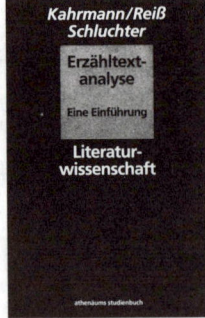

Kahrmann/Reiß
Schluchter

Erzähltext-
analyse

Eine Einführung

Literatur-
wissenschaft

athenäums studienbuch

260 Seiten. DM 24,80
ISBN 3-445-03059-6

Udo Gerdes
Gerhard Spellerberg

Althoch-
deutsch
Mittelhoch-
deutsch
3. Auflage

Literatur-
wissenschaft

athenäums studienbuch

179 Seiten. DM 19,80
ISBN 3-445-03067-7

Dieter
Wunderlich

Arbeitsbuch
Semantik

Linguistik

athenäums studienbuch

368 Seiten. DM 24,80
ISBN 3-445-03051-0

Hilbert L. Meyer

Trainings-
programm
zur
Lernzielanalyse

12. Auflage

Erziehungs-
wissenschaft

athenäums studienbuch

185 Seiten. DM 16,80
ISBN 3-445-03101-0

Georg Henrik
von Wright

Erklären
und
Verstehen

Philosophie

athenäums studienbuch

197 Seiten. DM 24,80
ISBN 3-445-03002-2

athenäums studienbuch   by anton hain